Adobe **InDesign**

SÉRIE INFORMÁTICA

Dados Internacionais de Catalogação na Publicação (CIP)
(Simone M. P. Vieira – CRB 8ª/4771)

Andrade, Marcos Serafim de
   Adobe InDesign / Marcos Serafim de Andrade. –
2. ed. – São Paulo : Editora Senac São Paulo, 2022. (Série
Informática)

   ISBN 978-85-396-3241-1 (impresso/2022)
   e-ISBN 978-85-396-3242-8 (ePub/2022)
   e-ISBN 978-85-396-3243-5 (PDF/2022)

   1.   Adobe   InDesign   2.   Editoração   eletrônica
I. Título.   II. Série

22-1475t   CDD – 006.686
                                    BISAC COM012000

Índice para catálogo sistemático:

   1. Adobe InDesign : Programas :
   Computação gráfica   006.686

Adobe **InDesign**

Marcos Serafim de Andrade

2ª edição

Editora Senac São Paulo – São Paulo – 2022

ADMINISTRAÇÃO REGIONAL DO SENAC NO ESTADO DE SÃO PAULO

Presidente do Conselho Regional: Abram Szajman
Diretor do Departamento Regional: Luiz Francisco de A. Salgado
Superintendente Universitário e de Desenvolvimento: Luiz Carlos Dourado

EDITORA SENAC SÃO PAULO

Conselho Editorial: Luiz Francisco de A. Salgado
Luiz Carlos Dourado
Darcio Sayad Maia
Lucila Mara Sbrana Sciotti
Luís Américo Tousi Botelho

Gerente/Publisher: Luís Américo Tousi Botelho
Coordenação Editorial/Prospecção: Dolores Crisci Manzano e Ricardo Diana
Administrativo: grupoedsadministrativo@sp.senac.br
Comercial: comercial@editorasenacsp.com.br

Revisão de Texto: Carolina Hidalgo Castelani, Daniela Paula Bertolino Pita,
Eloiza Mendes Lopes, Janaina Lira
Projeto Gráfico e Capa: Antonio Carlos De Angelis
Editoração Eletrônica: Manuela Ribeiro, Sandra Regina Santana
Impressão e Acabamento: Gráfica CS

Nenhuma parte desta publicação poderá ser reproduzida, guardada pelo sistema "retrieval" ou transmitida de qualquer modo ou por qualquer outro meio, seja este eletrônico, mecânico, de fotocópia, de gravação, ou outros, sem prévia autorização, por escrito, da Editora Senac São Paulo.

Todos os direitos desta edição reservados à
Editora Senac São Paulo
Rua 24 de Maio, 208 – 3º andar – Centro – CEP 01041-000
Caixa Postal 1120 – CEP 01032-970 – São Paulo – SP
Tel. (11) 2187-4450 – Fax (11) 2187-4486
E-mail: editora@sp.senac.br
Home page: http://www.livrariasenac.com.br

© Editora Senac São Paulo, 2022

Sumário

Apresentação — 9
O que é a Série Informática — 11
Utilizando o material da Série Informática — 12

1 Primeiro contato com o InDesign — 13
Creative Cloud — 15
Adobe InDesign — 19
Atividade 1 – Explorando a interface do InDesign — 21
Atividade 2 – Criando seu primeiro documento — 29
Atividade 3 – Trabalhando com desenho vetorial e cores — 40

2 Editoração eletrônica no InDesign – visão geral — 67
Conceitos — 69
Atividade 1 – Agilizando o trabalho e iniciando o projeto — 74
Atividade 2 – Iniciando o trabalho com imagem e texto — 91
Atividade 3 – Trabalhando com páginas — 108
Atividade 4 – Finalizando o folheto — 127

3 Enriquecendo o visual da editoração — 151
Enriquecendo o visual da editoração — 153
Atividade 1 – Preparando o arquivo — 154
Atividade 2 – Criando os ornamentos da página externa — 165
Atividade 3 – Construindo a capa do fôlder — 170
Atividade 4 – Criando o índice do fôlder — 178
Atividade 5 – Editorando o texto do fôlder — 187
Atividade 6 – Aplicando as ilustrações — 202
Atividade 7 – Organizando o documento em camadas (*layers*) — 210

4 Editorando documentos longos — 217
Planejando um livro — 219
Atividade 1 – Preparando a base do documento — 219
Atividade 2 – Editorando o texto — 224
Atividade 3 – Trabalhando com tabelas — 241
Atividade 4 – Organizando o documento — 256
Atividade 5 – Trabalhando com o painel *Livro* (*Book*) — 262

5 Mais opções de layouts e controle de produção — 271

Mais opções de criação e controle — 273

Atividade 1 – Modificando padrões de documentos — 274

Atividade 2 – Trabalhando com *Layout líquido* (*Liquid Layout*) — 280

Atividade 3 – Gerenciando conteúdo vinculado — 292

6 Produzindo documentos digitais — 305

Uma ferramenta versátil — 307

Atividade 1 – Importando e exportando arquivos PDF — 307

Atividade 2 – Criando PDFs interativos — 314

Atividade 3 – Criando estilos para objeto — 326

Atividade 4 – Conhecendo os recursos de verificação e saída para seus arquivos — 330

Sobre o autor — 343

Índice geral — 345

Apresentação

O que é a Série Informática

A Série Informática foi criada para que você aprenda informática sozinho, sem professor! Com ela, é possível estudar, sem dificuldade, os softwares mais utilizados no mercado. O texto de cada volume é complementado por arquivos eletrônicos disponibilizados pela Editora Senac São Paulo.

Para aproveitar o material da Série Informática, é necessário ter em mãos o livro, um equipamento que atenda às configurações necessárias e o software a ser estudado.

Neste volume, apresentamos informações básicas para a operação do Adobe InDesign com as atualizações lançadas até abril de 2021.* O livro é composto de atividades que lhe permitirão estudar o software passo a passo. Leia-as com atenção e siga todas as instruções. Se encontrar algum problema durante uma atividade, volte ao início e recomece; isso vai ajudá-lo a esclarecer dúvidas e suplantar dificuldades.

ESTRUTURA DO LIVRO

Este livro está dividido em capítulos, os quais contêm uma série de atividades práticas e informações teóricas sobre o software.

Para obter o melhor rendimento possível em seu estudo, evitando dúvidas ou erros, é importante que você:

- leia com atenção todos os itens do livro, pois sempre encontrará informações úteis para a execução das atividades;
- faça apenas o que estiver indicado no item e só execute uma sequência após ter lido as instruções.

---

* Em razão do dinamismo das atualizações dos softwares da Adobe, realizadas por meio do aplicativo Creative Cloud, novas modificações já poderão ter ocorrido no programa no momento em que este livro chegar ao leitor. Para acompanhar as novidades, acesse a página da Adobe com o resumo das atualizações mais recentes do InDesign: https://helpx.adobe.com/br/indesign/using/whats-new.html. (N. E.)

Utilizando o material da Série Informática

Usar o material da Série Informática é muito simples: inicie sempre pelo Capítulo 1, leia atentamente as instruções e execute, passo a passo, os procedimentos indicados.

Para a execução das atividades dos capítulos, disponibilizamos os arquivos necessários em nosso site. Ao fazer o download, você terá os arquivos originais e os arquivos finalizados para poder comparar ou tirar dúvidas, se necessário.

Para obter e utilizar os arquivos das atividades, siga as instruções abaixo.

1. Faça o download do arquivo no endereço:

http://www.editorasenacsp.com.br/informatica/indesign2022/atividades.zip

2. Após o download, crie uma pasta em sua área de trabalho (ou em local de sua preferência) com o nome *Arquivos livro*.

3. Copie para dentro da pasta criada o arquivo *atividades.zip* baixado.

4. Descompacte-o e, com isso, você terá duas pastas:

- Pasta *Arquivos de trabalho*: contém os arquivos originais para executar as atividades.

- Pasta *Atividades prontas*: contém os arquivos das atividades finalizadas.

Onde arquivar seus trabalhos

Para que você sempre tenha disponíveis em seu computador os arquivos originais, crie uma pasta chamada *Meus Trabalhos* dentro da pasta *Arquivos livro* (ou em local de sua preferência).

Agora que você já sabe como utilizar este material, inicie o estudo do Adobe InDesign partindo do Capítulo 1. E não se esqueça: leia com muita atenção e siga corretamente todos os passos, a fim de obter o melhor rendimento possível em seu aprendizado.

Bons estudos!

1

Primeiro contato com o InDesign

OBJETIVOS

» Apresentar o Creative Cloud

» Apresentar o Adobe InDesign

» Familiarizar-se com a interface do InDesign

» Criar seu primeiro documento

» Trabalhar com desenho vetorial e cores

Creative Cloud

O Adobe Creative Cloud é um gerenciador de download que permite baixar ou comprar qualquer programa da suíte disponível para desktop e dispositivos móveis. Com o Creative Cloud, você pode fazer vários downloads de uma só vez.

Seu principal objetivo é facilitar o acesso aos aplicativos, sempre com as últimas atualizações, permitindo o download e a instalação desses aplicativos. Oferece, ainda, um espaço para armazenamento de arquivos na nuvem, evitando a perda de dados, e o compartilhamento para equipes, possibilitando a troca de arquivos entre usuários e dispositivos.

Para ter acesso a esse serviço, é preciso fazer uma assinatura on-line, disponível por pagamento mensal, com opções de contratos anuais ou por períodos mais curtos, de acordo com sua necessidade. No site da Adobe, você pode conferir todos os tipos de assinatura.

Os planos disponíveis possuem valores diferenciados para pessoa física, empresas, estudantes e universidades, bem como opções de assinatura do pacote completo ou individual para cada aplicativo.

Esse serviço traz uma série de vantagens. Veja algumas a seguir.

- São mais de 20 programas para desktop e dispositivos móveis, como Photoshop, InDesign, Illustrator, entre outros. Todos são sempre atualizados, pois as novidades, como novos recursos e ferramentas, são imediatamente disponibilizadas e prontas para atualização dos softwares.

- O assinante pode abrir os softwares em qualquer máquina pelo sistema on--line. Com isso, pode trabalhar em seu projeto no escritório e continuá-lo em outro local.

- Há muito mais integração entre os programas, além de um disco virtual com capacidade de 100 GB de armazenamento na nuvem para guardar os arquivos ou disponibilizá-los para colaboração.

- Acesso e pesquisa direta ao banco de imagens Adobe Stock.

- Acesso a milhares de fontes diretamente nos aplicativos do Creative Cloud para uso em trabalhos por meio do Adobe Fonts.

- Acesso às Bibliotecas Creative Cloud, onde é possível salvar, procurar e compartilhar arquivos das bibliotecas diretamente nos aplicativos.

Aplicativo Creative Cloud

Após fazer sua assinatura, você deve baixar e instalar o aplicativo Creative Cloud para desktop.

Assim que o aplicativo for iniciado, será solicitado seu e-mail; depois, será feita uma verificação de identidade, que você definiu no momento da compra da assinatura; em seguida, será pedida sua senha.

Cumpridas essas etapas, o Creative Cloud é aberto.

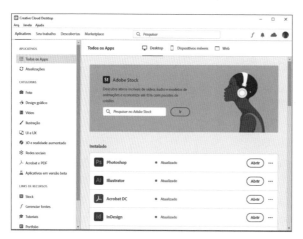

16 – Adobe InDesign

Ele apresenta a guia *Aplicativos* selecionada e sua interface exibe todos os recursos para pesquisar, instalar e atualizar todos os programas disponíveis, além de outros recursos como uma caixa de busca de imagens no *Adobe Stock*, por exemplo. A guia *Aplicativos* apresenta, ainda, uma lista de todos os programas já instalados e sua situação em relação às atualizações.

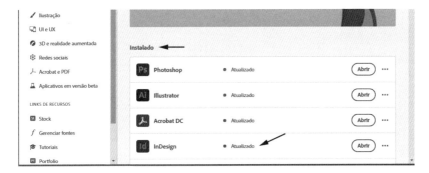

Na guia *Seu trabalho*, você encontra todos os seus arquivos sincronizados com a nuvem.

No processo de instalação do app Creative Cloud, é criada uma pasta em seu HD onde ficam todos os arquivos salvos na nuvem ou que tenham sido copiados para ela. Essa pasta fica em seu HD principal, na pasta *Usuários/User*, com o nome *Creative Cloud Files*.

A guia *Descobertas* contém dicas e pequenos tutoriais, sempre sobre os programas já instalados em seu computador.

Na guia *Marketplace*, você tem acesso aos plug-ins, às bibliotecas, ao *Adobe Stock* e ao *Adobe Fonts*. Este último, se clicado, abrirá seu navegador na página de pesquisa e instalação de fontes.

No canto superior direito existem quatro botões:

- *Adobe Fonts*: abre no próprio aplicativo a lista de fontes ativas em seu computador para que você possa gerenciá-las, além de recursos para pesquisar e instalar novas fontes.
- *Notificações*: exibe mensagens da Adobe enviadas para sua conta.
- *Atividade na nuvem*: mostra o status de uso do disco virtual.
- *Conta*: exibe opções para gerenciar sua conta da Adobe.

Com todas essas possibilidades, não deixe de explorar esse incrível recurso, que lhe poupará tempo, aumentará sua produtividade e manterá seu foco no que realmente importa: sua criatividade.

Selecionando o idioma dos aplicativos

Você pode selecionar o idioma que deseja para uso dos aplicativos, mas precisa fazer isso antes de instalá-los.

Para isso, você deve clicar no ícone *Conta*, no canto superior direito do Criative Cloud, e selecionar a opção *Preferências*.

No quadro seguinte, selecione a opção *Aplicativos* do lado esquerdo e role a tela até a área *Instalação*. Depois, basta clicar na seta da caixa *Idioma de instalação padrão* e selecionar o idioma desejado. Após finalizar, todos os aplicativos que venham a ser instalados estarão no idioma selecionado.

Adobe InDesign

O Adobe InDesign é um programa profissional voltado para o design, com ferramentas poderosas e práticas para o desenvolvimento de projetos editoriais, como livros, revistas, CDs, layouts de publicações para web, entre outros, além de facilitar a montagem de documentos prontos para publicação.

Ele não só é utilizado em trabalhos impressos como também em uma grande variedade de projetos, entre eles os direcionados a aparelhos móveis e on-line. Essa versatilidade permite mais interatividade, criação de documentos em PDF e de e-books (livros eletrônicos), tornando-o um dos programas mais utilizados em empresas de comunicação.

Ele permite, de forma flexível, tanto o desenvolvimento de projetos de maior complexidade e porte quanto de outros mais simples ou de uma única página, apresentando características e funcionalidades que permitem total integração com outros softwares e tecnologias de formato de arquivos. Assim, o InDesign é uma ferramenta essencial para o mercado de criação e publicidade e para os segmentos de editoração, publicações e jornalismo, como mídia impressa, on-line ou móvel.

O domínio dessa ferramenta capacita o usuário a atuar nos promissores segmentos da comunicação: em escritórios de design gráfico, estúdios de criação para mídia impressa, agências de publicidade e marketing, gráficas e editoras, além de empresas jornalísticas ou em departamentos de marketing e de publicação em empresas nas áreas comercial ou industrial.

O estudo deste livro vai dar a você condições de elaborar de forma eficiente projetos gráficos e publicações, utilizando as ferramentas de editoração eletrônica do software Adobe InDesign para diagramar, combinar cores e elementos visuais de acordo com os diferentes estilos em objetos da comunicação e da mídia, alcançando bom nível de acuidade visual, a fim de atender com eficácia às necessidades e às demandas do mercado.

Seja bem-vindo ao InDesign!

Requisitos de sistema e hardware

Com novos e poderosos recursos, o Adobe InDesign exige máquinas mais potentes. Veja a seguir os requisitos de sistema necessários.

Configuração para Windows

- Processador Intel® Pentium® 5 ou AMD Athlon® 64.
- Sistema operacional Windows® 10 (64 bits).
- Mínimo de 4 GB de memória RAM (recomendável 16 GB).
- 3.6 GB de espaço livre em disco para a instalação; será necessário espaço adicional livre durante a instalação (não é possível instalar em dispositivos de armazenamento removíveis), sendo recomendado um SSD.

- Monitor com resolução de 1.024 × 768 pixels (recomendável 1.920 × 1.080 pixels), e compatibilidade com exibição HiDPI.
- Placa de vídeo de 32 bits.
- Conexão com a internet e registro para a ativação obrigatória do software, a validação da associação e o acesso a serviços on-line.

Configuração para MacOS

- Processador Intel® Multicore.
- MacOS versão 11 (Big Sur), macOS versão 10.15 (Catalina) e macOS versão 10.14 (Mojave).
- Mínimo de 4 GB de memória RAM (recomendável 16 GB).
- 3.5 GB de espaço livre em disco para a instalação; será necessário espaço livre adicional durante a instalação (não é possível instalar em um volume que use um sistema de arquivos que diferencie maiúsculas e minúsculas ou em dispositivos de armazenamento removíveis flash).
- Monitor com resolução de 1.024 × 768 pixels (recomenda-se de 1.920 × 1.080 pixels) com suporte para tela Retina.
- Placa de vídeo de 32 bits.
- Para usar os recursos de desempenho de GPU, o Mac deve ter, no mínimo, 1.024 MB de VRAM (recomendam-se 2 GB), e o computador deve ser compatível com Metal ou OpenGL versão 4.0 ou posterior.
    - Máquinas suportadas:
        - iMac 4K.
        - iMac 5K.
        - MacBook Pro Retina.
        - Mac Pro conectado a um monitor HiDPI.
        - Mac mini conectado a um monitor HiDPI.
- Conexão com a internet e registro são necessários para a ativação obrigatória do software, a validação da associação e o acesso a serviços on-line.

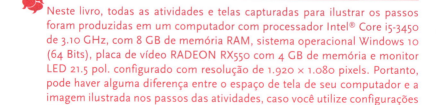

Neste livro, todas as atividades e telas capturadas para ilustrar os passos foram produzidas em um computador com processador Intel® Core i5-3450 de 3.10 GHz, com 8 GB de memória RAM, sistema operacional Windows 10 (64 Bits), placa de vídeo RADEON RX550 com 4 GB de memória e monitor LED 21.5 pol. configurado com resolução de 1.920 × 1.080 pixels. Portanto, pode haver alguma diferença entre o espaço de tela de seu computador e a imagem ilustrada nos passos das atividades, caso você utilize configurações diferentes das listadas.

🗗 Atividade 1 – Explorando a interface do InDesign

Objetivo: » Explorar a interface do InDesign.

Tarefas: » Conhecer a área de trabalho *Início* (*Home*).

» Organizar a área de trabalho.

» Personalizar a área de trabalho.

ÁREA DE TRABALHO *INÍCIO* (*HOME*)

A área de trabalho *Início* (*Home*) foi desenvolvida para facilitar seu trabalho, pois permite abrir os arquivos desejados e criar novos arquivos, além de oferecer acesso rápido aos arquivos recentes. Ela sempre será exibida na inicialização do InDesign ou quando não houver nenhum arquivo aberto.

1. Inicie o InDesign e observe a área de trabalho *Início* (*Home*).

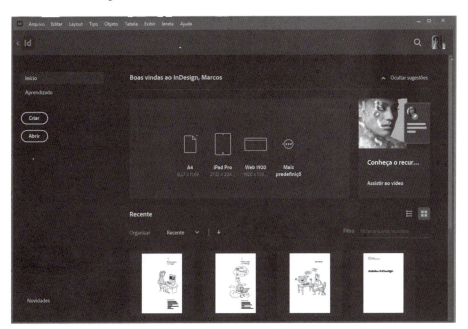

Do lado esquerdo da tela estão as seguintes opções:

- Botão *Início* (*Home*): clicando nesse botão, a tela de início é exibida novamente.
- Botão *Aprendizado* (*Learn*): exibe uma lista de tutoriais básicos e avançados no InDesign.

- Botão *Criar* (*Create new*): cria um novo documento. Também é possível criar um documento selecionando um dos vários modelos e predefinições disponíveis no InDesign.
- Botão *Abrir* (*Open*): abre um documento existente.

Na parte superior e à direita da tela *Início* (*Home*) são apresentadas sugestões de vídeos para conhecer determinados recursos.

Abaixo dela, no item *Recente* (*Recent*), são exibidos os últimos documentos trabalhados no InDesign, permitindo que sejam feitas configurações para exibi-los.

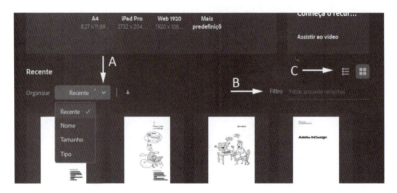

- *A* – Você seleciona como os arquivos devem ser organizados escolhendo entre as opções *Recente* (*Recent*), *Nome* (*Name*), *Tamanho* (*Size*) ou *Tipo* (*Kind*). A seta ao lado desse item ajusta os arquivos em ordem crescente ou decrescente.
- *B* – Permite fazer uma filtragem dos arquivos exibidos de acordo com o parâmetro que você desejar.
- *C* – Seleciona a forma como os arquivos são listados com as opções *Nome* (*Name*) ou *Miniatura* (*Thumbnail*).

No canto superior direito, há dois botões que exibem:

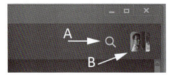

- *A* – Um sistema de pesquisa avançado para descobrir ferramentas, tutoriais, artigos e ações rápidas para agilizar seu fluxo de trabalho.
- *B* – Acesso direto à sua conta na Adobe; nesse caso, o seu browser será aberto para exibir as informações.

Organizando a área de trabalho

Ao criar e manipular seus arquivos no InDesign, você utiliza vários elementos, como barras, painéis e janelas. A organização desses elementos na tela é chamada de área de trabalho.

O Adobe InDesign, bem como todos os outros programas da suíte, possui uma interface limpa, prática e produtiva. Por esse motivo, é interessante falar um pouco sobre ela, principalmente para quem teve algum contato com as versões anteriores.

A grande integração entre o InDesign e outros aplicativos Adobe fica evidente logo na observação da interface, que é padronizada para todos eles. Caso você tenha os programas Adobe Photoshop ou Adobe Illustrator, abra-os e compare as interfaces.

Essa padronização torna o uso e o aprendizado muito mais fáceis. A diferença fica a cargo dos recursos e das funções específicas de cada programa.

Aparência da interface

O tema de cores da interface padrão do InDesign é *Escuro médio* (*Medium Dark*), comum a todos os aplicativos. Você tem a opção de escolher o tema de cor no menu *Editar/Preferências/Interface* (*Edit/Preferences/Interface*).

As opções *Escuro médio* (*Medium Dark*) ou *Escuro* (*Dark*) são interessantes por destacarem o projeto em que se está trabalhando, e não a interface do software.

Apesar de não haver variação de cores para configurar a interface, você pode escolher entre quatro tons de cinza. Para isso:

1. Clique no menu *Editar/Preferências* (*Edit/Preferences*), selecione a opção *Interface* (*Interface*) e, no item *Aparência* (*Appearance*), do quadro *Preferências* (*Preferences*), você tem as opções no item *Tema de cores* (*Color Theme*).

Neste material, utilizamos a opção *Claro médio* (*Medium Light*) para que as imagens capturadas fiquem mais nítidas, pois o livro é impresso em preto e branco.

2. Selecione a cor que deseja trabalhar e clique em *OK*.

3. Na tela *Início* (*Home*), clique no botão *Criar* (*Create New*) e depois no modelo *Personalizado 210 × 297 mm* (que corresponde ao formato A4), para criar um novo documento com essas predefinições.

4. Clique no botão *Criar* (*Create New*), e o novo documento será criado e exibido na área de trabalho.

Caso esse modelo não esteja disponível, utilize outro qualquer, pois, por ora, ele não será editado.

Painel Ferramentas *(Tools)*

O InDesign apresenta um painel de ferramentas do lado esquerdo, disposto por padrão em uma coluna única, deixando mais espaço para sua área de trabalho.

Você pode alternar para o modo de duas colunas dando um clique na seta dupla no lado esquerdo superior do painel. Além disso, pode deixar esse painel flutuante na tela do software bastando clicar na área cinza ao lado da seta dupla e arrastar o painel para fora de sua posição original.

Para colocar o painel de volta à sua posição original, basta arrastá-lo para a lateral da janela e ele se encaixará automaticamente.

Barra de Aplicativos (Application Bar) e Painel de Controle (Control Panel)

Na parte superior da janela do programa estão:

A – *Barra de Aplicativos* (*Application Bar*): contém os menus, um botão para compartilhar um documento, outro para abrir a pesquisa no Adobe Stock e um seletor de área de trabalho.

B – *Painel de Controle* (*Control Panel*): um excelente recurso de produtividade, pois ele exibe as opções de configuração e ajuste da ferramenta ou dos objetos selecionados. Além disso, esse painel apresenta um botão no formato de uma engrenagem para que você configure o programa como desejar e outro para ligar ou desligar uma série de opções. Se ele não estiver visível, basta abrir o menu *Janela* (*Window*) e clicar na opção *Controle* (*Control*) ou pressionar as teclas de atalho *Ctrl + Alt + 6*.

Painéis

Os painéis no InDesign apresentam inúmeros recursos de edição. É por meio deles que você vai controlar os textos, aplicar efeitos, controlar cores, aplicar zoom e muito mais. Por padrão, os painéis ficam ancorados do lado direito da janela do software.

5. Para selecionar qualquer painel, basta clicar sobre sua guia.

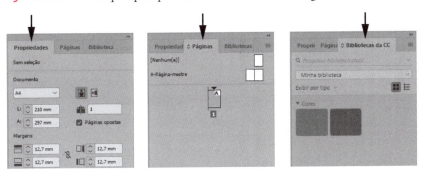

6. Você pode optar por uma visualização compacta dos painéis. Para fazer isso, clique na seta dupla no canto superior da área dos painéis para compactá-los. Isso os deixará no formato de um botão, e ao clicar sobre ele o painel é exibido.

Você também pode deixar qualquer painel flutuante na tela do programa, bastando clicar sobre sua aba e arrastá-lo para o meio da tela.

Além dos painéis que são exibidos normalmente, você tem muitos outros que podem ser ativados no menu *Janela* (*Window*).

Personalizando a área de trabalho

O InDesign traz várias áreas de trabalho predefinidas para serem utilizadas segundo o tipo de trabalho.

1. Na *Barra de Aplicativos* (*Application Bar*), clique na seta do botão *Alternador da área de trabalho* (*Workspace Switcher*) para exibir as opções.

Cada uma dessas opções vai mudar a área de trabalho, exibindo os painéis mais utilizados para determinadas tarefas. Por exemplo, na editoração de livros, que envolve grande número de páginas, você pode selecionar a opção *Livro* (*Book*) ou, se tiver que fazer ajustes e configurações para impressão de um trabalho, pode selecionar a opção *Impressão e prova* (*Printing and Proofing*).

Além dessas opções, você pode alterar a área de trabalho conforme sua necessidade, exibindo e posicionando os painéis que desejar, e salvar essa configuração para uso futuro.

2. Clique na seta dupla na parte superior direita do conjunto de painéis para expandi-los, caso ainda não estejam como desejado.

3. Clique nas abas de alguns painéis e mova-os para fora da área dos painéis. Veja o exemplo a seguir, onde os painéis *Páginas* (*Pages*) e *Propriedades* (*Properties*) foram removidos da área de ancoragem.

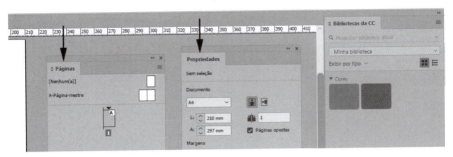

4. Clique no menu *Janela/Área de trabalho* (*Window/Workspace*), selecione a opção *Nova área de trabalho* (*New Workspace*) e, no quadro de mesmo nome, digite um nome para ela na caixa *Nome* (*Name*).

 No InDesign, você tem as opções *Locais do painel* (*Panel Locations*), que mantêm os painéis nas posições definidas por você, e *Personalização do menu* (*Menu Customization*), que grava qualquer customização feita nos menus do programa.

5. Deixe as opções da área *Capturar* (*Capture*) selecionadas, clique no botão *OK* e observe que o nome no botão *Alternador da área de trabalho* (*Workspace Switcher*) foi alterado.

6. Selecione outra opção de área de trabalho e, depois, selecione novamente a opção criada por você. Veja que os painéis voltam à mesma posição que você definiu.

Para apagar uma área de trabalho gravada, basta clicar no botão *Alternador da área de trabalho* (*Workspace Switcher*) e selecionar a opção *Excluir área de trabalho* (*Delete Workspace*). Será aberto um quadro onde você pode selecionar a área a ser apagada.

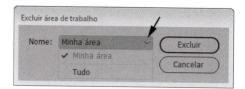

7. Exclua a área de trabalho que você criou, pois foi apenas um teste.

8. No *Alternador da área de trabalho* (*Workspace Switcher*), selecione a opção *Elementos essenciais* (*Essentials*).

9. Para que os painéis voltem à posição original, selecione a opção *Redefinir elementos essenciais* (*Reset Essentials*) no *Alternador da área de trabalho* (*Workspace Switcher*).

10. Pressione as teclas *Ctrl + Alt + 6* para exibir o painel *Controle* (*Control*).

11. Esse documento que você criou também foi apenas um teste, portanto, no menu *Arquivo* (*File*), clique em *Fechar* (*Close*) ou pressione as teclas de atalho *Ctrl + W*.

Atividade 2 – Criando seu primeiro documento

Objetivo: » Criar um documento no InDesign e fazer ajustes gerais.

Tarefas: » Criar um documento.
» Configurar as réguas.
» Saber o que são páginas e páginas espelhadas.
» Alterar a origem das réguas.
» Trabalhar com as opções *Sangria* e *Espaçador* (*Bleed and Slug*).

CRIANDO UM DOCUMENTO

1. Você vai criar um documento para conhecer os recursos do quadro *Novo documento* (*New document*). Clique no botão *Criar* (*Create New*) na tela *Início* (*Home*) para exibir o quadro. Com ele, você configura o novo documento, organiza a estrutura, o tamanho e a orientação, além das margens e das colunas.

Na parte superior do quadro estão as primeiras opções a serem escolhidas para você iniciar a configuração de seu novo documento:

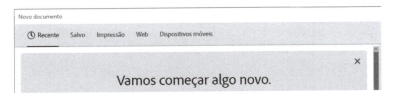

- *Recente* (*Recent*): exibe os últimos documentos editados.
- *Salvo* (*Saved*): exibe os documentos e modelos salvos.
- *Impressão* (*Print*): cria um documento destinado à impressão gráfica e exibe opções de documentos predefinidos em branco e de modelos para serem baixados da nuvem.
- *Web*: cria um documento destinado à exibição em navegadores na internet e também exibe opções de documentos predefinidos em branco e de modelos para serem baixados da nuvem.
- *Dispositivos móveis* (*Mobile*): cria um documento destinado a dispositivos como e-readers, tablets ou smartphones e também exibe opções de documentos predefinidos em branco e de modelos para serem baixados da nuvem.

No canto inferior esquerdo, ao lado do botão *Criar* (*Create*), encontra-se a opção *Visualizar* (*Preview*), que, estando ativa, exibe em segundo plano como o documento ficará.

2. Nesta atividade, selecione a opção *Impressão* (*Print*).

3. Ative a opção *Visualizar* (*Preview*) e você poderá ver o documento enquanto ajusta suas configurações.

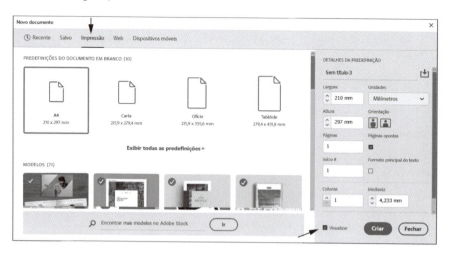

4. Na lateral esquerda do quadro, estão todos os ajustes do documento. Comece definindo a unidade de medida selecionando *Milímetros* (*Millimeters*) no item *Unidades* (*Units*).

5. Em seguida, digite os valores *210 mm* no campo *Largura* (*Width*) e *297 mm* no campo *Altura* (*Height*). Essas dimensões equivalem ao formato A4.

6. O item *Orientação* (*Orientation*) possui duas opções: *Vertical* (*Portrait*) e *Horizontal* (*Landscape*). Selecione a primeira opção para essa atividade.

7. Em *Páginas* (*Pages*), pode-se definir o número de páginas que o documento vai ter. Para essa atividade, deixe como está.

8. No item *Margens* (*Margins*), você determina as margens do documento utilizando as setas de cada caixa ou digitando os valores. Clique no símbolo da corrente para que todas as medidas sejam alteradas por igual, e para esta atividade, ajuste a caixa *Superior* (*Top*) para *15 mm*.

9. Clique no botão *Criar* (*Create*) para gerar o documento de acordo com as escolhas feitas.

Todos os documentos abertos no InDesign possuem uma aba, na qual é exibido o nome do arquivo e o zoom aplicado a ele, facilitando o processo de produção. Com mais de um arquivo aberto, torna-se muito rápido alternar a visualização entre eles, clicando-se na aba correspondente.

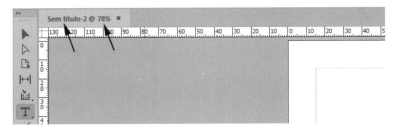

Configurando as réguas e ajustando o ponto zero

No trabalho de editoração, as réguas são elementos de extrema importância. Você tem à sua disposição uma régua horizontal e uma vertical, que podem ser configuradas com unidades de medida diferentes uma da outra, de acordo com a necessidade. Assim, cada arquivo aberto terá sua configuração particular, ou seja, você pode configurar os documentos com diferentes unidades de medida.

Para escolher a unidade de medida, basta clicar com o botão direito do mouse sobre a régua e selecionar a opção desejada no menu exibido.

10. Para esta atividade, configure ambas as réguas em *milímetros* (*millimeters*).

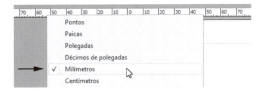

Outra forma de configurar as réguas é pelo quadro de diálogo *Preferências* (*Preferences*), acessado no menu *Editar* (*Edit*). Ao selecionar o item *Unidades e incrementos* (*Units & Increments*), você pode configurá-las em *Unidades da régua* (*Ruler units*).

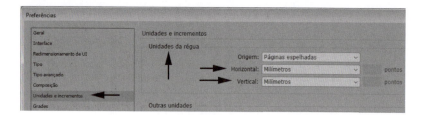

O ponto zero é o local de cruzamento das réguas e, por padrão, aparece no canto superior esquerdo da página do documento.

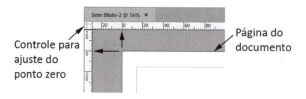

Você pode mover o ponto zero para medir distâncias, criar um novo ponto de referência para efetuar uma medida ou dividir páginas de tamanho grande. Utilizando o mouse, você pode mudar essa posição de acordo com sua necessidade.

11. Leve o cursor até o botão de controle de ajuste do ponto zero, no canto superior esquerdo da janela do documento, clique nele e arraste-o para o canto superior esquerdo das margens do documento. Ao liberar o mouse, o ponto zero estará alinhado com as margens do documento.

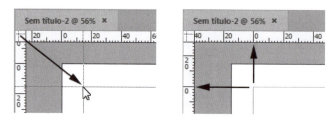

Páginas e páginas espelhadas

Por ser um programa de editoração, o InDesign pode trabalhar com um grande número de páginas. Para compreender o que significam páginas e páginas espelhadas, você vai utilizar um arquivo pronto.

1. No menu *Arquivo* (*File*), clique em *Abrir* (*Open*) ou use as teclas de atalho Ctrl + O, para exibir o quadro de diálogo *Abrir um arquivo* (*Open a File*).

2. Localize e selecione o arquivo *Flower Design.indd* na pasta *Arquivos livro/Arquivos de trabalho/Capitulo1* (criada por você para armazenar todos os arquivos baixados de nosso site). Para abri-lo, clique no botão *Abrir* ou dê duplo clique no nome do arquivo.

Observe que o documento é aberto em uma nova janela com sua própria aba de identificação. Esse documento já possui alguns elementos inseridos, e você vai utilizá-lo para entender como o InDesign se comporta com páginas.

3. Altere o zoom clicando na seta da caixa *Nível de zoom* no canto inferior esquerdo da interface e selecione a opção *50%*. Com isso, você terá uma visualização da primeira página do documento e das duas páginas seguintes.

4. Dê um clique dentro da caixa *Nível de zoom* e digite o valor *30%*. Tecle *Enter* para finalizar e, assim, você poderá ver todo o espaço de trabalho. Ou seja, você também pode digitar o valor de zoom que desejar.

5. No menu *Arquivo* (*File*), clique na opção *Configurar documento* (*Document Setup*) ou pressione as teclas de atalho *Alt + Ctrl + P*.

Observe, na caixa de diálogo *Configurar documento* (*Document Setup*), que esse arquivo é composto de sete páginas (quantidade definida na caixa *Novo documento – New Document* – quando o documento foi criado). Não é obrigatório definir o número de páginas do documento no momento de sua criação, pois você pode inserir ou remover quantas páginas forem necessárias durante o projeto.

Observe que a opção *Páginas opostas* (*Facing Pages*) está ativa, a fim de que o programa exiba as páginas pares e ímpares lado a lado, como você pode ver no documento a partir da página 2. Use a barra de rolagem vertical para visualizar as páginas de todo o documento.

6. Clique em *Cancelar* (*Cancel*) para fechar o quadro.

A área cinza fora das páginas é um espaço no qual você pode colocar elementos que serão usados na construção do documento. Imagine uma folha de papel sobre uma mesa. Tudo o que estiver em cima da folha de papel será impresso, enquanto o que for encontrado em cima da mesa não será, pois não faz parte da página. Cada página de um documento no InDesign tem sua própria área de trabalho.

7. Usando a barra de rolagem para navegar pelas páginas, observe os elementos fora da página 1 e, depois, veja o elemento fora das páginas 2 e 3.

Perceba que não se trata dos mesmos elementos, portanto, quando você colocá-los na área de trabalho de um conjunto de páginas, eles não estarão presentes nos demais conjuntos.

8. Dê duplo clique na ferramenta *Mão* (*Hand Tool*) para encaixar a visualização da página na janela do documento.

Alterando a origem das réguas

Além de poder alterar a origem do ponto zero das réguas, você também pode utilizar a opção *Origem* (*Origin*), disponível no menu de contexto da régua horizontal ou no quadro de diálogo *Preferências/Unidades e incrementos* (*Preferences/Units & Increments*). São três opções: *Páginas espelhadas*, *Página* e *Lombada* (*Spread*, *Page* e *Spine*).

1. Movimente a barra de rolagem até exibir as páginas 2 e 3.

Por padrão, a opção *Páginas espelhadas* (*Facing Pages*) já vem selecionada, e ela faz com que tanto a página esquerda quanto a direita tenham uma única origem, localizada no canto superior esquerdo da página esquerda.

2. Clique com o botão direito do mouse na régua horizontal e selecione a opção *Régua por página* (*Ruler per Page*), que confere a cada página sua própria origem.

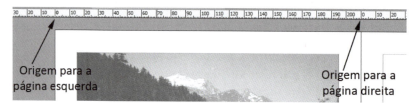

3. Clique novamente com o botão direito na régua horizontal, selecione a opção *Régua na lombada* (*Ruler on Spine*) e veja o resultado.

Essa opção fará com que o ponto zero se posicione na parte superior, entre as duas páginas. Não será permitida nenhuma mudança na posição do ponto zero. Os valores à esquerda do ponto zero serão negativos, como em um sistema de coordenadas, no qual os valores à direita do eixo são positivos enquanto à esquerda são negativos.

Você também pode selecionar essas opções pelo quadro de diálogo *Preferências* (*Preferences*). Basta abrir o quadro no menu *Editar/Preferências/Unidades e incrementos* (*Edit/Preferences/Units & Increments*), clicar na seta da caixa *Origem* (*Origin*) e selecionar a opção.

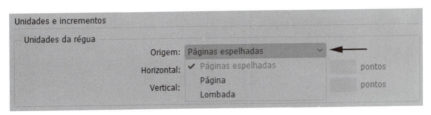

4. Para fechar os documentos abertos sem salvar, basta clicar no *X* da aba de cada um deles.

Opções Sangria e espaçador (Bleed and Slug)

Quando se cria um documento, além das opções vistas anteriormente, você também pode configurar as áreas de sangria e de espaçador.

Área de sangria

A área de sangria, ou sangramento, permite a impressão de elementos que estejam além das dimensões do papel definidas para o documento, ou seja, o corte, ou sangramento, é feito fora da área do papel.

Quando se deseja que um elemento colocado em uma página fique perfeitamente alinhado, ou que ocupe toda a área do papel até as bordas, é preciso fazer com que uma pequena parte dele as ultrapasse. Essa é uma forma de evitar que sobre um filete branco (ou da cor do papel) na borda do documento, por causa de um eventual deslocamento no momento em que ele estiver sendo aparado em uma guilhotina.

No InDesign, a área de sangria é representada no documento por uma linha vermelha.

Área de espaçador

A área de espaçador contém informações a respeito da impressão e da barra de cores customizada, podendo mostrar outras instruções ou descrições sobre o documento. Os elementos incluídos nessa área serão impressos, mas serão descartados quando o documento for dimensionado em seu tamanho final. No InDesign, a área de espaçador é representada no documento por uma linha azul-clara.

Você vai utilizar um arquivo existente para entender como funcionam essas opções.

1. Na tela *Início* (*Home*), clique no botão *Abrir* (*Open*). Localize e selecione o arquivo *Capa CD.indd* na pasta *Arquivos livro/Arquivos de trabalho/Capitulo1* e clique no botão *Abrir* (*Open*).

2. Na caixa *Nível de zoom*, selecione a opção *100%* para visualizar melhor o trabalho, como mostra a figura.

3. No menu *Arquivo* (*File*), clique na opção *Configurar documento* (*Document Setup*) ou pressione as teclas de atalho *Alt + Ctrl + P*.

4. Se as caixas de configuração da opção *Sangria e espaçador* (*Bleed and Slug*) não estiverem sendo exibidas, dê um clique na seta em frente à opção.

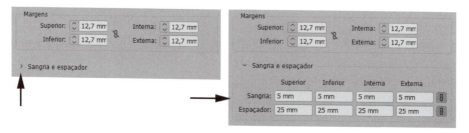

Quando você cria um novo documento no quadro *Novo documento* (*New Document*), essa mesma opção está presente. Com o quadro *Configurar documento* (*Document Setup*), você tem a liberdade de alterar essa configuração a qualquer momento.

5. Outra opção disponível é *Visualizar* (*Preview*). Ative-a para visualizar imediatamente qualquer alteração feita no quadro.

6. Altere a *Sangria* (*Bleed*) para *10 mm* e o *Espaçador* (*Slug*) para *35 mm*, mas não feche o quadro. Veja o resultado no documento.

7. Clique em *Cancelar* (*Cancel*) para fechar o quadro sem fazer as alterações.

As opções de *Modo de Tela* (*Screen Mode*)

No InDesign, você pode ver como o documento ficará após a impressão, inclusive com sangria e espaçador, utilizando as opções de modos de tela.

1. No menu *Exibir* (*View*), clique em *Modo de Tela* (*Screen Mode*) e selecione a opção *Visualização* (*Preview*). O documento será então exibido em sua aparência final.

As mesmas opções de visualização presentes no menu também podem ser acessadas na caixa de ferramentas. Basta clicar com o botão direito do mouse sobre o botão e selecionar a opção desejada, ou usar a tecla de atalho *W*.

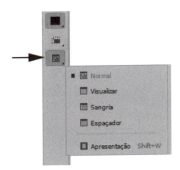

2. Agora, selecione a opção *Sangria* (*Bleed*) e o documento será mostrado com a área de sangria, na qual os elementos ultrapassam o tamanho do papel (como é indicado pelas setas). A linha preta mostra o tamanho do papel (exatamente onde o documento será refilado).

3. Em seguida, selecione a opção *Espaçador* (*Slug*) e o documento será exibido com a área de espaçador. Veja que, embora a parte do elemento situada fora do documento seja exibida, somente o que está dentro da área de espaçador (como indica a seta) faz parte dele.

4. Por último, selecione a opção *Apresentação* (*Presentation*), e o documento será exibido em sua aparência final em tela cheia, sem mostrar nenhum elemento do software. Para voltar à exibição normal, basta pressionar a tecla *Esc*.

É importante lembrar que o que é mostrado em *Sangria e espaçador* (*Bleed and Slug*) depende das configurações feitas para esses itens, seja na criação do documento, seja no quadro de diálogo *Configurar documento* (*Document Setup*).

5. No menu *Arquivo* (*File*), clique em *Fechar* (*Close*) ou pressione as teclas de atalho *Ctrl* + *W*. Não há necessidade de salvá-lo.

Atividade 3 – Trabalhando com desenho vetorial e cores

Objetivo:
» Conhecer várias ferramentas vetoriais e aprender a alterar os objetos.

Tarefas:
» Salvar um documento no InDesign.
» Trabalhar com o zoom.
» Criar retângulos.
» Conhecer a ferramenta *Seleção* (*Selection Tool*).
» Conhecer o painel *Propriedades* (*Properties*).
» Aplicar cores e criar um gradiente.
» Alterar e duplicar objetos.
» Conhecer as ferramentas *Elipse* (*Ellipse*), *Mão* (*Hand*), *Polígono* (*Polygon*) e *Escala* (*Scale*).
» Agrupar objetos.

Nesta atividade, você vai iniciar o trabalho com as ferramentas do InDesign e habituar-se com o painel *Ferramentas* (*Tools*).

1. Clique no botão *Abrir* (*Open*) na tela *Início* (*Home*), localize e selecione o arquivo *Flyer.indd* na pasta *Arquivos livro/Arquivos de trabalho/Capitulo1*.

2. Antes de abrir o arquivo, observe as opções de abertura de arquivo, logo acima da caixa *Nome* (*Name*), e selecione a opção *Cópia* (*Copy*). Dessa forma, será criada uma cópia do arquivo, preservando o original.

3. Clique no botão *Abrir* (*Open*) e observe, na aba do documento, que ele não traz o nome do arquivo original, mas exibe *Sem título*, pois se trata de uma cópia.

Esse documento é um exemplo simples de editoração de um folheto; você vai finalizá-lo criando elementos vetoriais básicos e aplicando cores.

4. Clique com o botão direito do mouse na régua horizontal e altere a unidade de medida para *Milímetros* (*Millimeters*), caso ainda não esteja selecionada.

SALVANDO UM DOCUMENTO NO INDESIGN

Quando você salva um documento, o InDesign salva o layout criado, a referência dos elementos importados (como imagens, por exemplo), todas as páginas criadas e o nível de zoom aplicado no momento.

1. No menu *Arquivo* (*File*), clique na opção *Salvar* (*Save*) ou pressione as teclas *Ctrl + S*.
2. Localize a pasta *Arquivos livro/Meus Trabalhos* e, na caixa *Nome* (*Name*) do quadro de diálogo *Salvar como* (*Save as*), digite *Meu Flyer* e clique no botão *Salvar* (*Save*).

No InDesign, você salva um documento várias vezes e, geralmente, utiliza a opção *Salvar* (*Save*). Dessa forma, o InDesign inclui as alterações e as novas informações aplicadas até aquele momento, mas não elimina as informações referentes a elementos que tenham sido deletados. Isso faz com que o arquivo fique cada vez maior, ocupando espaço desnecessário no HD e tornando a impressão mais lenta. Para evitar isso, utilize o comando *Salvar como* (*Save as*), salvando o arquivo com o mesmo nome. Dessa forma, o InDesign reproduz todo o documento, mas inclui somente as informações sobre os elementos e as páginas atuais.

Trabalhando com o zoom

O recurso de zoom é utilizado para ampliar ou reduzir o tamanho da visualização do documento, a fim de facilitar seu trabalho nos detalhes.

1. No painel *Ferramentas* (*Tools*), clique na ferramenta *Zoom* para ativá-la.

2. Leve o cursor até o documento. Observe que ele adquire a forma da ferramenta, com um sinal + indicando a ampliação.
3. Posicione o cursor sobre a foto e dê um clique. A visualização do documento será ampliada, focando a área em que você clicou.

A cada clique dado com essa ferramenta, a visualização se ampliará de acordo com a porcentagem predefinida para os valores disponíveis na caixa *Nível de zoom*, já utilizada por você.

4. Você também pode definir uma área para aplicar o zoom. Posicione o cursor no canto superior esquerdo da foto, clique e arraste, cercando a foto com o retângulo pontilhado. Ao liberar o botão do mouse, o zoom é aplicado.

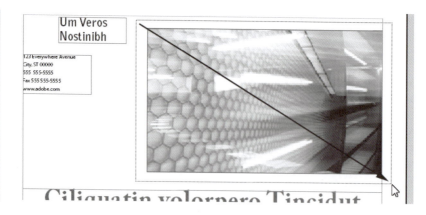

Para diminuir o zoom, pressione a tecla *Alt*; um sinal negativo aparecerá no lugar do sinal +. Basta clicar para reduzir a visualização ao nível desejado.

5. Dê duplo clique na ferramenta *Zoom* no painel *Ferramentas* (*Tools*) e será aplicado um zoom de *100%*.

Zoom pelo menu Exibir (View)

O menu *Exibir* (*View*) oferece outras opções de controle de zoom:

- *Mais zoom* (*Zoom in*): amplia a visualização. Pode-se também usar as teclas de atalho *Ctrl +*.

- *Menos zoom* (*Zoom out*): reduz a visualização. Pode-se também usar as teclas de atalho *Ctrl –*.

- *Ajustar página à janela* (*Fit Page in Window*): encaixa toda a página na janela do documento. Teclas de atalho: *Ctrl + 0*.

- *Ajustar páginas espelhadas à janela* (*Fit Spread in Window*): encaixa as páginas espelhadas na janela do documento. Teclas de atalho: *Alt + Ctrl + 0*.

- *Tamanho real* (*Actual Size*): aplica um zoom de *100%*. Teclas de atalho: *Ctrl + 1*.

- *Área de trabalho inteira* (*Entire Pasteboard*): exibe toda a área de trabalho. Teclas de atalho: *Alt + Shift + Ctrl + 0*.

6. No menu *Exibir* (*View*), selecione a opção *Ajustar página à janela* (*Fit Page in Window*) ou use as teclas de atalho *Ctrl + 0*.

CRIANDO RETÂNGULOS

Nesta etapa, você criará retângulos no folheto e aplicará em cada um deles os devidos preenchimentos.

1. Selecione a ferramenta *Zoom*, clique e arraste o mouse, cercando a área na parte inferior do folheto, como mostra a figura.

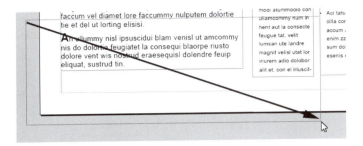

Ferramenta Retângulo (Rectangle)

2. Selecione a ferramenta *Retângulo* (*Rectangle*) no painel *Ferramentas* (*Tools*) e leve o cursor até o documento. Observe que ele se transforma em uma pequena cruz.

3. Clique e arraste o cursor para desenhar um pequeno retângulo. Em seguida, libere o botão do mouse para finalizar. Não se preocupe com o tamanho do retângulo.

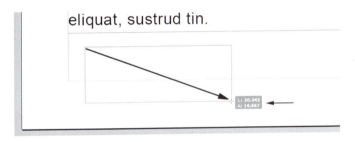

O pequeno retângulo cinza exibido ao lado do cursor indica as dimensões de largura (*L*) e altura (*A*) do elemento que está sendo desenhado. Esse é mais um recurso do InDesign, chamado de *cursores inteligentes*. Quando você criar, redimensionar, mover ou girar um objeto, esse retângulo será exibido, mostrando as dimensões daquilo que está sendo feito. Esse recurso pode ser desativado no quadro *Preferências/Interface* (*Preferences/Interface*), ao se desabilitar a opção *Mostrar valores de transformação* (*Show Transformation Values*).

Ferramenta Seleção (Selection)

Depois de criado, o retângulo permanece selecionado, exibindo em seus vértices e no meio das laterais pequenos quadrados, chamados de *alças de seleção*, interligados por uma linha. Esse conjunto é chamado de *Caixa delimitadora*.

4. Selecione a ferramenta *Seleção* (*Selection*) no painel *Ferramentas* (*Tools*) e clique fora do retângulo para desfazer a seleção e deixar de exibir as alças, o que indica que o objeto não está selecionado.

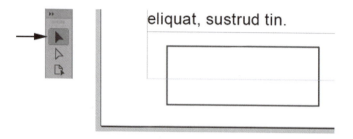

A ferramenta *Seleção* (*Selection*) permite que você selecione textos e gráficos e trabalhe com eles utilizando as alças de seleção.

O painel Propriedades (Properties)

O painel *Propriedades* (*Properties*) foi implementado no InDesign na versão de outubro de 2018 para tornar o trabalho mais ágil e intuitivo. Com ele você tem acesso imediato aos controles e às configurações do elemento selecionado ou da tarefa que estiver sendo executada.

Se, por exemplo, um retângulo estiver selecionado, você terá todos os recursos para editá-lo, como preenchimento, linha de contorno, cores, etc., em um só lugar. Se nenhum elemento estiver selecionado na área de trabalho, e você ativar a ferramenta *Seleção* (*Selection*), o painel mostrará os controles relacionados, régua, guias, grade, página e ajuste inerentes do trabalho com a página.

Esse painel está presente na área de trabalho *Elementos essenciais* (*Essentials*), mas você pode acessá-lo no menu *Janela/Propriedades* (*Window/Properties*) a qualquer momento. Portanto, você o utilizará com frequência durante suas atividades e exercitará seu uso em diversas situações.

1. Com a ferramenta *Seleção* (*Selection*) ativa, clique no retângulo que você acabou de criar para selecioná-lo novamente.

Observe no painel *Propriedades* (*Properties*) todos os controles e configurações que ele oferece para o retângulo selecionado.

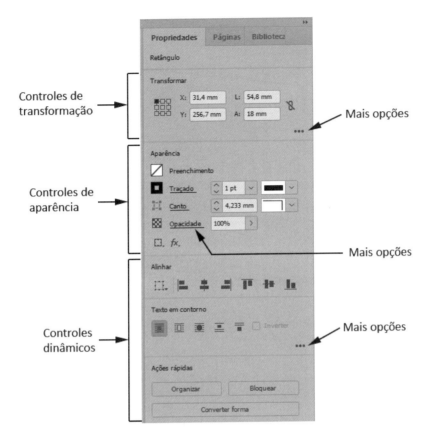

Os *Controles Dinâmicos*, indicados na figura, são controles adicionais que variam de acordo com a seleção ou o conteúdo e podem estar ou não disponíveis dependendo da situação.

Para ter acesso às opções adicionais de ajuste e controle, basta clicar nos três pontos no canto inferior direito da área ou nos textos sublinhados.

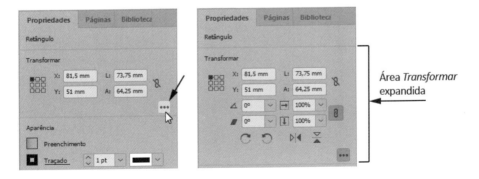

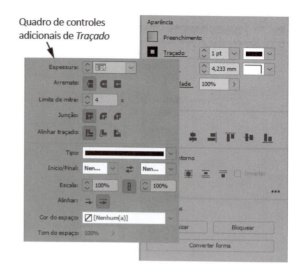

Aplicando cores

É possível aplicar uma cor no preenchimento do objeto e em seu contorno, e as cores podem ser definidas digitando-se seus valores nas caixas de porcentagem ou pelo espectro de cores.

O retângulo que você criou não apresenta cor de preenchimento, exibindo só a cor preta no contorno, que é a configuração-padrão do InDesign.

2. Com a ferramenta *Seleção* (*Selection*), clique na borda do retângulo para selecioná-lo, caso ele ainda não o esteja.

3. No painel *Propriedades* (*Properties*), clique na caixa *Preenchimento* (*Fill*) para expandir as opções. São duas opções para escolha da cor de preenchimento: *Amostras* (*Swatches*) ou *Cor* (*Color*).

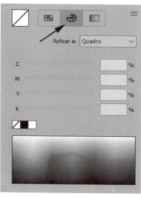

Amostras (Swatches)   Cor (Color)

46 – Adobe InDesign

Em *Amostras* (*Swatches*), você seleciona uma das cores disponíveis, enquanto em *Cor* (*Color*), pode-se clicar no espectro de cores na base do quadro para selecionar uma cor ou entrar com as porcentagens de cada cor (CMYK) nas respectivas caixas.

4. Para essa atividade, clique na opção *Cor* (*Color*), leve o cursor até o espectro de cores, escolha uma cor alaranjada e clique para defini-la. Observe que o retângulo é imediatamente preenchido.

5. Agora clique no quadrado em frente ao item *Traçado* (*Stroke*) para exibir as opções de cores e clique na opção *Cor* (*Color*).

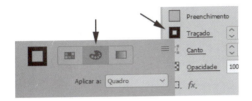

6. Observe que o painel exibirá somente a cor preta, com controles para definir a porcentagem. Nesse caso, clique no botão *Nenhum* (*None*), como indicado a seguir, para remover a cor de contorno e exibir o espectro de cores.

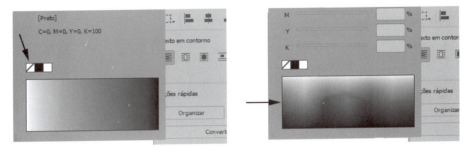

7. Escolha um tom de vermelho no espectro de cores e clique para aplicá-lo no contorno do retângulo.

Como dito anteriormente, o painel *Propriedades* (*Properties*) foi criado para facilitar o trabalho, mas, além dele, você pode aplicar cores nos objetos por um dos seguintes painéis: *Ferramentas* (*Tools*), *Controle* (*Control*), *Amostras* (*Swatches*) ou *Cor* (*Color*).

Painel *Ferramentas* (*Tools*)

Painel *Controle* (*Control*)

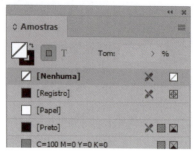

Painel *Amostras* (*Swatches*)   Painel *Cor* (*Color*)

Configurando o contorno

8. Com o retângulo selecionado, clique sobre ele e arraste-o, posicionando-o sobre o título do folheto.

Você precisa alterar a largura e a altura do retângulo de modo que cubra todo o título, para depois posicioná-lo abaixo dele.

9. Com a ferramenta *Seleção* (*Selection*) ativa, posicione o cursor sobre a alça de controle central da lateral esquerda e, quando ele se transformar em uma seta dupla, clique e arraste para aumentar a largura do retângulo até atingir a margem esquerda.

10. Repita o procedimento para a lateral direita do retângulo, aumentando-o até a margem direita.

11. Com a ferramenta *Zoom*, aplique um zoom na lateral esquerda do retângulo como mostrado a seguir. Dessa forma, ficará melhor para você ver a aplicação dos outros recursos de contorno.

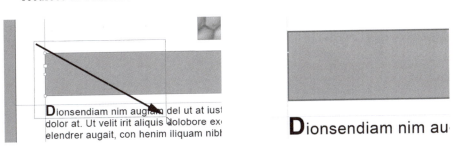

12. Mantenha o retângulo selecionado e observe no painel *Propriedades* (*Properties*) as configurações disponíveis para o contorno.

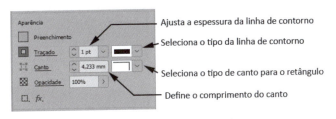

13. Ajuste a espessura do contorno para *2 pt*, mantenha o tipo de contorno com a opção *Sólido* (*Solid*); na caixa *Tipo de canto*, selecione a opção *Invertido arredondado* (*Inverse Rounded*) e ajuste o comprimento do canto com *3 mm*. Veja o resultado em seu retângulo.

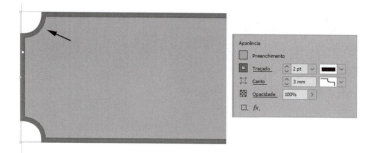

Perceba, então, como é simples configurar esses itens com o painel *Propriedades* (*Properties*), mas cada um deles permite ajustes mais finos. Para fazer os ajustes do contorno, você pode clicar na palavra *Traçado* (*Stroke*), e um quadro será exibido (figura 1) com opções mais detalhadas desse item. Para a opção de canto, clique na palavra *Canto* (*Corner*) e também será exibido um novo quadro de ajustes (figura 2).

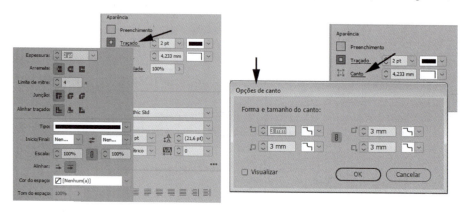

Figura 1   Figura 2

São ajustes com muito mais opções de configuração; veja que, nas opções de canto, você pode configurar cada canto com tipo e tamanho diferentes.

14. Pressione as teclas de atalho *Ctrl + S* para salvar o arquivo.

Criando um gradiente

Como você pôde ver, é muito simples aplicar cores em um objeto. Agora, você vai criar um gradiente para o retângulo.

A criação de um gradiente pode ser feita usando-se dois painéis: *Gradiente* (*Gradient*) e *Cor* (*Color*). Mas aqui você utilizará também o painel *Propriedades* (*Properties*). O funcionamento e as opções são os mesmos dos painéis citados.

1. Com a ferramenta *Seleção* (*Selection*), selecione o retângulo, caso ainda não esteja selecionado.

2. Clique no quadrado de preenchimento na área *Aparência* (*Appearance*) do painel *Propriedades* (*Properties*) para exibir o quadro de configuração.

3. Selecione a opção *Gradiente* (*Gradient*) e, no item *Aplicar a* (*Apply to*), selecione *Quadro* (*Frame*). Todo elemento geométrico permite a inserção de texto em seu interior, por isso existe a opção *Texto* (*Text*), para que você possa aplicar cor ou gradiente também nele.

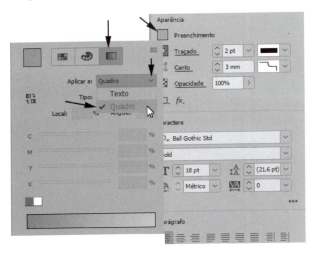

4. Existem dois tipos de gradiente: o *Linear* e o *Radial*. O *Linear* cria um gradiente no qual a mudança de cor se dá em linha reta de um ponto a outro. Já a opção *Radial* cria um gradiente circular em que a mudança de cor se dá do centro para as laterais, em formato circular. Para essa atividade, selecione a opção *Linear*.

Para definir as cores do gradiente, você pode digitar os valores em porcentagem nas caixas correspondentes (CMYK), caso já tenha esses valores em mãos. Mas observe que as caixas estão desabilitadas, pois você precisa primeiro selecionar uma das cores na barra de gradiente na base do quadro. Essa barra possui dois controles, sendo um para a cor inicial e outro para a cor final.

5. Clique no controle de cor inicial (o da esquerda) para selecioná-lo e veja que agora as caixas de cor são habilitadas para digitação.

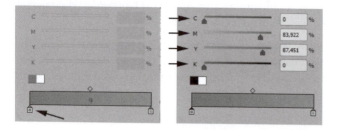

Em vez de digitar valores de cores, você vai escolher uma cor no espectro de cores da opção *Cor* (*Color*).

6. Clique na opção *Cor* (*Color*), escolha uma cor amarelo-claro no espectro e selecione-a. Em seguida, clique na opção *Gradiente* (*Gradient*) novamente e observe que a cor escolhida foi definida como cor inicial, pois o controle estava selecionado.

7. Repita o mesmo procedimento para a cor final. Selecione o controle, escolha uma cor alaranjada no espectro do item *Cor* (*Color*) e volte para o item *Gradiente* (*Gradient*).

Você pode ajustar a posição de mudança de cor em seu gradiente no pequeno símbolo que aparece na parte superior da barra de gradiente do quadro. Basta clicar e arrastá-lo para a posição em que está a cor que desejar.

Os controles e as cores inicial e final também podem ser movidos para reconfigurar o gradiente de acordo com sua necessidade. Além disso, é possível acrescentar mais de uma cor no gradiente: basta dar um clique na região entre os dois controles, e um novo controle será adicionado. A configuração da cor desse novo controle é feita da mesma forma.

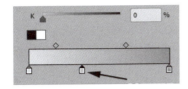

Para mostrar um último recurso, imagine que você queira inverter as cores inicial e final do gradiente. Para isso, basta dar um clique no botão *Gradiente reverso* (*Reverse Gradient*) no quadro.

8. Para finalizar a edição desse retângulo, com a ferramenta *Seleção* (*Selection*) ativa, clique com o botão direito do mouse sobre o retângulo e selecione a opção *Organizar/Enviar para trás* (*Arrange/Send Backward*) no menu de contexto. Ele será colocado abaixo do texto.

9. Salve seu arquivo pressionando *Ctrl + S*.

Alterando e duplicando objetos

Você já pôde ver como é simples alterar as dimensões de um objeto com a ferramenta *Seleção* (*Selection*). Mas se as dimensões já estiverem definidas, pode-se usar outra forma mais precisa utilizando as caixas *Largura* (*L*) (*Width*) e *Altura* (*A*) (*Height*), no painel *Propriedades* (*Properties*).

1. Dê um zoom na base do documento e, com a ferramenta *Retângulo* (*Rectangle*), crie um novo retângulo sem se preocupar com o tamanho.

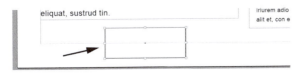

2. Altere o preenchimento do retângulo aplicando um tom de azul procedendo como visto anteriormente, no item *Preenchimento* (*Fill*) do painel *Propriedades* (*Properties*).

3. Retire a cor de contorno do retângulo selecionando a opção *Nenhum* (*None*) no item *Traçado* (*Stroke*).

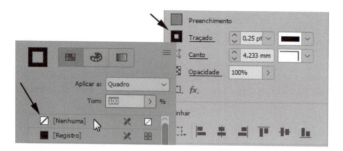

4. Com o retângulo selecionado, altere os valores de *L* (*W*) (*Largura – Width*) para 190,5 mm e de *A* (*H*) (*Altura – Height*) para 6,5 mm. Em seguida, posicione o retângulo de acordo com a margem do papel.

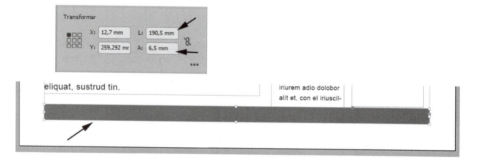

Copiando e colando um objeto

Acima da foto de seu folheto, será colocado um retângulo similar ao que você acabou de criar. A cópia de objetos pode ser feita pelo menu *Editar* (*Edit*) ou clicando sobre ele com o botão direito do mouse e selecionando a opção *Copiar* (*Copy*). Nesse caso, você vai utilizar o tradicional *Ctrl + C* e *Ctrl + V*.

5. Com o retângulo selecionado, pressione as teclas *Ctrl + C* para copiá-lo e, em seguida, pressione as teclas *Ctrl + V* para colar o objeto. A cópia será posicionada um pouco acima do objeto original.

Você pode colocar a cópia exatamente sobre o objeto original utilizando as teclas *Alt + Shift + Ctrl + V*.

6. Dê duplo clique na ferramenta *Mão* para encaixar a visualização da página na tela e, com a ferramenta *Seleção* (*Selection*), mova a cópia do retângulo para o topo da página, posicionando-o como mostrado a seguir.

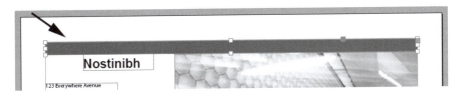

7. Ajuste a largura do retângulo usando como referência a foto logo abaixo dele. Você pode fazer isso manualmente com a ferramenta *Seleção* (*Selection*) ou entrando com o valor na caixa *L* (*Largura* – *Width*) no painel *Propriedades* (*Properties*). Para saber a medida exata, clique na foto e veja qual a largura dela.

Trabalhando com as ferramentas ocultas

Como visto anteriormente, para selecionar uma ferramenta, basta clicar sobre ela. No entanto, o painel *Ferramentas* contém uma série de ferramentas ocultas relacionadas àquelas que estão sendo exibidas. Isso é indicado por uma pequena seta no canto inferior direito do ícone da ferramenta no painel.

Ferramenta Elipse (Ellipse)

A ferramenta *Elipse* (*Ellipse*) é uma dessas ferramentas ocultas e está no grupo da ferramenta *Retângulo* (*Rectangle*).

1. Clique com o botão direito do mouse na ferramenta *Retângulo* (*Rectangle*) e selecione a ferramenta *Elipse* (*Ellipse*).

2. Leve o cursor até a área externa da página e desenhe uma pequena elipse. Não se preocupe com o tamanho.

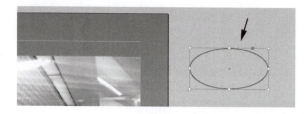

Essa elipse deverá ter o mesmo preenchimento do retângulo que está sob o título do folheto. Mas você não precisa criar o gradiente novamente, pois o InDesign guarda a informação do último criado que é exatamente o do retângulo.

3. Com a ferramenta *Seleção* (*Selection*), clique na elipse para selecioná-la e, no painel *Propriedades* (*Properties*), retire a cor de contorno selecionando a opção *Nenhuma* (*None*) em *Traçado* (*Stroke*).

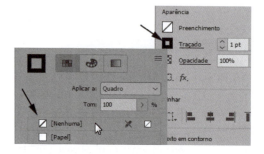

4. Abra o quadro de configuração do *Preenchimento* (*Fill*) e selecione a opção *Gradiente* (*Gradient*). Veja que o gradiente criado para o retângulo ainda está disponível.

5. Dê um clique na barra de gradiente na base do quadro e ele será aplicado à elipse selecionada.

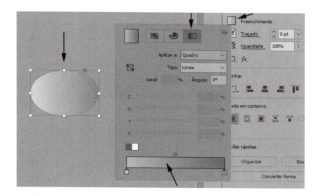

6. Para essa atividade, você utilizará um círculo, e não uma elipse. Portanto, altere as dimensões dela para 405 mm de largura e altura no painel *Propriedades* (*Properties*).

7. Em seguida, posicione-a como mostrado a seguir; depois, clique com o botão direito do mouse sobre ela e selecione a opção *Organizar/Enviar para trás* (*Arrange/Send backward*).

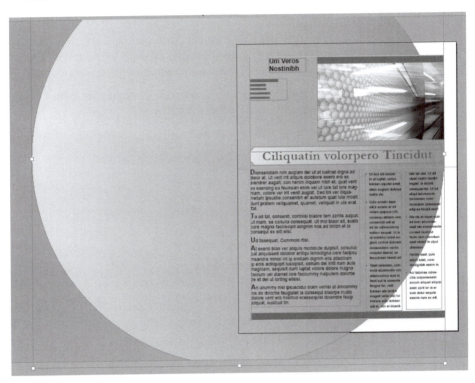

8. Salve seu trabalho pressionando *Ctrl + S*.

Comando *Efetuar e Repetir* (*Step and Repeat*)

Além das várias opções de copiar e colar disponibilizadas no menu *Editar* (*Edit*), você tem um recurso para copiar e colar objetos criando uma sequência deles, ou até mesmo uma grade. Trata-se do comando *Efetuar e repetir* (*Step and Repeat*).

Você vai usar esse recurso para criar uma série de pequenos quadrados brancos e colocá-los sobre a imagem do lado direito.

1. Ative a ferramenta *Retângulo* (*Rectangle*) e dê um clique em uma área fora da página. No quadro de diálogo *Retângulo* (*Rectangle*), defina 5 mm para *Largura* (*Width*) e *Altura* (*Height*) e clique em *OK*.

2. Altere a cor de preenchimento do quadrado para branco (*Papel*) (*Paper*) e o traçado para *Nenhum* (*None*).

3. Mantenha o quadrado selecionado e, no menu *Editar* (*Edit*), clique em *Efetuar e repetir* (*Step and Repeat*).

No item *Contagem* (*Count*) do quadro, você define quantas cópias serão feitas do objeto e, em *Deslocamento* (*Offset*), determina quanto cada cópia deverá se deslocar na *Vertical* (*Vertical*) e na *Horizontal* (*Horizontal*).

4. Ative a opção *Criar como uma grade* (*Create as a grid*) para que o objeto se repita na horizontal e na vertical. Observe que, ao ativar essa opção, o item *Repetir* (*Repeat*) muda para *Grade* (*Grid*), e você poderá definir o número de linhas e colunas.

5. Ative a opção *Visualizar* (*Preview*) para ter uma prévia do resultado, ajuste os valores como mostrado a seguir e clique em *OK* para finalizar.

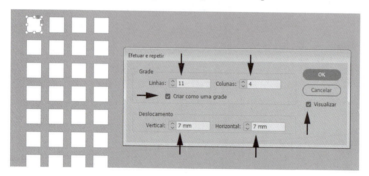

6. Selecione todos os quadrados e, no menu *Objeto* (*Object*), clique em *Agrupar* (*Group*), ou pressione as teclas de atalho *Ctrl + G*.

Com o comando *Agrupar* (*Group*), você pode reunir uma série de objetos e trabalhar com eles como se fossem um só, movendo-os ou modificando-os, sem afetar seus atributos ou a posição entre eles. Além disso, você também pode juntar um grupo a outro objeto, criando um novo conjunto, o que faz com que o grupo inicial se torne um subgrupo.

7. Posicione o grupo sobre a imagem, como mostrado a seguir, e salve seu trabalho.

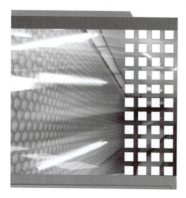

CRIANDO O LOGOTIPO

Agora você vai criar um logotipo simples para esse documento e explorar mais algumas ferramentas de criação e de edição que agilizam seu trabalho.

Ferramenta Mão (Hand)

Com a ferramenta *Mão* (*Hand*), você movimenta a visualização da página na janela do documento sem precisar utilizar as barras de rolagem. Basta ativá-la no painel *Ferramentas* (*Tools*), levar o cursor até o documento e, então, clicar e arrastar.

1. Use a ferramenta *Mão* (*Hand*) para ajustar a visualização da região onde o logotipo será colocado, ou seja, no canto superior esquerdo da página.

Ferramenta Polígono (Polygon)

Esta ferramenta permite a criação de objetos geométricos de vários lados, e é com ela que você vai criar um logotipo formado por hexágonos.

2. No painel *Ferramentas* (*Tools*), clique no grupo da ferramenta *Retângulo* (*Rectangle*) com o botão direito do mouse e selecione a ferramenta *Polígono* (*Polygon*).

3. Clique em uma área fora da página e, no quadro *Polígono* (*Polygon*), digite *35 mm* para o item *Largura do polígono* (*Polygon Width*); *30,311 mm* para o item *Altura do polígono* (*Polygon Height*); e 6 para o número de lados (*Number of Sides*) (polígono de seis lados). Depois, clique no botão *OK*.

 O item *Margem interna da estrela* (*Star Inset*) permite a definição de uma estrela ao se desenhar o polígono.

4. No painel *Propriedades* (*Properties*), remova a cor do traçado clicando na opção *Nenhuma*, caso essa não seja a opção atual.

5. Clique no item *Preenchimento* (*Fill*) do painel *Propriedades* (*Properties*) e selecione o item *Cor*.

6. Digite os valores, conforme mostra a figura a seguir, nas caixas do modelo de cor *CMYK*.

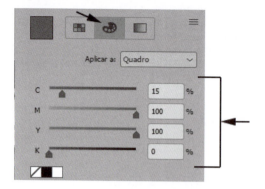

7. No item *Transformar* (*Transform*), do painel *Propriedades* (*Properties*), clique no símbolo da corrente para ativar a opção *Limitar proporções para largura e altura* (*Constrain Proportions for Scaling*) e altere o valor da *Largura* (*Width*) para *18 mm*.

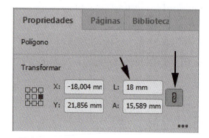

Ferramenta Escala *(Scale)*

Esta ferramenta permite que se redimensione um objeto a partir de um ponto fixo. Por padrão, esse ponto está no centro do objeto, mas com essa ferramenta você pode definir outro ponto de referência para alterar suas dimensões. Depois de ativá-la, basta clicar na posição escolhida para o ponto de referência e ele será movido.

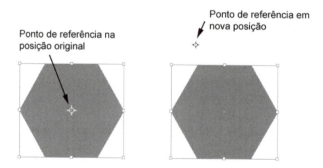

Definido o ponto de referência, basta clicar em outra posição, manter o botão do mouse pressionado e arrastar o cursor para redimensionar o objeto. Para manter a proporção, basta manter a tecla *Shift* pressionada enquanto o objeto é redimensionado.

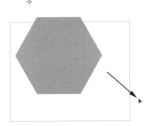

Esse redimensionamento é feito manualmente, mas, nessa atividade, é imprescindível a precisão. Sendo assim, você vai trabalhar com outra opção da ferramenta *Escala* (*Scale*).

8. A parte interna do logotipo será feita com mais três hexágonos menores e cores diferentes. Portanto, com o hexágono selecionado, pressione as teclas *Ctrl + C* e *Ctrl + V* para gerar uma cópia.

9. No painel *Ferramentas* (*Tools*), ative a ferramenta *Escala* (*Scale*) e, em seguida, dê duplo clique sobre ela. O quadro *Escala* (*Scale*) será exibido.

10. Mantenha o botão *Limitar proporções para escala* (*Constrain Proportions for Scaling*) ligado e, na caixa *Escala do eixo X* (*Scale X*), digite o valor *6 mm* (não deixe de digitar a unidade "mm"). Para finalizar, clique no botão *OK*.

11. Com o hexágono menor selecionado, altere a cor de preenchimento para: $C = 0$, $M = 20$, $Y = 84$ e $K = 0$.

Utilizando a Distribuição ativa

12. Este recurso permite que você altere o espaçamento entre objetos selecionados de forma proporcional, utilizando o cursor do mouse. Para isso, aplique um zoom sobre o hexágono menor, faça duas cópias e posicione-as como mostra a figura.

13. Com a ferramenta *Seleção* (*Selection*), clique em um ponto fora do hexágono superior e arraste o cursor, cercando as cópias para selecioná-las.

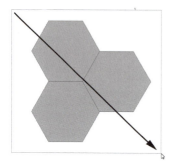 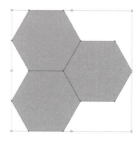

14. Clique na alça de seleção inferior direita e arraste o cursor para iniciar a alteração, mas ainda sem soltar o botão do mouse.

15. Pressione a tecla *Shift* e a *Barra de Espaço* e, mantendo-as pressionadas, aumente um pouco a distância entre os hexágonos. Com isso, a distância será proporcionalmente aumentada.

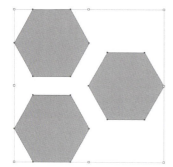

16. Pressione as teclas de atalho *Ctrl + G* para agrupar os hexágonos. Observe que o retângulo que contorna os objetos com as alças de seleção ficará pontilhado, indicando que se trata de um grupo, e não apenas de uma seleção.

Para desfazer um grupo, basta clicar nele com o botão direito do mouse e selecionar a opção *Desagrupar* no menu ou utilizar as teclas de atalho *Shift + Ctrl + G*.

17. No painel *Controle* (*Control*), clique no botão *Virar horizontalmente* (*Flip horizontal*).

18. Em seguida, posicione o grupo de hexágonos dentro do hexágono maior e, por fim, desfaça a seleção de quaisquer objetos clicando em algum ponto fora deles.

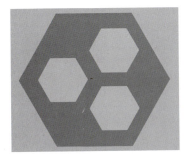

Ferramenta Seleção direta (Direct Selection)

Para finalizar o logotipo, você precisa mudar a cor de um dos hexágonos menores. Da maneira como foram agrupados, não é possível selecionar apenas um deles com a ferramenta *Seleção* (*Selection*). Será preciso usar outra ferramenta, a *Seleção direta*, que permite a seleção de um objeto dentro de um grupo.

19. Ative a ferramenta *Seleção direta* (*Direct Selection*) e clique no hexágono superior da direita. Observe que somente ele será selecionado.

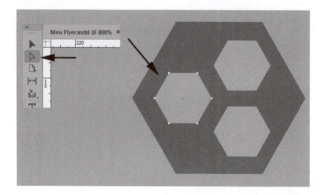

20. No painel *Propriedades* (*Properties*), altere o preenchimento do hexágono selecionado para a cor *Branca*.

21. Para facilitar a manipulação do logotipo, una o hexágono maior com o grupo anterior (o dos hexágonos menores). Com a ferramenta *Seleção* (*Selection*), selecione todos eles e pressione as teclas de atalho *Ctrl + G*.

22. Mova o logotipo para sua posição final na página, como mostra a figura a seguir.

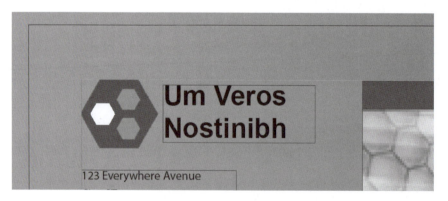

23. Pressione as teclas de atalho *Ctrl + S* para salvar o documento.

24. No menu *Exibir* (*View*), clique em *Modo de Tela* (*Screen Mode*) e selecione *Visualização* (*Presentation*); seu documento deve se assemelhar ao que é mostrado na figura.

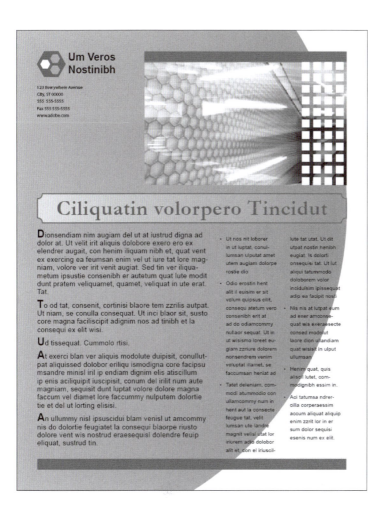

25. Salve o documento e feche-o.

Com o trabalho desenvolvido nesse folheto, você pôde conhecer várias ferramentas básicas do InDesign e se habituar com o modo de trabalho.

Anotações

2

Editoração eletrônica no InDesign – visão geral

OBJETIVOS

- » Informar-se sobre conceitos básicos de editoração
- » Conhecer os recursos que agilizam a produção
- » Conhecer o painel *Temas do Adobe Color*
- » Trabalhar com imagem e texto
- » Aprender a manipular páginas
- » Trabalhar com gradientes e efeitos

Conceitos

Antes de continuar com o estudo do InDesign, é importante abordar alguns conceitos básicos da área gráfica para que você possa compreender melhor os recursos que esse programa oferece. Isso serve principalmente para aqueles que não possuem experiência na área.

PRODUÇÃO GRÁFICA

Produção gráfica é a área que avalia a competência, os custos e o cumprimento dos prazos de fornecedores e terceiros. É de sua responsabilidade a contratação de serviços e provisão dos materiais necessários à preparação de artes-finais, convencionais ou eletrônicas, bem como a realização de quaisquer processos de pré-impressão, impressão e pós-impressão.

O setor de produção gráfica mantém permanente relacionamento com os setores de criação artística e mídia no desenvolvimento das peças gráficas.

O responsável por essa área, conhecido como produtor gráfico, é o profissional que, por deter conhecimento técnico, pode e deve ser um colaborador sempre presente, desde o início do processo de criação até a fase final e de impressão.

O pessoal da criação, com o produtor gráfico, tem condições de prever um problema e solucioná-lo para evitar que comprometa o processo de pré-impressão e impressão, eliminando assim qualquer possibilidade de desgaste, seja com o fornecedor, com a própria criação, com o atendimento ou com o cliente (o maior prejudicado na eventualidade de que uma campanha bem concebida e elaborada apresente problemas de impressão e acabamento).

O processo de produção de uma peça gráfica desenvolve-se em duas etapas:

- *Criação*: a equipe de criação da agência de publicidade desenvolve a peça gráfica, um layout, que é apresentado ao cliente. Nessa etapa, o produtor gráfico colabora na escolha de tipos e indica os melhores procedimentos técnicos que a criação deve observar para que a peça gráfica seja impressa do modo mais adequado.

- *Finalização*: após a aprovação do layout pelo cliente e a revisão do material, o produtor gráfico finaliza o arquivo (arte-final digital) de acordo com as especificações do serviço: cores, dobras, dimensões, cortes, etc. Nessa etapa, ele confere e adapta as cores, fontes, retículas e resoluções do trabalho para que a peça gráfica concebida no layout possa ser reproduzida com fidelidade. É feito então o fechamento do arquivo, de acordo com o tipo de impressão e de matriz a ser confeccionada.

EDITORAÇÃO ELETRÔNICA

A editoração eletrônica ou *Desktop Publishing*, conhecida também como paginação eletrônica ou diagramação eletrônica, consiste na edição de publicações mediante a combinação de um computador, um programa de paginação e uma impressora. Ela é utilizada amplamente em diversos segmentos da sociedade para criar peças gráficas com as mais variadas finalidades, como informar, convencer e ilustrar informações sobre produtos e serviços.

No processo, o profissional cria layouts que podem conter texto, gráficos, fotografias e outros elementos gráficos, utilizando um programa de paginação como o Adobe InDesign. Normalmente, são utilizadas impressoras convencionais para pequenas tiragens e gráficas para grandes impressões.

O profissional encarregado desse serviço pode executar o trabalho de toda uma equipe, desde o layout, passando pela edição de texto, até a separação de cores. No computador, ele cria documentos como páginas da web, folhetos, pôsteres, catálogos, boletins informativos e elementos gráficos.

Os elementos que compõem a editoração eletrônica são os seguintes:

- *Briefing*: resumo resultante de um contato com o cliente para definir os parâmetros do serviço, como: tamanho, cores, tipografia, tiragem, público-alvo, conteúdo, etc.

- *Rascunho*: esboço ou desenho livre para definir a melhor distribuição das imagens e do texto em uma peça gráfica.

- *Layout*: composição dos elementos do texto e das imagens em uma peça gráfica. Na fase anterior à editoração eletrônica, os layouts eram esboçados e pintados à mão, com recortes de matérias de revistas ocupando o espaço do texto e letras decalcadas nos títulos, feitos em cartão ou papel comum. Com o avanço da tecnologia, passaram a ser feitos diretamente no computador, com o uso de escâneres e softwares de edição de imagens.

- *Finalização*: antes feita artesanalmente, com o esboço ou desenho coberto por papel vegetal, colado com benzina; agora é processada 100% digitalmente, sendo entregue ao cliente com quase completa fidelidade em relação ao impresso final.

A editoração eletrônica é atualmente a base de recursos para todo tipo de publicação, como em artes gráficas, multimídia ou web.

Diagramação

Diagramação ou paginação é a distribuição dos elementos gráficos no espaço limitado da página impressa ou em outros meios. Ela deve ser utilizada para guiar a leitura. As técnicas que muitos autores ensinam levam o designer a identificar as áreas de uma página como:

- *Área principal*: parte superior esquerda da página.

- *Área secundária*: parte inferior direita da página.

- *Áreas mortas*: áreas opostas à principal e à secundária, localizando-se na parte superior direita e inferior esquerda.

- *Centro óptico*: área a que se dirige a visão. O centro geométrico é o próprio centro.

Um dos segredos que definem se o aspecto de um projeto gráfico é bom ou ruim está na elaboração do diagrama, ou seja, na distribuição dos blocos de texto e das imagens.

Um pouco de teoria das cores

Antes de começar a trabalhar com cores em seus documentos, é importante saber um pouco mais sobre elas.

Modelos de cores

As cores, nas áreas gráfica e computacional, são definidas por meio de modelos ou métodos padronizados de definição. Eles representam a maneira como diferentes valores que definem uma cor são misturados para produzir determinada cor na tela do computador ou na impressora.

Veja a seguir os modelos de cores mais comuns:

- *RGB* – composto pelas cores primárias Red (vermelho), Green (verde) e Blue (azul), esse modelo é aplicado na detecção de cores pelo olho humano e na produção de cores para escâneres e monitores de televisão e computador.

- *CMYK* – composto pelas cores Cyan (ciano), Magenta (magenta), Yellow (amarelo) e Black (preto), esse modelo é aplicado em qualquer trabalho impresso, pois trabalha com as cores primárias utilizadas na tinta impressa no papel, ou seja, com a porcentagem de mistura de tintas da área gráfica.

- *HSB* (Hue-Saturation-Brightness – Matiz-Saturação-Brilho) – o matiz determina a cor a ser utilizada (verde, azul, vermelho, etc.); a saturação define o percentual do tom aplicado, ou seja, se a cor será mais fraca ou mais forte; e o brilho define a intensidade da cor, ou seja, se ela será mais clara ou mais escura. Entre todos os modelos, esse é o que mais se aproxima da forma como o olho humano enxerga as cores.

- *CIE Lab* – padrão internacional de medida de cor criado pela Comission Internationale de L'éclairage (CIE), em 1931, para qualquer condição de produção, independentemente do dispositivo usado para criar ou imprimir uma imagem. Esse padrão é formado pelo componente L, de luminância ou iluminação, e os componentes cromáticos a, cujos valores vão do verde ao vermelho, e b, com valores que vão do azul ao amarelo.

Color gamuts

Gamut é a faixa de cores que o sistema de cores pode exibir ou imprimir. O espectro de cores visto pelo olho humano é maior do que qualquer modelo de cor disponível.

Na *Elipse Cromática* (um gráfico que mostra a faixa de cores de cada sistema) é mais simples perceber as diferenças entre os gamuts.

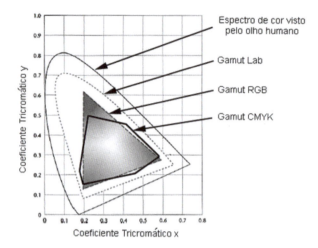

Entre os modelos de cores usados no InDesign, o Lab tem o maior gamut, englobando todas as cores dos gamuts RGB e CMYK. O gamut RGB contém o grupo das cores que podem ser vistas no computador e no televisor, que emitem as luzes vermelha (Red), verde (Green) e azul (Blue). No entanto, cores como o ciano puro ou o amarelo puro não são exibidas de maneira precisa no monitor.

O modelo CMYK tem o menor gamut, composto somente pelas cores que podem ser impressas pelo processo de cores de tinta. Quando o monitor exibe as cores que não podem ser impressas, elas são chamadas de cores fora do gamut, ou seja, fora do gamut CMYK.

Matiz *(Hue)* e *Saturação (Saturation)*

A opção *Matiz/Saturação* serve para ajustar cor, saturação e luminosidade. Para entender melhor como se faz esse ajuste, é interessante conhecer o *Color Wheel*, ou Círculo de Cores. Trata-se de um diagrama aplicado para determinar a cor a ser usada e sua saturação.

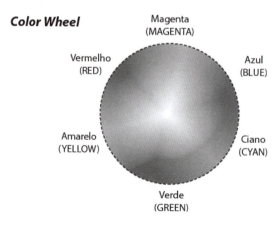

Esse diagrama é formado pelo espectro de cores perceptível pelo olho humano, que é composto por seis cores: magenta (Magenta), azul-violeta (Blue), ciano (Cyan), verde (Green), amarelo (Yellow) e vermelho (Red). Essas são as cores dos modelos mais conhecidos usados em computação e na indústria gráfica:

- RGB (*Red, Green* e *Blue*): para qualquer trabalho a ser exibido em tela, como imagens a serem exibidas em páginas da internet.
- CMYK (*Cyan, Magenta, Yellow, Black*): para qualquer trabalho a ser impresso em gráfica.

Ajustar o matiz significa mover o cursor dentro do círculo no sentido horário ou anti-horário para escolher a cor. Já o ajuste de saturação é feito com um movimento no sentido do raio do círculo.

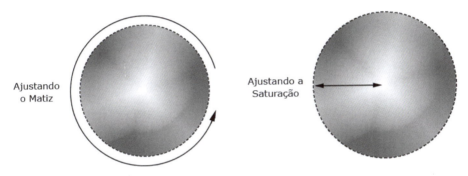

De fato, ao utilizar o quadro de diálogo *Seletor de cores* (*Color Picker*), você está navegando pelo Color Wheel.

Neste capítulo, você vai criar um folheto fictício, desenvolvido de forma a explorar vários recursos do InDesign e conceitos de editoração. Para ter uma ideia do resultado final, abra o arquivo *FOLHETO-FINAL-EXEMPLO*, disponível na pasta *Arquivos livro/ Atividades prontas*.

Atividade 1 – Agilizando o trabalho e iniciando o projeto

Objetivo:
» Conhecer recursos que agilizam o trabalho no InDesign.

Tarefas:
» Conhecer atalhos de teclado.
» Manipular painéis.
» Trabalhar com grades e guias.
» Trabalhar com o painel *Amostras* (*Swatches*).
» Trabalhar com cores especiais, cores de escala e tons.

Nesta atividade, serão mostrados recursos do InDesign que tornam o trabalho mais ágil no processo de editoração. Ao mesmo tempo, você iniciará a construção de seu folheto.

Usando os atalhos de teclado

O InDesign possui uma grande variedade de atalhos de teclado que permitem que você trabalhe com mais rapidez em seus documentos, sem a necessidade de usar o mouse. Vários desses atalhos aparecem nos menus, ao lado dos comandos.

1. Clique no menu *Arquivo* (*File*), por exemplo, e observe os atalhos ao lado da maioria dos comandos.

O mesmo acontece no painel *Ferramentas* (*Tools*), onde os atalhos estão disponíveis para várias delas. Por exemplo, ao clicar com o botão direito do mouse sobre a ferramenta *Tipo* (*Type*), são exibidas as ferramentas do grupo, e ao lado do nome delas estão os atalhos.

Painel Ferramenta Dicas *(Tools Hints)*

Acessando o menu *Janela* (*Window*) e selecionando as opções *Utilitários/Ferramenta Dicas* (*Utilities/Tools Hints*), é exibido um painel com informações sobre a ferramenta ativa, como os comportamentos ocultos de teclas modificadoras disponíveis, além de sua tecla de atalho.

Veja o exemplo a seguir, em que a ferramenta *Tipo* (*Type*) foi ativada:

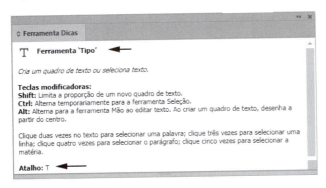

Configurando os atalhos de teclado

Todos esses atalhos fazem parte do *Conjunto de atalhos padrão*, cuja configuração você pode alterar. Além disso, poderá escolher outro conjunto predefinido ou até mesmo criar seu próprio conjunto de atalhos.

2. No menu *Editar* (*Edit*), clique na opção *Atalhos do teclado* (*Keyboard Shortcuts*), e o quadro de diálogo *Atalhos de teclado* (*Keyboard Shortcuts*) será exibido.

No item *Conjunto* (*Set*), você seleciona um dos conjuntos de atalhos predefinidos e, por padrão, o InDesign utiliza a opção *Padrão* (*Default*).

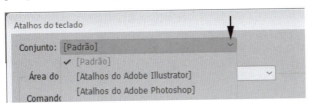

No item *Área do produto* (*Product Area*), são listados todos os menus e itens que possuem atalhos.

Ao selecionar um menu, todos os comandos serão listados em *Comandos* (*Commands*). Para visualizar o atalho atribuído a um comando, selecione-o e visualize-o em *Atalhos atuais* (*Current Shortcuts*). Veja o exemplo a seguir em que foi selecionado o comando *Imprimir*.

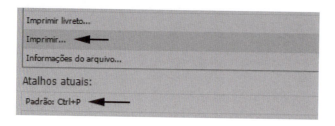

Para atribuir um novo atalho a determinado comando, digite-o no campo *Novo atalho* (*New Shortcut*) e clique no botão *Atribuir* (*Assign*). Para remover um atalho, clique no botão *Remover*.

O quadro ainda permite que você crie todo um conjunto de atalhos personalizados, bastando clicar no botão *Novo conjunto* (*New Set*) do lado direito.

Para finalizar, você ainda pode gerar uma lista de todos os atalhos, clicando no botão *Mostrar conjunto* (*Show Set*), criando assim um arquivo do Bloco de Notas que você poderá salvar onde desejar.

3. Clique no botão *Cancelar* (*Cancel*) para fechar o quadro sem fazer nenhuma alteração.

Manipulando os painéis

Antes de explorar as dicas sobre a manipulação dos painéis, você vai criar um documento para a construção de seu folheto.

1. Clique no botão *Criar* (*Create New*) na tela *Início* (*Home*) e, no quadro *Novo documento* (*New Document*), ajuste apenas os seguintes itens:
   - *Propósito*: Impressão (*Print*)
   - *Tamanho da página*: A4
   - *Margens*: 15 mm (para todas)
2. Clique em *Criar* (*Create*) para criar o documento.

Ocultando os painéis

3. Pressione a tecla *Tab* e todos os painéis, incluindo o painel *Ferramentas* (*Tools*) e o painel *Controle* (*Control*), serão ocultados. Em seguida, pressione a tecla *Tab* para exibi-los.

Opções de exibição dos painéis

Os painéis são muito versáteis e possuem algumas opções de exibição de acordo com a tarefa a ser executada, dando mais espaço na área de tela.

4. Para que a área de trabalho esteja idêntica ao que será demonstrado, clique no alternador da área de trabalho e selecione *Redefinir Elementos essenciais* (*Reset Essentials*).

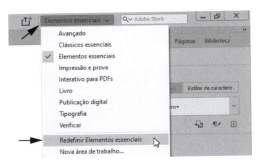

5. Clique na seta dupla, no topo da área de ancoragem dos painéis, e eles serão contraídos a ícones ou expandidos.

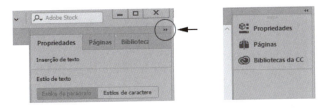

6. No menu *Janela* (*Window*), clique em *Cor* (*Color*) e selecione a opção *Cor* (*Color*) para exibir o painel.

7. Clique no canto esquerdo da aba do painel *Cor* (*Color*) ou abra o menu do painel, clicando em seu canto superior direito e selecionando a opção *Ocultar opções* (*Hide Options*). Dessa forma, o painel será compactado.

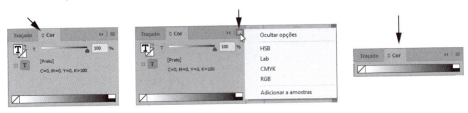

Movendo os painéis

Você também pode mover qualquer um dos painéis e agrupá-los com outros dentro da área de painéis, do lado direito da tela, também chamada área de ancoragem. Basta clicar na aba com o nome do painel e movê-lo para cima do grupo de painéis desejado.

8. Salve o documento com o nome *Folheto* em sua pasta *Meus Trabalhos*.

Trabalhando com grades

As grades são úteis na diagramação de seus trabalhos, proporcionando mais precisão e agilidade. Existem dois tipos de grade: a da linha de base e a do documento.

1. Se as réguas não estiverem sendo exibidas, pressione as teclas de atalho *Ctrl + R* e ajuste a unidade de medida para *mm* (milímetros).

2. No menu *Exibir* (*View*), selecione a opção *Grades e guias/Mostrar grade da linha de base* (*Grids & Guides/Show Baseline Grid*) ou utilize as teclas de atalho *Atl + Ctrl + '*. Seu documento receberá uma série de linhas horizontais que o deixarão com aspecto de papel pautado.

3. Pressione as teclas *Alt + Ctrl + '* para ocultar a grade da linha de base.

4. No menu *Exibir* (*View*), clique na opção *Grades e guias/Mostrar grade do documento* (*Grids & Guides/Document Grid*) ou utilize as teclas de atalho *Ctrl + '*. Seu documento receberá uma grade que lhe dará aspecto de papel quadriculado.

Essas duas opções podem ser configuradas de acordo com sua necessidade. Nesta atividade, você vai trabalhar com a grade do documento.

5. No menu *Editar* (*Edit*), clique na opção *Preferências/Grades* (*Preferences/Grid*) para exibir o quadro de diálogo onde você pode configurar qualquer uma das opções da grade.

6. Para esse projeto, na área *Grade do documento* (*Document Grid*), altere os valores de *Grade a cada* (*Gridline Every*) para *15 mm* nas caixas *Horizontal* e *Vertical*, e os valores de *Subdivisões* (*Subdivisions*) para 5. Mantenha a opção *Grades atrás* (*Grids in Back*) selecionada, para que a grade fique sempre por baixo dos objetos e textos. Observe também que você pode mudar a cor das linhas de grade no item *Cor* (*Color*).

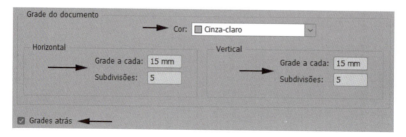

7. Clique no botão *OK* para finalizar e veja que a origem da grade e suas subdivisões obedecem às réguas.

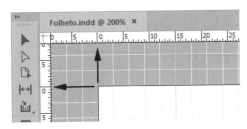

Para facilitar o posicionamento dos objetos ao serem movidos, você pode fazer com que eles sejam atraídos para a grade, facilitando seu posicionamento.

8. No menu *Exibir* (*View*), clique na opção *Grade e guias/Aderir à grade do documento* (*Grids & Guides/Snap Document Grid*) ou pressione as teclas de atalho *Shift + Ctrl + '*.

9. Salve o documento pressionando *Ctrl + S*.

Trabalhando com as guias de régua

As guias de régua se diferenciam das grades pelo fato de que podem ser posicionadas livremente em qualquer local do documento ou da área de trabalho. Para montar seu folheto, você vai criar e posicionar várias guias.

1. Usando a ferramenta *Seleção* (*Selection*), clique na régua vertical e, mantendo o botão do mouse pressionado, arraste o cursor para o documento e veja que será criada uma linha azul. Trata-se de uma guia vertical. Posicione-a sobre a margem vertical esquerda.

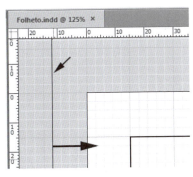 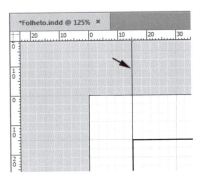

As guias, como os objetos, quando selecionadas, podem ser apagadas simplesmente pressionando-se a tecla *Delete*. Pode-se selecionar mais de uma guia ao mesmo tempo. Quando selecionadas, elas assumem uma cor azul mais forte.

2. Crie mais três guias, uma sobre a margem vertical direita e mais duas nas margens horizontais superior e inferior.

3. Você precisa criar uma guia horizontal e posicioná-la a *132 mm* da parte superior da página. Clique na régua horizontal, arraste a nova guia e fique observando a caixa *Y* no painel *Controle* (*Control*), ou o quadro indicador ao lado do cursor. Quando ela atingir a posição desejada, libere o botão do mouse.

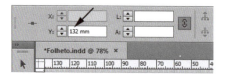 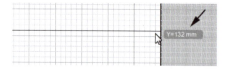

Para alterar a posição de uma guia, basta clicar sobre ela e arrastar. Se precisar alterar a posição com uma dimensão precisa, selecione-a e altere a medida nas caixas *X* ou *Y* no painel *Controle* (*Control*).

 A referência para posicionamento das guias será o canto superior esquerdo da página, a menos que o ponto zero seja alterado.

4. Crie outra guia horizontal, posicionando-a em *207 mm*, e uma guia vertical (use a régua vertical), posicionando-a em *105 mm*.

 Para bloquear as guias e evitar que elas se desloquem por acidente, vá para o menu *Exibir* (*View*) e clique na opção *Grades e Guias/Bloquear guias* (*Grids & Guides/Lock Guides*).

5. Agora, você já tem as guias necessárias para posicionar os elementos de seu folheto. Salve o arquivo (*Ctrl + S*).

O PAINEL AMOSTRAS (SWATCHES) E AS CORES

Quando se trata de impressão comercial, é muito importante que se definam, antes mesmo do início do projeto, o sistema de impressão e o tipo de papel que serão usados. Isso se justifica não apenas por uma questão de custos, mas também em função das definições ligadas à estrutura interna do arquivo. Para discutir essas questões, depois de escolher a gráfica de sua preferência, informe-a sobre as características principais do projeto, como tiragem, tamanho final, número de cores a serem utilizadas, etc., para que ela possa auxiliá-lo na escolha mais adequada do sistema de impressão e tipo de papel.

Há vários sistemas de impressão: offset, flexografia, serigrafia, tampografia, impressão digital, etc. A escolha varia segundo o tipo de aplicação, o que vai depender de alguns fatores, tais como:

- qualidade estética final do material impresso;
- resistência do material;
- tiragem.

No caso do folheto que você está desenvolvendo, o sistema apropriado é o offset, pois os projetos incluídos nas atividades já foram pensados para esse tipo de impressão. Esse sistema é um dos mais utilizados pelas gráficas não só pela alta qualidade, como também pelo custo, que vai se tornando menor à medida que aumenta a tiragem.

Os processos de impressão exigem a confecção de fotolitos e posteriormente de chapas de impressão. Hoje, o mercado já dispõe do processo de offset digital, que dispensa o uso dos fotolitos, também chamado de processo direto para a chapa (direct to plate ou computer to plate).

O sistema offset permite o uso de várias cores e retículas uniformes ou variáveis, o que resulta em cópias de alta qualidade.

As impressoras variam conforme o número de tintas que elas imprimem simultaneamente: existem impressoras offset que imprimem apenas uma cor e as que imprimem até dez cores automaticamente (ciano, magenta, amarelo, preto e mais seis cores especiais).

CMYK ou RGB?

O padrão CMYK – o mais usado em impressão comercial – é a abreviatura do sistema de cores formado por Cyan (ciano), Magenta (magenta), Yellow (amarelo) e Black (preto). Usa-se a letra K no final da sigla em vez de B, pois antigamente a chapa que continha a cor preta nas gráficas era chamada de *Key plate*, e também para evitar confusão com o B da sigla RGB, que significa Blue (azul).

O padrão RGB é a abreviatura do sistema de cores aditivas formado por Red (vermelho), Green (verde) e Blue (azul). O propósito principal desse sistema é a reprodução de cores em dispositivos eletrônicos, como monitores de TV e computador, datashows, escâneres, câmeras digitais, celulares, tablets, assim como na fotografia tradicional. Em contraposição, as impressoras utilizam o modelo CMYK de cores subtrativas.

Além do CMYK e do RGB, há outros padrões de cores, como o Pantone, no qual em vez de se ter um certo número de cores primárias, que são combinadas para gerar as demais, tem-se uma tinta para cada cor utilizada na impressão. Isso garante que a cor impressa seja exatamente a mesma vista no mostruário, embora não permita que se usem muitas cores diferentes no mesmo impresso, já que seria preciso destinar uma tinta para cada cor diferente.

Trabalhando com cores especiais (Spot Colors) e cores de escala (Process Colors)

No InDesign, você pode utilizar cores especiais (*Spot Colors*) ou cores de escala (*Process Colors*), que são os dois principais tipos de tinta utilizados na indústria gráfica.

As cores especiais são tintas pré-fabricadas à venda no mercado. Podem ser utilizadas com as cores de escala, só que terão sua própria chapa de impressão. Por exemplo, se você utilizar cores de escala e uma cor especial, serão quatro chapas correspondentes ao CMYK e mais uma para a cor especial, e assim por diante. Há no mercado uma grande gama de opções e fabricantes de cores especiais.

As cores de escala (*Process Colors*) são impressas mediante a combinação das quatro cores básicas: ciano, magenta, amarelo e preto (CMYK). Elas são utilizadas quando o trabalho apresenta grande variação de cores, como fotos coloridas, pois seria muito caro utilizar cores especiais.

No painel *Amostras* (*Swatches*), você pode identificar o tipo de cor utilizado pelos ícones de cores.

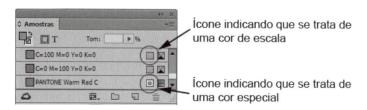

A segunda coluna de ícones identifica os modos de cores:

O painel *Amostras* (*Swatches*) permite que você classifique as amostras por nome ou pelos valores de cor. Com um simples comando disponível no menu do painel, você organiza as amostras e facilita seu trabalho, principalmente em projetos com muitas cores.

Criando cores

Com o painel *Amostras* (*Swatches*), você cria cores, gradientes ou tons (variações de tonalidade de uma cor) e armazena para uso durante seu trabalho. Qualquer alteração em uma das cores armazenadas afetará todos os objetos em que essa cor foi aplicada.

Criando cores de escala

1. Pressione *F5* para exibir o painel *Amostras* (*Swatches*) e destaque-o, deixando flutuante na área de trabalho.

2. Em seguida, clique no canto superior direito para exibir o menu de opções e selecione *Nova amostra de cor* (*New Color Swatch*).

3. No quadro de diálogo *Nova amostra de cor* (*New Color Swatch*), desabilite a opção *Nome com valor de cor* (*Name with Color Value*) para que você possa dar um nome à nova cor, sem deixar que o InDesign defina o nome com os valores das porcentagens de cada cor.

4. Na caixa *Nome da amostra* (*Swatch Name*), digite *Vermelho texto*; no item *Tipo de cor* (*Color Type*), mantenha a opção *Escala* (*Process*) para criar uma cor de escala.

5. No item *Modo de cor* (*Color Mode*), altere para *CMYK* e, nas caixas referentes a cada cor, entre com os valores *Ciano* (*Cyan*) = 0, *Magenta* (*Magenta*) = 85, *Amarelo* (*Yellow*) = 50 e *Preto* (*Black*) = 0.

6. Desabilite a opção *Adicionar na biblioteca* (*Add to CC Library*), caso ela esteja selecionada, pois esse item não será visto neste momento.

7. Clique no botão *OK* e a cor será acrescentada ao painel *Amostras* (*Swatches*), sempre no final da lista de cores existentes.

Criando cores especiais

O procedimento é quase o mesmo para se criar uma cor especial, mas você escolhe a cor em uma das escalas comerciais disponíveis no InDesign.

8. Abra o menu de opções do painel *Amostras* (*Swatches*) e clique em *Nova amostra de cor* (*New Color Swatch*).

9. Em *Tipo de cor* (*Color Type*), selecione *Especial* (*Spot*) e, em *Modo de cor* (*Color Mode*), selecione a escala comercial *PANTONE+ Solid Coated*.

10. Na lista de cores, localize e selecione a cor *Pantone 376 C*, clique em *OK* e a cor será acrescentada ao painel *Amostras* (*Swatches*).

 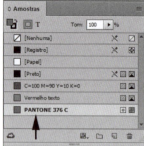

CRIANDO GRUPOS DE CORES

O painel *Amostras* (*Swatches*) disponibiliza um recurso que ajuda a gerenciar as cores em seus projetos. Trata-se do *Grupo de cores*, criado por meio de um botão no painel. Além disso, você pode importar grupos de cores de um projeto criado no Illustrator, evitando a necessidade de se recriar as mesmas cores.

1. No painel *Amostras* (*Swatches*), selecione as cores criadas (*Vermelho texto* e *PANTONE 376 C*), mantendo a tecla *Ctrl* pressionada para selecionar mais de uma cor.

2. Clique no botão *Novo grupo de cores* (*New Color Group*) na base do painel, e um novo grupo será criado contendo as cores selecionadas.

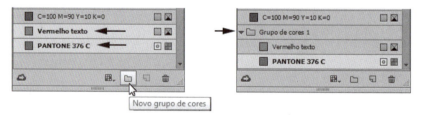

3. Dê duplo clique sobre o nome do grupo para exibir o quadro *Editar grupo de cores* (*Edit Color Group*) e altere o nome para *Cores Folheto 1*. Clique em *OK* para finalizar.

Você também pode criar um grupo de cores a partir dos objetos que estão em sua área de trabalho. Basta selecionar os objetos que contêm as cores que deseja e, em seguida, clicar no botão *Novo grupo de cores* (*New Color Group*). Um novo grupo é criado com todas as cores dos objetos selecionados.

Veja a seguir outros recursos para gerenciar grupos de cores:

- *Adicionar uma amostra a um grupo de cores* (*New Color Swatch*): basta selecionar uma amostra, arrastar e soltá-la no grupo de cores escolhido.

- *Duplicar o grupo de cores* (*Duplicate Color Group*): você pode duplicar diretamente pelo menu de contexto ou pelo menu suspenso, basta clicar com o botão direito em um grupo de cores e selecionar *Duplicar grupo de cores* (*Duplicate Color Group*). Todas as amostras dentro do grupo de cores ficam duplicadas juntamente do grupo de cores. As amostras em grupos de cores diferentes não são criadas com o mesmo nome, para evitar confusões.

- *Desagrupar o grupo de cores* (*Ungroup Color Group*): você pode desagrupar diretamente pelo menu de contexto ou pelo menu suspenso. Basta clicar com o botão direito em um grupo de cores e selecionar *Desagrupar grupo de cores* (*Ungroup Color Group*). Ao desagrupar, todas as amostras de dentro do grupo são movidas para a raiz que está fora do grupo de cores.

- *Excluir grupo de cores* (*Delete Color Group*): clique com o botão direito sobre um grupo de cores e selecione *Excluir grupo de cores* (*Delete Color Group*). Você também pode selecionar o grupo de cores e clicar em *Excluir grupo de cores* (*Delete Color Group*) no menu suspenso. Quando você exclui um grupo de cores, todas as amostras dentro do grupo são excluídas.

Carregando um grupo de cores

Os grupos de cores podem ser salvos como arquivos com a extensão *.ASE* (Adobe Swatch Exchange), um tipo de arquivo que permite compartilhar amostras de cores entre aplicativos que aceitam esse arquivo, como o Adobe Illustrator.

Com o InDesign, você pode exportar e importar esse tipo de arquivo ou, nesse caso, carregar grupos de cores no painel *Amostras* (*Swatches*).

Para essa etapa da atividade, foi preparado um arquivo no Adobe Illustrator como um estudo de cores, o qual visa ao projeto do folheto que você está desenvolvendo.

Se você tem o Illustrator instalado em sua máquina, abra o arquivo *Cores Folheto.ai*, disponível na pasta *Arquivos de trabalho/Capitulo2*. Caso não tenha o programa, você pode usar uma versão em PDF com o mesmo nome.

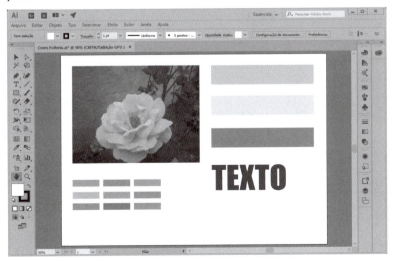

Nesse arquivo, as cores para o projeto do folheto foram criadas e devidamente organizadas em um grupo de cores no painel *Amostras* (*Swatches*) do Illustrator. Em seguida, esse grupo foi exportado como um arquivo *.ASE*, que você vai carregar no InDesign para conhecer mais esse recurso.

4. No menu do painel *Amostras* (*Swatches*), clique em *Carregar amostras* (*Load Swatches*), localize e selecione o arquivo *Cores_Folheto.ase* disponível na pasta *Arquivos de Trabalho/Capitulo2*.

5. Clique em *Abrir* e imediatamente toda a biblioteca de cores do arquivo criado no Illustrator será carregada no painel *Amostras* (*Swatches*), dentro de um grupo chamado *Cores Folheto*.

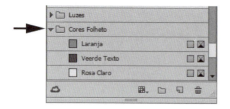

No InDesign, você também pode exportar as cores para outros aplicativos gerando o arquivo *.ASE*. Basta clicar na opção *Salvar amostras* do menu do painel e seguir as instruções.

Filtrando o painel Amostras *(*Swatches*)*

Para facilitar seu trabalho, você pode reduzir os itens exibidos no painel *Amostras* (*Swatches*) usando o botão *Exibições de amostras* (*Swatch Views*) em sua base. As opções são as seguintes:

- *Mostrar todas as amostras* (*Show All Swatches*): é o modo-padrão, em que são exibidas todas as amostras disponíveis.

- *Mostrar amostras de cores* (*Show Colors Swatches*): exibe apenas as amostras de cor, incluindo os grupos de cores.

- *Mostrar amostras de gradientes* (*Show Gradient Swatches*): exibe apenas as amostras de gradientes disponíveis no painel.

- *Exibir grupos de cores* (*Show Color Groups*): exibe apenas os grupos de cores.

6. Clique no botão e selecione a opção *Exibir grupos de cores* (*Show Color Groups*). A pequena seta do lado esquerdo da pasta do grupo exibe ou esconde o seu conteúdo. Portanto, clique na seta de todos os grupos para recolhê-los.

A ferramenta Tema de cor (Color Theme)

Outro recurso relacionado a cores e que traz mais produtividade em seus projetos é a ferramenta *Tema de cor* (*Color Theme*). Essa ferramenta lê as informações de cor em sua página e cria várias opções de paletas de cores (ou temas), que podem ser salvas no painel *Amostras* (*Swatches*) ou nas bibliotecas do Creative Cloud.

1. Como exemplo, vá até a página 6 do documento.

2. Ative a ferramenta *Tema de cor* (*Color Theme*) no painel *Ferramentas* (*Tools*).

3. Leve o cursor até a página, dê um clique sobre a imagem e as cores serão capturadas e colocadas numa paleta flutuante, formando um tema.

4. Clique na seta do lado direito da paleta e serão exibidas opções de temas baseados nas cores capturadas. Mantenha a opção *Colorido* (*Colorful*) selecionada, por exemplo.

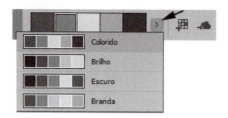

5. Ao lado da seta, estão dois botões; o primeiro é utilizado para salvar as cores no painel *Amostras* (*Swatches*). Clique sobre ele e abra o painel *Amostras* (*Swatches*) – menu *Janela/Cor/Amostras* (*Window/Color/Swatches*).

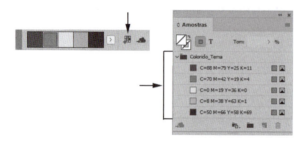

6. O segundo botão vai salvar o tema de cores na biblioteca do Creative Cloud. Clicando sobre ele, o painel *Bibliotecas* será exibido e o tema será acrescentado a ele. Uma vez nessa biblioteca, o tema estará disponível para os outros aplicativos da Adobe, como o Photoshop e o Illustrator.

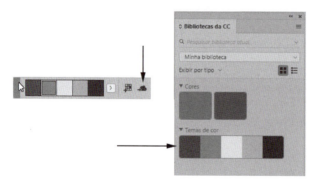

7. Feche o arquivo sem salvá-lo.

Construindo os elementos de fundo da capa

Agora que você já está com as cores definidas, poderá começar a construir os elementos do folheto.

1. Selecione a ferramenta *Retângulo* (*Rectangle*), crie um retângulo do tamanho da página e, com ele ainda selecionado, vá ao painel *Propriedades* (*Properties*), coloque *Preto* para o preenchimento e retire a cor de contorno (*Traçado – Stroke*).

Trabalhando com tons

Esse retângulo funcionará como fundo da página e deverá estar preenchido com uma cor cinza, sem contorno.

Você vai trabalhar com a opção *Tom*, que é uma versão mais clara da cor escolhida. Esse recurso é uma boa opção para criar variações de cores adicionais, dispensando o uso de tintas específicas, ou para criar versões mais claras de cores de escala.

O valor do tom é ajustado em porcentagem, variando de 0% a 100% – quanto menor o valor, mais clara será a tinta.

2. Selecione o retângulo, caso não esteja selecionado, e, no painel *Propriedades* (*Properties*), ajuste a porcentagem de *Opacidade* (*Opacity*) para *34%*.

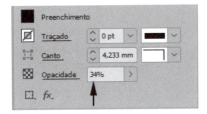

3. Ative a ferramenta *Retângulo* (*Rectangle*) e crie dois retângulos, sendo um na lateral esquerda superior da página e outro no lado direito inferior. Utilize a guia horizontal posicionada anteriormente em 132 mm e as demais guias como base, conforme as imagens a seguir.

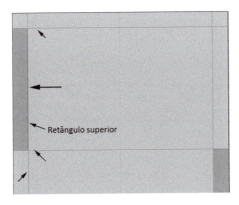
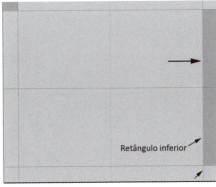

4. Selecione os dois retângulos criados, aplique no preenchimento a cor *Rosa*, que está no grupo *Cores Folheto*, e retire a cor de contorno.

5. Para finalizar, crie um pequeno quadrado no canto inferior esquerdo da página e configure o preenchimento e o contorno como os dois retângulos anteriores.

Para visualizar seu documento sem as guias, pressione as teclas de atalho *Ctrl + ;*.

6. Salve seu documento. O fundo da capa do folheto está pronto.

Atividade 2 – Iniciando o trabalho com imagem e texto

Objetivo:
» Trabalhar de forma básica com quadros que contenham texto e imagem.

Tarefas:
» Utilizar o quadro para conter uma imagem.
» Importar uma imagem.
» Ajustar um conteúdo ao quadro.
» Inserir textos.
» Utilizar o *Localizador de ponto de referência* para mover quadros e objetos.
» Conhecer as opções de quadro de texto.
» Trabalhar com a ferramenta *Linha* (*Line*).
» Aplicar contorno a textos.
» Trabalhar com a opção de cálculos complexos.

Trabalhando com quadros

Você já trabalhou com as ferramentas de desenho para criar retângulos, elipses e polígonos de vários lados, que permitem a alteração tanto do preenchimento quanto do contorno.

Os quadros trabalham da mesma forma, com a diferença de que podem conter textos ou gráficos. Com os quadros, você pode construir o layout de uma página mesmo antes de colocar nela o conteúdo. Veja o exemplo de uma página com vários quadros.

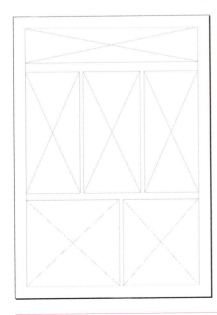

Ferramenta Quadro de retângulo (Rectangle Frame)

1. Selecione a ferramenta *Quadro de retângulo* (*Rectangle Frame*), dê um clique em uma área fora da página para exibir o quadro de diálogo *Retângulo* (*Rectangle*) e digite *180 mm* na caixa *Largura* (*Width*) e *150 mm* na caixa *Altura* (*Height*).

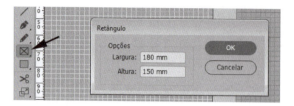

2. Clique em *OK* para finalizar e ative a ferramenta *Seleção* (*Selection*).

Importando uma imagem

3. Esse novo quadro será utilizado para conter uma imagem do folheto, portanto mantenha o quadro selecionado e, no menu *Arquivo* (*File*), clique na opção *Inserir* (*Place*) ou utilize as teclas de atalho *Ctrl + D*.

4. Selecione o arquivo *rosa.jpg* na pasta *Arquivos de Trabalho/Capitulo2* e clique no botão *Abrir*. A imagem da rosa será inserida no quadro.

Neste caso, a imagem é bem maior que o quadro, portanto ele está servindo de máscara para a imagem, ocultando o restante dela. Veja que os quadros são perfeitos para mascarar partes de uma imagem.

Apropriador de conteúdo

Você pode alterar o tamanho do quadro, como fez com os objetos criados com as ferramentas de desenho, mas o tamanho da imagem não será modificado. O *Apropriador de conteúdo* (*Content Grabber*) permite a seleção da imagem dentro do quadro com a ferramenta *Seleção* (*Selection*); dessa forma, você pode fazer as alterações necessárias nela.

5. Com a ferramenta *Seleção* (*Selection*), e ainda com o quadro selecionado, posicione o cursor sobre a imagem, o que mostrará um círculo no centro. Esse círculo é o *Apropriador de conteúdo* (*Content Grabber*).

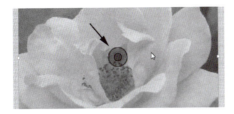

6. Clique no *Apropriador de conteúdo* (*Content Grabber*) para selecionar a imagem e, no painel *Controle* (*Control*), altere o ponto de referência para o canto superior esquerdo, utilizando o *Localizador do ponto de referência* (*Reference Point*).

Todo objeto ou quadro que você cria possui *Alças de Seleção* (*Handle*). Esses pontos também são utilizados como pontos de referência quando você precisar fazer alteração de posição ou tamanho. No painel *Controle* (*Control*), você tem o item *Localizador do ponto de referência* (*Reference Point*) para escolher qual ponto deseja como referência.

7. No painel *Controle* (*Control*), altere o valor da caixa L (*Largura – Width*) para *156 mm* (não se esqueça de deixar ligada a opção *Limitar proporções para largura e altura – Constrain Proportions for Scaling –*, pois assim a altura será alterada proporcionalmente). A linha avermelhada indica o tamanho da imagem. Perceba que boa parte dela está fora do quadro.

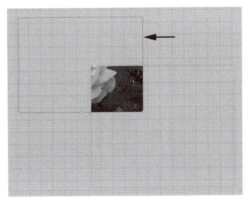

Não é necessário criar um quadro antes de importar uma imagem para o InDesign. No processo de importação, um quadro é criado automaticamente. Nessa etapa da atividade, foi solicitado que você criasse um quadro para poder lhe mostrar o funcionamento desse recurso.

Ajustando um conteúdo ao quadro

Observe que a imagem está deslocada em relação ao quadro. Pode-se ajustar a posição ou o tamanho da imagem em relação ao quadro com a ferramenta *Seleção* (*Selection*), mas você tem algumas opções para ajuste automático do conteúdo do quadro quando ele está selecionado. Trata-se da área *Ajuste de quadro* (*Fitting commands*) do painel *Propriedades* (*Properties*) (também disponível no painel *Controle – Control*).

8. Clique sobre o quadro para selecioná-lo e observe, no painel *Propriedades* (*Properties*), as opções de ajuste da imagem em relação ao quadro.

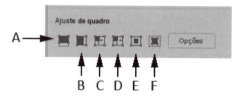

A – *Preencher quadro proporcionalmente* (*Fill Frame Proportionally*): redimensiona o conteúdo proporcionalmente, de forma a preencher todo o quadro.

B – *Ajustar conteúdo proporcionalmente* (*Fit Content Proportionally*): redimensiona o conteúdo proporcionalmente (altera a dimensão mais próxima do quadro) para que caiba nele.

C – *Ajustar conteúdo ao quadro* (*Fit Content to Frame*): redimensiona a largura e a altura do conteúdo para que caiba exatamente dentro do quadro.

D – *Ajustar quadro ao conteúdo* (*Fit Frame to Content*): redimensiona a largura e a altura do quadro para acomodar o conteúdo.

E – *Centralizar conteúdo* (*Center Content*): centraliza o conteúdo no quadro, sem alterar as dimensões.

F – *Ajuste sensível a conteúdo* (*Content-Aware Fit*): ajusta automaticamente a melhor parte da imagem no quadro de forma inteligente, e essa parte é determinada de acordo com as dimensões e a proporção do quadro e a avaliação de várias partes da imagem.

Além dos botões, você ainda tem uma caixa abaixo deles que pode ser selecionada para fazer o ajuste automático. Se essa opção não estiver ativada, ainda que se possa redimensionar um quadro que contenha uma imagem, o tamanho da imagem continuará o mesmo; mas com ela acionada, a imagem será redimensionada com o quadro.

9. Clique no botão *Centralizar conteúdo* (*Center Content*), e a imagem vai para o centro do quadro.

10. Mantenha o quadro selecionado, abra o painel *Amostras* (*Swatches*) e aplique as cores *Amarelo quadro* no preenchimento e *Laranja quadro* no traçado, ambas no grupo *Cores Folheto*. Observe que a imagem da rosa não se altera, e a cor de preenchimento fica como fundo.

11. Mantenha o quadro selecionado e desligue o botão *Limitar proporções para largura e altura* (*Constrain Proportions for Scaling*) no painel *Controle* (*Control*).

12. Altere o ponto de referência para o centro e altere os valores da caixa *L* (*W*) para *108 mm* e da caixa *A* (*H*) para *114 mm*.

13. Retire a cor de preenchimento, já que não será necessária; no traçado, aplique a cor branca, mudando também o valor da espessura do traçado para *5 pt*.

14. Com a ferramenta *Seleção* (*Selection*), posicione o conjunto sobre a página no local indicado na figura. Centralize a imagem no cruzamento das guias.

15. Salve seu arquivo, como medida de segurança.

Inserindo textos

Como foi dito anteriormente, os quadros podem conter gráficos ou textos, portanto será dentro de quadros de texto que você vai acrescentar e manipular textos em seus trabalhos no InDesign.

Você pode alterar, mover e redimensionar os quadros de texto de acordo com a ferramenta selecionada:

- com a ferramenta *Tipo* (*Type*), você digita ou edita um texto;
- com a ferramenta *Seleção* (*Selection*), você move ou redimensiona um quadro de texto;
- com a ferramenta *Seleção direta* (*Direct Selection*), você altera a forma do quadro de texto.

Quando você cola ou importa (com o comando *Inserir – Place*) um texto, você não precisa criar um quadro de texto, pois isso é feito automaticamente pelo InDesign.

1. Altere o zoom para *150%* e foque a parte superior da página.
2. Neste ponto da atividade, você vai colocar os dois textos superiores da capa de seu folheto. Portanto, selecione a ferramenta *Tipo* (*Type*) no painel *Ferramentas* (*Tools*), leve o cursor até a parte superior da página, clique e arraste, formando um retângulo (ou quadro de texto).

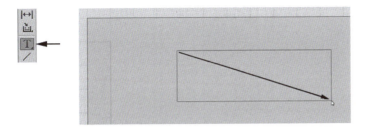

3. Digite o texto: *Vila Borghese*. Observe que o painel *Controle* (*Control*) exibe vários recursos para formatar e alterar o texto.

4. Ainda com a ferramenta *Tipo* (*Type*), selecione o texto *Vila Borghese*.

Localizando uma família de fontes

O quadro para a escolha da fonte para o texto possui vários recursos que tornam mais fácil e prática a decisão de qual fonte utilizar.

5. Clique na seta ao lado da caixa de fontes para exibir o quadro.

As fontes existentes são listadas e exibidas do lado esquerdo, e do lado direito é exibida uma amostra de texto para que você possa ver como ele ficará com a fonte aplicada. Você mesmo pode visualizar o texto que servirá de amostra na caixa do topo do quadro, basta clicar nela e digitar o texto desejado.

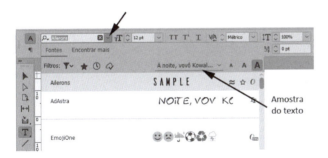

Ao lado da caixa do texto de amostra, existem três botões com a letra "A", que lhe dão três opções de tamanho de exibição do nome da fonte e do texto de amostra.

6. Para essa atividade, você deve utilizar a fonte *Minion Pro Regular*, portanto clique dentro da caixa, digite *Minion Pro Regular* e a família da fonte será exibida. Selecione a opção *Minion Pro (OTF) Regular*.

7. Na caixa *Tamanho da fonte* (*Font Size*), digite 36 e ajuste o alinhamento para a direita.

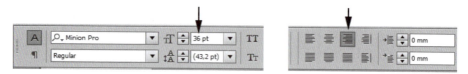

8. Com o texto selecionado, abra a caixa *Preenchimento* (*Fill*) no painel *Controle* (*Control*) e selecione a cor branca (*Papel*).

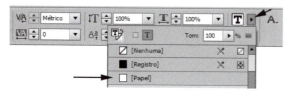

Aplicando contorno ao texto

Além de escolher uma cor para o texto, você também pode definir um traçado com cor própria, dando outro aspecto ao seu trabalho.

9. Abaixo da caixa *Preenchimento* (*Fill*) está a caixa *Traçado* (*Stroke*). Clique na seta e aplique a cor *Rosa* ao contorno do texto (lembrando que todas as cores a serem usadas neste projeto estão no grupo *Cores Folheto*).

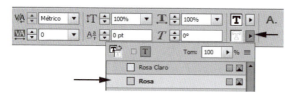

10. A espessura do traçado pode ser configurada no painel *Traçado* (*Stroke*). Pressione a tecla de atalho *F10* para abrir o painel e configure a *Espessura* (*Weight*) com *1 pt*, se ainda não estiver com essa medida.

11. Com a ferramenta *Seleção* (*Selection*), clique na alça inferior esquerda do quadro e reduza seu tamanho, como mostrado a seguir, deixando-o pouco maior que o texto.

> Por meio das *alças de seleção*, você pode alterar as dimensões do quadro de texto manualmente. Se precisar alterar com medidas precisas, utilize as caixas *L* (*W*) e *A* (*H*) do painel *Controle* (*Control*). O tamanho da fonte não será alterado, mas o texto se ajustará ao quadro, sendo redistribuído de acordo com o tamanho dele.

Nesta atividade, você precisa posicionar o quadro de texto no local correto. Observe que o *Localizador do ponto de referência* (*Reference Point*) no painel *Controle* (*Control*) indica que o ponto de referência é o central.

12. Você deve mover o quadro de texto baseado no ponto do canto superior direito, portanto mantenha o quadro de texto selecionado e dê um clique no ponto do canto superior direito do *Localizador do ponto de referência* (*Reference Point*).

13. No painel *Controle* (*Control*), digite *190 mm* na caixa *X* e *20 mm* na caixa *Y*. O quadro de texto será movido para a posição final.

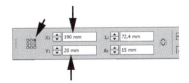

Ativação automática de fontes

O InDesign, por meio do Adobe Fonts, localiza e ativa automaticamente todas as fontes ausentes em seu documento. Imagine que você esteja abrindo um documento produzido em outra máquina e uma das fontes utilizadas não está instalada em seu computador. Ao abrir o documento, o InDesign ativa o Adobe Fonts e a fonte em questão é instalada em segundo plano em sua máquina e imediatamente disponibilizada.

Aplicando sombreamento aos parágrafos

Este recurso aplica um sombreamento como se fosse um retângulo de fundo, só que atrelado ao parágrafo. Qualquer alteração que você faça ao parágrafo, como incluir ou excluir texto, alterar as dimensões do quadro e mudar a fonte, será aplicada ao sombreamento automaticamente.

14. Com a ferramenta *Seleção* (*Selection*), selecione o quadro de texto, pressione as teclas de atalho *Ctrl + Alt + T* para abrir o painel *Parágrafo* (*Paragraph*) e clique na caixa *Sombreamento* (*Shading*) para ativá-la e ver o resultado.

15. Do lado direito da caixa *Sombreamento* (*Shading*), você define a cor a ser usada no sombreamento. Clique na seta e selecione a cor *Verde quadro* do grupo *Cores Folheto*.

16. Mantenha a tecla *Alt* pressionada e clique no botão *Cor de sombreamento* (*Shading Color*). Será exibido o quadro de diálogo *Sombreamento de parágrafo* (*Paragraph Borders and Shading*) para ajustar as configurações do sombreamento. Outro caminho para abrir o quadro é pelo menu do painel *Parágrafo* (*Paragraph*), na opção *Sombreamento de parágrafo* (*Paragraph Borders and Shading*).

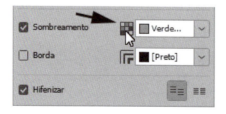

No item *Cor* (*Color*), já está definida a cor que você escolheu anteriormente no painel *Parágrafo* (*Paragraph*), e ao lado você pode ajustar o tom dela em porcentagem. Quanto menor o valor, mais clara ficará a cor.

Em *Deslocamento* (*Offsets*), você define o quanto o sombreamento se estende além das margens do texto, sendo que valores negativos farão com que o sombreamento fique menor que as margens atuais. O botão com o ícone de uma corrente, quando ativado, faz com que todas as medidas se alterem quando você mudar o valor em qualquer uma delas.

17. Para essa atividade, desative esse botão e ajuste as medidas, como mostrado a seguir.

18. As opções dos itens *Borda superior* (*Top Edge*) e *Borda inferior* (*Bottom Edge*) afetam como o sombreamento é aplicado ao parágrafo. Experimente as opções para visualizar o resultado, mas para essa atividade mantenha o padrão.

Veja que, apesar de ter configurado os deslocamentos nas caixas *Esquerda* (*Left*) e *Direita* (*Right*), o lado esquerdo está maior. Isso ocorre pois a opção selecionada do item *Largura* (*Width*) está definida como *Coluna* (*Column*), portanto o sombreamento obedecerá à largura do quadro de texto. Sendo assim, o deslocamento de 5 mm à esquerda é contado a partir do quadro de texto.

19. No item *Largura* (*Width*), selecione a opção *Texto* (*Text*). Assim, os deslocamentos ficarão iguais.

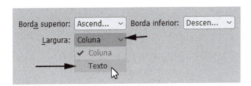

As duas últimas opções permitem:

- *Recortar ao quadro* (*Clip to frame*): a sombra será cortada nas bordas do quadro.
- *Não imprimir ou exportar* (*Do not Print or Export*): a sombra será ignorada se o documento for impresso ou exportado (para formatos como PDF, ePub, JPEG e PNG).

20. Mantenha essas últimas opções desabilitadas e clique em *OK* para finalizar.
21. Se o quadro de texto estiver com uma borda, remova alterando a cor do *Traçado* (*Stroke*) para *Nenhum* (*None*) no painel *Propriedades* (*Properties*).

Dimensionamento automático do quadro de texto

Você viu que foi necessário redimensionar o quadro de texto, pois ele ficou maior do que o texto contido nele. Em alguns casos, como este, existe a opção de configurar o quadro de texto para que ele se ajuste de acordo com o texto.

1. Para conhecer essa possibilidade, ative a ferramenta *Tipo* (*Type*) e crie um pequeno quadro de texto fora da área do documento.

2. Antes de digitar qualquer coisa, ative a ferramenta *Seleção* (*Selection*) e, no painel *Controle* (*Control*), altere a largura do quadro para *20 mm* e a altura para *20 mm*.

3. Volte a ativar a ferramenta *Tipo* (*Type*), clique dentro do quadro (você também pode dar duplo clique dentro do quadro com a ferramenta *Seleção – Selection*) e digite o texto a seguir: *Um empreendimento para fazer você mudar seu conceito de viver bem!*

Nesse caso, você verá que a partir de certo ponto já não é possível visualizar o texto que está sendo digitado, pois ele ultrapassa o tamanho do quadro de texto.

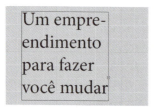

O tamanho do quadro não se altera, mesmo que a quantidade de texto seja maior do que ele pode exibir. Apesar disso, o texto completo fica oculto dentro dele.

4. Ative a ferramenta *Seleção* (*Selection*) e observe o pequeno quadrado com um sinal de adição (+) dentro, que indica a existência de mais texto a ser exibido. Clique na alça inferior direita e aumente o tamanho do quadro, de forma a exibir todo o texto.

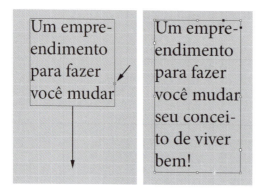

O recurso de dimensionamento automático permite que o quadro de texto aumente de acordo com o texto que você está digitando.

5. Ative a ferramenta *Tipo* (*Type*), crie outro quadro de texto e ajuste sua largura e altura em *20 mm*, como você fez anteriormente.

6. Posicione o cursor dentro do quadro, clique com o botão direito do mouse e, no menu de contexto, selecione o item *Opções de quadro de texto* (*Text Frame Options*), ou pressione as teclas de atalho *Ctrl + B*, para exibir o quadro de mesmo nome.

7. Clique na guia *Autodimensionar* (*Auto-Size*) para exibir as opções e observe que a opção *Autodimensionamento* (*Auto-Sizing*) está desativada por padrão. Clique na seta ao lado da caixa para exibir as opções.

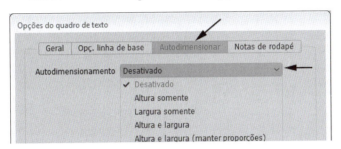

São quatro opções para controlar o autodimensionamento do quadro de texto:

- *Altura somente* (*Height only*): a altura do quadro será aumentada de acordo com o texto que você digitar.

- *Largura somente* (*Width only*): a largura do quadro será aumentada de acordo com o texto que você digitar.

- *Altura e largura* (*Height and Width*): a altura e a largura do quadro serão aumentadas de acordo com o texto que você digitar.

- *Altura e largura* (*manter proporções*) (*Height and Width* (*Keep Proportions*)): a altura e a largura do quadro serão aumentadas de acordo com o texto que você digitar, mas mantendo as proporções das medidas originais do quadro.

Abaixo do item *Autodimensionamento* (*Auto-Sizing*), existe um quadro no qual você define a direção do aumento do quadro. Esse quadro exibirá opções de acordo com a escolha feita em *Autodimensionamento* (*Auto-Sizing*). Para essa atividade, a opção deve ser *Largura somente* (*Width only*), portanto você pode optar por aumentar o quadro para a direita, para a esquerda ou a partir do centro.

8. Selecione a opção *Largura somente* (*Width only*) no item *Autodimensionamento* (*Auto-Sizing*) e, no quadro, clique na opção *Para a direita*.

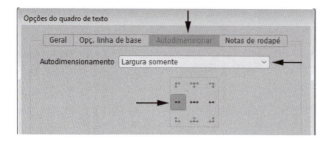

As opções do item *Restrições* (*Constraints*) também serão liberadas para uso de acordo com a escolha feita em *Autodimensionamento* (*Auto-Sizing*).

As opções *Largura mínima* (*Minimum Width*) e *Altura mínima* (*Minimum Height*), quando liberadas e ativadas, permitem que o quadro de texto preserve as dimensões mínimas estipuladas em suas caixas, quando você alterar manualmente o tamanho do quadro. Já a opção *Sem quebras de linhas* (*No Line Breaks*), quando ativada, evitará a quebra de linha do texto.

9. Para essa atividade, ative a opção *Largura mínima* (*Minimum Width*), defina *25 mm* em sua caixa e ative a opção *Sem quebras de linha* (*No Line Breaks*).

10. Clique no botão *OK* para finalizar as escolhas e digite novamente o texto a seguir:
    Um empreendimento para fazer você mudar seu conceito de viver bem!

Observe que agora a largura do quadro (que era de *20 mm*) aumentou conforme você digitava o texto, e não houve quebra de linha durante a digitação.

11. Pressione as teclas *Ctrl + B* para exibir a janela *Opções do quadro de texto* (*Text Frame Options*) e desabilite a opção *Sem quebras de linha* (*No Line Breaks*). Veja que o texto é quebrado em várias linhas; sua altura permanece com *20 mm*, mas sua largura foi aumentada para acomodar o texto.

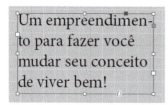

104 – Adobe InDesign

Nesse caso, se você continuar a digitar mais texto, somente a largura será aumentada, e o texto permanecerá com quatro linhas, mantendo assim a altura do quadro.

12. Para esta atividade, você deve deixar a opção *Sem quebra de texto* (*No Line Breaks*) ativa, portanto pressione as teclas *Ctrl + Z* para desfazer a última ação.

13. Com a ferramenta *Tipo* (*Type*), selecione todo o texto e altere a fonte para *Minion Pro*, tamanho *12 pt* e cor *branca* (*Papel*).

14. Com a ferramenta *Seleção* (*Selection*), posicione o bloco logo abaixo do anterior alinhado pela direita com o preenchimento do parágrafo.

15. Dê duplo clique na ferramenta *Mão* (*Hand*), para encaixar o zoom no tamanho da janela, e salve seu arquivo.

Ferramenta Linha (Line)

Agora, você vai desenhar as linhas de acabamento com a ferramenta *Linha* (*Line*).

1. Selecione a ferramenta *Linha* (*Line*); no painel *Controle* (*Control*), altere a cor do *Traçado* (*Stroke*) para *branca* e ajuste a espessura para *1 pt*.

2. Desenhe três linhas horizontais e duas verticais, utilizando as guias como referência, conforme indicado a seguir.

3. Clique na ferramenta *Seleção* (*Selection*), dê um clique fora da página para desfazer qualquer seleção e pressione a tecla de atalho *W* para mudar o modo de tela para *Visualização*. Veja como ficou sua capa.

4. Pressione *W* novamente e salve seu arquivo.

Trabalhando com a opção de cálculos complexos

Um recurso muito útil para agilizar seu trabalho é a possibilidade de executar cálculos complexos dentro dos campos de texto em painéis e caixas de diálogo.

Você pode aplicar esse recurso utilizando operadores matemáticos em qualquer campo numérico, seja no painel *Controle* (*Control*) ou em qualquer quadro de diálogo ou janela.

Para finalizar a capa do folheto, você vai trabalhar com esse recurso criando dois pequenos retângulos para compor a imagem da rosa.

1. Aplique um zoom na parte superior da imagem da rosa e crie um retângulo qualquer.

2. Remova a cor de contorno, aplique a cor *Rosa* em seu preenchimento, ajuste sua altura para *7 mm* e a largura para que fique igual à da imagem da rosa, considerando também a linha de contorno.

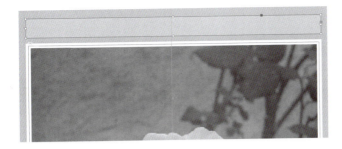

3. A largura desse retângulo deverá ser 1/3 da medida da largura atual, sendo assim, selecione-o e, na caixa *Largura* (*Width*) do painel *Controle* (*Control*), digite /3 logo após o valor.

4. Tecle *Enter*, e a largura do retângulo será dividida por três.

5. Posicione o retângulo no canto superior esquerdo da imagem e uma cópia dele no canto inferior direito.

6. Salve e feche seu arquivo.

Atividade 3 – Trabalhando com páginas

Objetivo:

» Conhecer os recursos para a criação e a editoração de páginas-mestre.*

Tarefas:

» Criar páginas-mestre.

» Criar colunas.

» Trabalhar com guias inteligentes e dimensões inteligentes.

» Duplicar as páginas-mestre.

» Adicionar páginas em branco e aplicar páginas-mestre.

» Inserir textos.

» Importar múltiplos arquivos.

» Ajustar entrelinha, Kerning e alinhamento do texto.

» Aplicar capitular ao texto.

» Trabalhar com as ferramentas *Difusão de gradiente* (*Gradient Feather*) e *Conta-gotas* (*Eyedropper*).

CRIANDO PÁGINAS-MESTRE

Imagine a criação de um documento de cinquenta páginas em que determinados elementos se repetem em todas elas, como o logotipo de uma empresa, elementos de rodapé, etc. Aplicar esses elementos em cada página diagramada daria um trabalho imenso e seria uma perda de tempo.

Para isso, o InDesign tem as páginas-mestre, nas quais você pode colocar todos os elementos que se repetem e rapidamente aplicá-los nas páginas do documento em que deverão ficar. Qualquer alteração que você faça em uma página-mestre será refletida em todas as páginas do documento em que ela foi aplicada.

1. Abra o arquivo *Folheto.indd*, caso o tenha fechado após a atividade anterior.

2. Pressione as teclas de atalho *Ctrl + '* para desativar a visualização das grades do documento.

Painel Páginas *(Pages)*

O painel *Páginas* (*Pages*) exibe miniaturas das páginas-mestre de seu documento, bem como as páginas que o compõem. Além disso, permite a execução de todas as operações com essas páginas, seja uma exclusão, seja a criação ou a alteração de sua ordem.

---

* As versões mais recentes do InDesign, a partir de 2022, também chamam a página-mestre (*Master*) de página principal (*Parent Page*). Dessa maneira, independentemente de como aparecer na versão que você estiver utilizando, pode seguir com seus estudos, pois se refere à mesma funcionalidade.

3. Abra o painel *Páginas* (*Pages*). Se preferir, destaque-o da lateral, deixando-o flutuante.

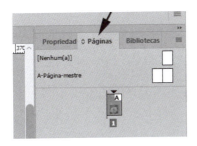

4. Clique no canto superior direito do painel para exibir o menu e selecione a opção *Nova página-mestre* (*New Master*) para exibir o quadro de diálogo de mesmo nome.

Nesse quadro, você pode criar um prefixo para identificar a página-mestre na caixa *Prefixo* (*Prefix*) e dar um nome a ela na caixa *Nome* (*Name*), além de definir se ela vai basear-se em uma página-mestre já existente ou não.

5. Para esta atividade, mantenha as definições-padrão, incluindo o número de páginas (2), e clique no botão *OK*. No painel *Páginas* (*Pages*), será exibida uma nova miniatura com as páginas-mestre criadas. Você pode ampliar a área das páginas-mestre no painel movendo a barra divisória.

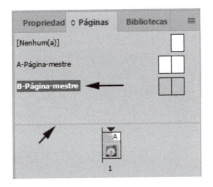

Na área de trabalho, são exibidas duas páginas em branco para a diagramação das novas páginas-mestre. Observe que, no painel, o nome dessas novas páginas-mestre está destacado e as miniaturas estão em azul-claro.

Criando colunas

6. Essas páginas-mestre deverão ter colunas para auxiliar a distribuição do texto. No menu *Layout* (*Layout*), selecione a opção *Margens e colunas* (*Margins and Columns*) para exibir o quadro de diálogo.

7. Na caixa *Número* (*Number*) do item *Colunas* (*Columns*), use as setas para aumentar o número para *3* ou digite o valor diretamente. Na caixa *Medianiz* (*Gutter*), altere o valor para *4 mm* (essa é a medida da distância entre as colunas). Antes de

confirmar o comando, mantenha sempre selecionado o item *Visualizar* (*Preview*) do quadro de diálogo para ver como ficarão as colunas.

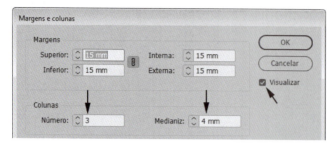

8. Clique no botão *OK* para finalizar, e a página-mestre estará configurada com três colunas em cada página.

Utilizando as guias inteligentes

Este recurso facilita muito o trabalho de posicionamento dos objetos em relação a outros no layout de sua página. Quando você move ou cria um objeto, guias temporárias são exibidas, indicando que ele está alinhado com as bordas ou o centro da página, ou mesmo com outros itens dentro dela.

As guias inteligentes normalmente ficam ativas, mas, neste caso, como a opção *Aderir à grade do documento* (*Snap to Document Grid*) foi ativada para a criação da capa do folheto, elas estarão indisponíveis.

9. Abra o menu *Exibir* (*View*), clique em *Grades e guias* (*Grids & Guides*) e veja que a opção está indisponível, mas selecionada.

10. Clique na opção *Aderir à grade do documento* (*Snap to Document Grid*) para desativá-la e, automaticamente, a opção *Guias inteligentes* (*Smart Guides*) ficará disponível e ativada.

11. No painel *Controle* (*Control*), selecione a cor *Rosa* para o preenchimento e a opção *Nenhuma* (*None*) para o *Traçado* (*Stroke*).

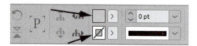

12. Ative a ferramenta *Retângulo* (*Rectangle*), clique na área de trabalho para exibir o quadro de diálogo e defina os valores de *80 mm* para largura e de *9,5 mm* para altura.

13. Posicione esse retângulo no canto superior esquerdo da página esquerda, utilizando a coluna como referência.

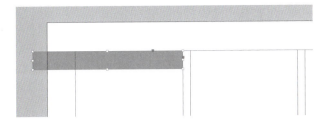

Dimensões inteligentes

Quando se ativam as guias inteligentes, o mesmo se dá com outras opções, como as dimensões inteligentes. Trata-se de guias também, e elas são exibidas quando você redimensiona, cria ou gira itens na página, indicando que o objeto que está sendo manipulado tem as mesmas medidas do objeto próximo.

14. Ative a ferramenta *Retângulo* (*Rectangle*), clique em uma região próxima ao retângulo criado e arraste o cursor, criando um novo retângulo. Observe que, durante o desenho do retângulo, assim que o novo retângulo estiver com as mesmas dimensões do anterior, segmentos de reta com setas serão exibidos nos dois objetos, indicando que eles estão iguais. O mesmo ocorrerá se você estiver girando um objeto.

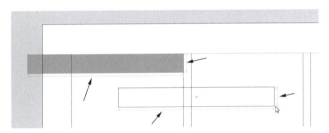

15. Aplique a cor *Rosa Claro*, também disponível no grupo *Cores Folheto*, e posicione o novo retângulo logo abaixo do anterior. Observe a ação de mais uma opção das guias inteligentes: o alinhamento inteligente de objetos.

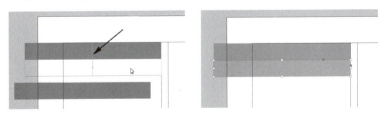

16. Faça uma cópia dos dois retângulos e posicione-os na página direita, no canto oposto ao atual.

17. Aplique um zoom nos retângulos da esquerda. Em seguida, com a ferramenta *Tipo* (*Type*), crie um quadro de texto próximo ao retângulo e digite o texto *Vila Borghese*.

18. Ative a ferramenta *Seleção* (*Selection*) e pressione as teclas de atalho *Ctrl + T* para abrir o painel *Caractere* (*Character*). Esse painel permite alterar as configurações do texto. Você também pode usar o painel *Propriedades* (*Properties*) para configurar o texto, como visto anteriormente.

19. Selecione a fonte *Minion Pro*, ajuste o tamanho para *20 pt* e o espaçamento entre caracteres (*Tracking*) para *50*.

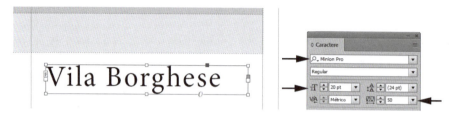

20. Com a ferramenta *Seleção* (*Selection*), posicione o quadro de texto sobre o retângulo superior, ajuste a largura do quadro à largura da coluna e sua altura para *7,5 mm*, aproximadamente. Procure deixar o texto centralizado verticalmente no retângulo.

21. Faça uma cópia desse texto, posicionando-o no retângulo de baixo. Com a ferramenta *Tipo* (*Type*), altere o texto para *Um novo estilo de vida!*

22. Selecione todo o texto, altere o tamanho da fonte para *14 pt* e a cor para *Branco*. Depois, no painel *Controle* (*Control*), ajuste a altura do quadro de texto para *5 mm*, procurando também deixar o texto centralizado verticalmente no retângulo.

23. Faça uma cópia desses dois textos e mova-os para a página direita, posicionando-os sobre os retângulos.

24. Pressione as teclas de atalho *Alt + Ctrl + T* para abrir o painel *Parágrafo* (*Paragraph*), selecione cada um dos quadros de texto e clique no botão *Alinhar à direita* (*Align Right*).

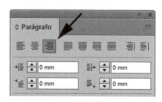

Para finalizar a criação dessas páginas-mestre, só falta colocar um retângulo na base das páginas.

25. Selecione o retângulo na cor rosa mais clara e faça uma cópia dele. Não se esqueça de usar os recursos de zoom para facilitar seu trabalho.

26. Aumente a largura dessa cópia para *205 mm* e faça uma cópia dele.

27. Ajuste a posição desses retângulos na base das colunas das páginas esquerda e direita, como mostra a figura.

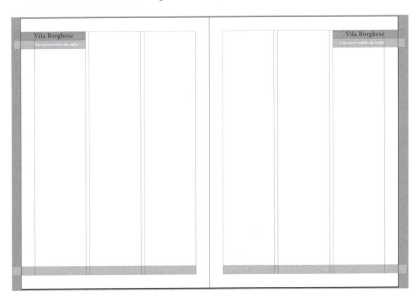

28. Salve seu arquivo.

Duplicando páginas-mestre

Em seu folheto, você precisará de outro jogo de páginas-mestre cuja diferença em relação às que você acabou de criar são as colunas. O InDesign permite que você duplique um jogo de páginas-mestre e faça as modificações necessárias.

1. Abra o painel *Páginas* (*Pages*) e observe que a *B-Página-mestre* (*B-Master*) está selecionada, pois foi a que você acabou de criar.

2. Abra o menu de opções do painel, clicando no canto superior esquerdo, e selecione a opção *Duplicar página-mestre espelhada B-Página-mestre* (*Duplicate Master Spread "B-Master"*). Um novo jogo será criado com o nome de *C-Página-mestre* (*C-Master*).

3. Como foi dito, a diferença desse jogo serão as colunas. Portanto, no menu *Layout* (*Layout*), clique na opção *Margens e colunas* (*Margins and Columns*) e, no quadro de diálogo, reduza o número de colunas para *2* na caixa *Número* (*Number*) do item *Colunas* (*Columns*). Clique no botão *OK* para finalizar.

4. No painel *Páginas* (*Pages*), dê duplo clique na página do documento para voltar à exibição normal.

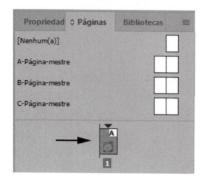

Com todos esses passos, você preparou as páginas-mestre necessárias para o projeto do folheto. Agora, mãos à obra na editoração.

Adicionando páginas em branco

1. Seu folheto precisará de mais cinco páginas, sem contar a capa. Portanto, clique no menu *Layout/Páginas* (*Layout/Pages*) e selecione a opção *Inserir páginas* (*Insert Pages*).

 Se você fosse adicionar apenas uma página, bastaria clicar na opção *Adicionar página* (*Add Page*) no menu *Layout/Páginas* (*Layout/Pages*) ou então no painel *Propriedades* (*Properties*) clicando no botão *Criar nova página* (*Create New Page*), como mostra a figura a seguir.

No quadro *Inserir páginas* (*Insert Pages*), você também pode definir se as novas páginas a serem inseridas devem ser colocadas antes ou depois da página especificada na caixa ao lado, que nesse caso está indisponível, pois seu documento tem apenas uma página. Na caixa *Página-mestre* (*Master*), você escolhe qual jogo de páginas-mestre será aplicado nas novas páginas.

2. Digite 5 na caixa *Páginas* (*Pages*) e, na caixa *Página-mestre* (*Master*), selecione *Nenhuma* (*None*). Clique no botão *OK* e observe no painel *Páginas* (*Pages*) as miniaturas das novas páginas criadas.

 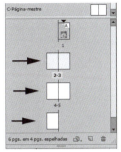

Aplicando as páginas-mestre

3. Abra o menu de opções do painel *Páginas* (*Pages*) e selecione a opção *Aplicar página-mestre a páginas* (*Apply Master to Pages*).

4. No quadro de diálogo, selecione a *B-Página-mestre* (*B-Master*) na caixa *Aplicar página-mestre* (*Apply Master*). Na caixa *Páginas* (*To Pages*), digite *2-3* e clique no botão *OK*. Com isso, a *B-Página mestre* (*B-Master*) será aplicada nas páginas 2 e 3.

5. Adotando o mesmo procedimento, aplique a *C-Página-mestre* (*C-Master*) nas páginas *4-5*.

Outra forma de aplicar páginas-mestre às suas páginas é clicando e arrastando as páginas-mestre para cima das páginas em que deseja aplicá-las, no painel *Páginas* (*Pages*). E quando você quiser eliminar qualquer página, use o menu de opções do painel *Páginas* (*Pages*).

6. Salve seu documento.

INSERINDO TEXTOS

Nas páginas 2 e 3 de seu folheto, haverá seis imagens, cada uma com textos de referência. Nessa etapa, você fará a aplicação desses textos.

1. No painel *Páginas* (*Pages*), dê duplo clique na página *2* para exibi-la na área de trabalho. Você também pode utilizar a caixa na base da janela do documento.

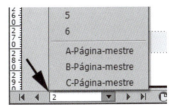

2. O texto que você vai usar já está digitado, e trata-se de um texto falso. No menu *Arquivo* (*File*), clique na opção *Inserir* (*Place*) ou pressione as teclas de atalho *Ctrl + D*.

3. Localize o arquivo *Textos 2-3.txt* na pasta *Arquivos livro/Arquivos de trabalho/Capitulo2* (criada por você para armazenar todos os arquivos baixados de nosso site) e clique em *Abrir*.

4. Dê um clique fora da página para carregar o texto.

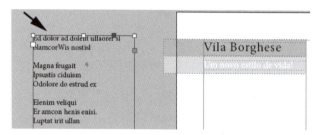

5. Ative a ferramenta *Tipo* (*Type*), selecione o primeiro parágrafo e pressione as teclas *Ctrl + X*. Em seguida, clique dentro da página e pressione as teclas *Ctrl + V*. Um quadro de texto será criado com o texto que foi recortado.

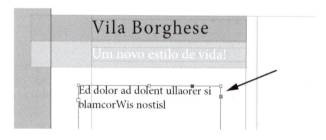

6. Selecione o texto com a ferramenta *Tipo* (*Type*) e aplique a cor *Verde-texto*, disponível no grupo *Cores Folheto* do painel *Amostras*.

7. Com a ferramenta *Seleção* (*Selection*), clique nas caixas *L* (*W*) (*Largura – Width*) e *A* (*H*) (*Altura – Height*) e digite os valores *170 mm* e *9,5 mm*, respectivamente, para alterar o tamanho do quadro de texto.

 Os valores indicados foram definidos de modo a fazer com que seu folheto fique como o que foi sugerido nesta atividade. Sinta-se livre para experimentar outros valores, pois isso só contribuirá para seu aprendizado.

8. Posicione o quadro de texto na primeira coluna, apoiando o lado esquerdo do quadro na lateral esquerda da coluna.

9. No painel *Controle* (*Control*), altere o ponto de referência para o canto superior esquerdo e, na caixa *Y*, altere o valor para *50 mm*. Isso posicionará o quadro de texto na altura correta da página para esta atividade.

10. Abra o painel *Caractere* (*Character*) no menu *Janela/Tipo e tabelas* (*Window/Type & Tables*), ou pressione as teclas de atalho *Ctrl + T*, e altere a fonte para *Minion Pro* e tamanho *22 pt*.

11. Com a ferramenta *Tipo* (*Type*), selecione as próximas três linhas do texto importado e, com o mesmo procedimento, coloque-o na primeira coluna.

12. Ajuste a largura do novo quadro de texto, deixando-o com a mesma largura da coluna e uma altura de *14 mm*.

13. Deixe o quadro de texto encaixado na coluna e ajuste sua posição digitando *75 mm* na caixa *Y* do painel *Controle* (*Control*).

14. Utilizando o painel *Caractere* (*Character*) ou o painel *Propriedades* (*Properties*), configure as linhas de texto como a lista a seguir:

    - na primeira linha, aplique fonte *Arial*, estilo *Bold* e tamanho *12 pt*;
    - na segunda linha, aplique fonte *Calibri*, estilo *Bold*, tamanho *11 pt* e altere a cor para *Verde-texto*;
    - na terceira linha, aplique fonte *Calibri*, estilo *Bold* e tamanho *11 pt*.

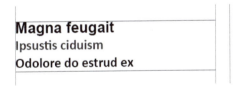

Ferramenta Conta-gotas *(Eyedropper)*

Você deve fazer as mesmas configurações dos outros textos para cada coluna, podendo, para facilitar seu trabalho, explorar a ferramenta *Conta-gotas* (*Eyedropper*). Com ela, você pode copiar as configurações de um texto e aplicá-las em outro.

15. Recorte os textos do quadro importado e crie os quadros nas demais colunas, como fez anteriormente, ajustando a largura com a mesma medida da coluna e a altura com *14 mm*.

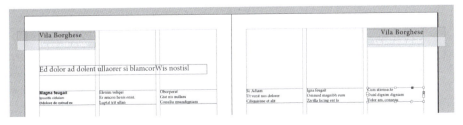

16. Agora, você vai copiar a formatação do primeiro texto e aplicar nos demais. Ative a ferramenta *Tipo* (*Type*) e selecione a primeira linha de texto do primeiro quadro, na primeira coluna.

17. Ative a ferramenta *Conta-gotas* (*Eyedropper*) e clique sobre o texto. O cursor da ferramenta mudará de forma, indicando que as configurações estão carregadas.

18. Leve o cursor da ferramenta até a primeira linha de texto no segundo quadro da segunda coluna, clique e arraste, como se estivesse selecionando o texto, e as configurações serão aplicadas.

19. Continue procedendo dessa forma e aplique nos outros textos das demais colunas.

20. Repita o procedimento para copiar a formatação da segunda linha de texto e depois da terceira.

21. Apague o quadro do texto que foi importado, pois está vazio e não será mais necessário. Salve seu arquivo.

IMPORTANDO MÚLTIPLOS ARQUIVOS

O comando *Inserir* (*Place*) permite a importação de mais de um arquivo ao mesmo tempo, bastando que você os selecione no quadro de diálogo *Inserir* (*Place*). Você pode selecionar arquivos de imagens, ilustrações, texto, arquivos do InDesign e qualquer outro tipo de arquivo que o software aceite.

1. Selecione a ferramenta *Quadro de retângulo* (*Rectangle Frame*), crie um retângulo com a mesma largura da primeira coluna e ajuste a altura do quadro para *43 mm*.
2. Ajuste a posição do quadro para *94 mm* digitando esse valor na caixa *Y* do painel *Controle* (*Control*).

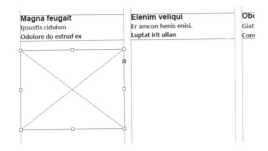

3. Faça duas cópias desse quadro e posicione uma em cada coluna, usando o quadro original para manter o alinhamento, o que é muito simples, uma vez que as guias inteligentes estão ligadas.
4. No menu *Arquivo* (*File*), clique na opção *Inserir* (*Place*) e, no quadro de diálogo *Inserir* (*Place*), mantendo a tecla *Ctrl* pressionada, selecione os arquivos *ambiente1*, *ambiente2* e *ambiente3* na pasta *Arquivos livro/Arquivos de trabalho/Capitulo2*.
5. Clique no botão *Abrir* e observe que no cursor é exibida uma miniatura das imagens e um pequeno número ao lado, indicando a quantidade de imagens a ser importadas.

6. Posicione o cursor dentro do primeiro quadro e dê um clique. A primeira imagem será colocada no quadro, e o número de imagens a serem importadas será diminuído para dois.
7. Clique dentro do segundo e depois do terceiro quadro, e a importação será finalizada.

 Se no momento da seleção dos arquivos a serem importados você se esqueceu de algum, basta clicar novamente no comando *Inserir* (*Place*) do menu *Arquivo* (*File*) e selecionar o arquivo; ele será carregado no cursor mesmo antes de você finalizar a importação dos anteriores.

8. Para ajustar as imagens ao tamanho dos quadros, selecione-as com a ferramenta *Seleção* (*Selection*) e clique no botão *Ajustar conteúdo proporcionalmente* (*Fit Content Proportionally*) no painel *Controle* (*Control*) ou no painel *Propriedades* (*Properties*).

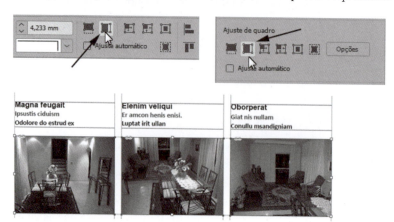

Agora você vai inserir mais três imagens na página da direita, mas vai configurar o quadro para fazer o ajuste da imagem automaticamente assim que ela for importada para ele.

9. Crie mais um quadro com a largura da primeira coluna da página direita e ajuste a altura do quadro para *43 mm*.

10. Acerte a posição do quadro digitando *94 mm* na caixa *Y*.

11. Com a ferramenta *Seleção* (*Selection*), clique com o botão direito do mouse sobre o quadro e selecione a opção *Ajuste/Opções de ajuste ao quadro* (*Fitting/Frame Fitting Options*) no menu de contexto.

12. No quadro *Opções de ajuste ao quadro* (*Frame Fitting Options*), ative a opção *Ajuste automático* (*Auto-Fit*); em *Ajuste* (*Fitting*), selecione a opção *Ajustar conteúdo proporcionalmente* (*Fit Content Proportionally*). Dessa forma, quando você inserir as imagens nos quadros, elas serão ajustadas de modo automático.

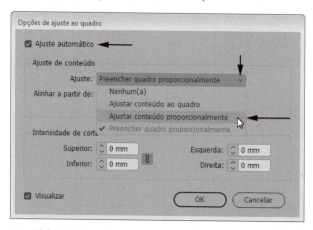

120 – Adobe InDesign

13. Faça duas cópias do quadro e posicione-as nas colunas 2 e 3, respectivamente.
14. Procedendo da mesma maneira, faça a importação das imagens *vista1*, *vista2* e *vista3* para a página direita. Ao final, sua página direita deverá ficar como mostra a figura a seguir.

15. Salve seu arquivo.

Distribuindo texto em colunas

Neste ponto do trabalho, você vai importar um texto maior para distribuí-lo nas seis colunas e fazer os ajustes necessários no texto.

1. Dê duplo clique na ferramenta *Mão* (*Hand*), para encaixar a visualização das duas páginas na tela, e verifique se você está visualizando as páginas 2 e 3. Caso contrário, dê duplo clique em uma dessas páginas no painel *Páginas* (*Pages*).

Será preciso criar duas guias horizontais para ajustar e limitar os quadros de texto nas colunas. Quando você clicar em uma das réguas para acrescentar uma guia, perceberá que ela é acrescentada em apenas uma página. Para acrescentar uma guia que se estenda nas duas páginas, basta utilizar a tecla *Ctrl*.

2. Com a tecla *Ctrl* pressionada, acrescente duas guias horizontais, uma a *142 mm* e outra a *245 mm* em relação ao topo da página.

3. Pressione as teclas *Ctrl + D*, selecione o arquivo *Texto Folheto* na pasta *Arquivos livro/Arquivos de trabalho/Capitulo2* e clique em *Abrir*. Observe que o texto será carregado no cursor.

Gallia est omnis
divis a in partes tres,
quarum un am
incolunt Belgae,
atiam Aquitani,
tertian qui ipsorum
lingua Celtae

4. Posicione o cursor no cruzamento da lateral esquerda da primeira coluna com a guia. Clique e arraste-o, formando um quadro até a guia inferior. Dessa forma, o texto será distribuído dentro do quadro criado e, no canto inferior direito, será exibido um pequeno sinal de +, indicando que existe mais texto a ser distribuído.

5. Dê um clique no sinal +, e o restante do texto será novamente carregado no cursor.

6. Clique e arraste o cursor na segunda coluna como foi feito na primeira e crie mais um quadro.

7. Proceda dessa forma até a sexta coluna, e você verá que no último quadro ainda aparecerá o sinal +. Não se preocupe, pois, apesar de ainda haver texto a ser exibido, quando você fizer os ajustes de texto, ele se encaixará normalmente.

8. Pressione as teclas de atalho *Alt + Ctrl + T* para abrir o painel *Parágrafo (Paragraph)* e *Ctrl + T* para abrir o painel *Caractere (Character)*, caso o tenha fechado.

9. Com a ferramenta *Tipo (Type)*, clique sobre o texto em qualquer posição e pressione as teclas *Ctrl + A* para selecioná-lo inteiro e efetuar as configurações.

10. No painel *Caractere (Character)*, altere a fonte para *Times New Roman*, estilo *Regular* e tamanho *10 pt*.

Ajuste de entrelinha e Kerning

O espaço vertical entre as linhas do texto é chamado de entrelinha, que não é nada além da distância entre as linhas-base de duas linhas de texto. A opção-padrão do InDesign, chamada entrelinha automática, configura a entrelinha em 120% do tamanho da fonte, ou seja, se a fonte tiver 10 pt, a entrelinha terá 12 pt. Quando a opção-padrão está sendo utilizada, o valor é mostrado entre parênteses. Com a opção *Tracking*, você adiciona ou subtrai espaços entre caracteres.

11. Para essa atividade, mantenha a opção-padrão para a entrelinha e ajuste o *Tracking* para o valor *10*.

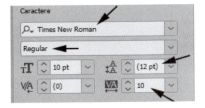

Alinhamento do texto

O alinhamento do texto pode ser feito pelo painel *Parágrafo* (*Paragraph*) ou pelo painel *Propriedades* (*Properties*), usado aqui nesta etapa. São várias opções de alinhamento de texto, mas agora você vai utilizar o alinhamento justificado, que lhe dá quatro opções:

- *Justificar com a última linha alinhada à esquerda* (*Justify with the last line aligned left*);
- *Justificar com a última linha centralizada* (*Justify with the last line aligned center*);
- *Justificar com a última linha alinhada à direita* (*Justify with the last line aligned right*);
- *Justificar todas as linhas* (*Justify all lines*).

12. No painel *Propriedades* (*Properties*), expanda as opções clicando no botão *Mais Opções* (*More Options*).

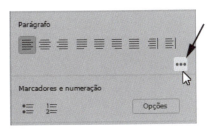

13. Clique na opção *Justificar com a última linha alinhada à esquerda* (*Justify with the last line aligned left*) e ajuste o item *Espaço posterior* (*Space After*) para *0*, para ajustar a distância entre o final de um parágrafo e o próximo. Em seguida, clique na caixa *Hifenizar* (*Hyphenate*) para ativar a hifenização em todo o texto.

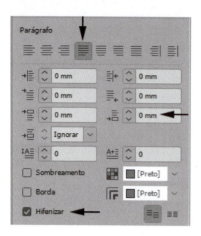

Aplicando capitular no texto

Capitular é um recurso que deixa a primeira letra ou palavra de um parágrafo com a altura de duas ou mais linhas, destacando-a no texto e criando um efeito visual diferente.

14. Aplique um zoom no início do texto, na primeira coluna, e com a ferramenta *Tipo* (*Type*), selecione a letra *G* da palavra *Gallia*, no início do texto.

São duas caixas de ajuste no painel *Propriedades* (*Properties*) ou *Parágrafo* (*Paragraph*), sendo que a caixa da esquerda ajusta o número de linhas que o caractere ou texto deverá ocupar e a da direita define o número de caracteres que deverão ser modificados.

15. No painel *Propriedades* (*Properties*), item *Parágrafo* (*Paragraph*), clique na caixa *Número de linhas da capitular* (*Drop Cap Number of Lines*), digite *3* (ou use as setas ao lado da caixa) e, na caixa *Capitular com um ou mais caracteres* (*Drop Cap One or More Characters*), mantenha o valor *1*.

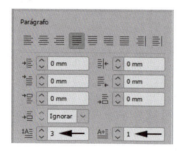

16. Ainda com a letra selecionada, mude o estilo para *Bold* no painel *Caractere* (*Character*) e veja o resultado.

allia est omnis divisa in partes tres, quarum unam incolunt Belgae, aliam Aquitani, tertiam qui ipsorum lingua Celtae, nostra Galli appellantur. Hi omnes lingua, institutis, legibus inter se differunt. Gallos ab

17. Dê duplo clique na ferramenta *Mão* (*Hand*) para encaixar a visualização na tela e pressione a tecla *W* para mudar o modo de exibição. Veja como está ficando seu trabalho.

18. Pressione a tecla *W* novamente e salve seu arquivo.

Trabalhando com a ferramenta *Difusão de gradiente* (*Gradient Feather*)

Essa ferramenta permite que você aplique um gradiente em um objeto, podendo suavizá-lo até ficar transparente.

1. Aplique um zoom na base da coluna do meio da página esquerda, pressione as teclas *Ctrl + D* e importe a imagem rosa.
2. Usando a linha guia na base do texto como referência, clique e arraste, de forma que a imagem fique com a largura da coluna.

3. Ative a ferramenta *Difusão de gradiente* (*Gradient Feather*), clique na base da imagem e arraste o cursor até seu topo, mantendo a tecla *Shift* pressionada para manter a linha do gradiente perpendicular.

4. Com a ferramenta *Seleção* (*Selection*), mova a imagem, alinhando sua base com o topo do retângulo rosa na base da página.

5. Clique com o botão direito do mouse sobre a imagem e selecione a opção *Organizar/Enviar para trás* (*Arrange/Send to Back*) (ou pressione as teclas de atalho *Shift* + *Ctrl* + [ ).

6. Para finalizar, faça uma cópia da imagem e coloque-a na coluna do meio da página direita, na mesma posição. Em seguida, salve seu arquivo.

⊟ Atividade 4 – Finalizando o folheto

Objetivo:	» Explorar recursos de texto, importação de vários arquivos ao mesmo tempo e efeitos.
Tarefas:	» Importar e distribuir texto em colunas com o recurso *Transpor colunas* (*Span Columns*).
	» Importar vários arquivos ao mesmo tempo.
	» Trabalhar com a ferramenta *Espaço* (*Gap*).
	» Duplicar objetos em uma grade.
	» Utilizar o efeito de cantos ativos.
	» Trabalhar com espaçamento inteligente.
	» Desenhar quadros como grade.
	» Aplicar gradiente em um grupo de objetos.
	» Conhecer e utilizar o painel *Pathfinder*.
	» Alinhar objetos pelo objeto-chave.
	» Aplicar efeitos com o painel *Efeitos* (*Effects*).

CRIANDO SUBCOLUNAS

O texto a ser colocado nas páginas 4 e 5 segue o mesmo padrão das páginas 2 e 3, ou seja, deverá ser distribuído em colunas.

Nas páginas anteriores, você fez esse trabalho manualmente, criando quadros e distribuindo o texto de acordo com as colunas da página. Agora, você executará a mesma tarefa de forma diferente, para conhecer um recurso que cria subcolunas no texto. Com ele, você pode dividir um texto inteiro ou um simples parágrafo em várias colunas dentro de um mesmo quadro. Isso evita a criação e a manipulação de vários quadros de texto em seu documento.

Para ir diretamente a uma página, você pode utilizar o painel *Páginas* (*Pages*) ou o recurso *Ir para a página* (*Go to Page*) disponível no menu *Layout* (*Layout*) (tecla de atalho *Ctrl + J*). Esse recurso é ideal para documentos com grande quantidade de páginas.

1. Vá para as páginas 4-5 e acrescente duas guias horizontais posicionadas a *50 mm* e *123 mm*, respectivamente, em relação ao topo da página, com a tecla *Ctrl* pressionada para que sejam inseridas nas duas páginas ao mesmo tempo. Elas servirão para ajustar os quadros de texto.

2. Pressione as teclas de atalho *Ctrl + D*, localize e selecione o arquivo *Texto Folheto 2*, no quadro de diálogo *Inserir* (*Place*), e então clique no botão *Abrir*.

3. Utilizando a guia superior como referência, crie um quadro de texto com a largura das duas colunas da página esquerda e altura de aproximadamente *135 mm*.

4. Com a ferramenta *Tipo* (*Type*), clique dentro do texto em qualquer posição e pressione as teclas de atalho *Ctrl + A* para selecionar todo o texto.

5. No painel *Propriedades* (*Properties*), altere a fonte para *Times New Roman*, estilo *Regular*, tamanho *12 pt*, entrelinha com *15 pt* e clique no botão *Justificar com a última linha alinhada à esquerda* (*Justify with the last line aligned left*) para configurar o alinhamento do texto.

6. Selecione apenas o título, altere a fonte para *Arial*, estilo *Bold* e tamanho *20 pt*.

7. Com a ferramenta *Tipo* (*Type*), selecione todo o texto, exceto o título. Em seguida, clique no canto superior direito do painel *Parágrafo* (*Paragraph*) e selecione a opção *Transpor colunas* (*Span Columns*) para exibir o quadro de mesmo nome.

Todo novo quadro de texto sempre possui uma única coluna, mas você pode configurá-lo para ter duas ou mais colunas posteriormente com o quadro *Opções* (*Options*) do quadro de texto. Independentemente de quantas colunas o quadro tiver, você pode dividi-las em subcolunas.

8. Clique na seta ao lado da caixa *Layout de parágrafo* (*Paragraph Layout*) e selecione a opção *Dividir coluna* (*Split Column*). No quadro, serão exibidas as demais opções de ajuste.

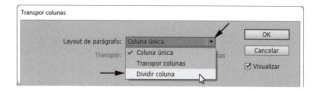

9. Ative a caixa *Visualização* (*Preview*). Dessa forma, você verá as alterações antes de finalizar os ajustes.

10. No item *Subcolunas* (*Sub-columns*) do quadro, você pode definir o número de subcolunas desejado. Nesse caso, mantenha o valor *2* (o texto ficará dividido em duas subcolunas).

11. As opções *Espaço antes da divisão* (*Space Before Split*) e *Espaço após a divisão* (*Space After Split*) servem para definir quanto espaço deve haver antes e depois do texto que foi dividido em colunas. Na caixa *Espaço antes da divisão* (*Space Before Split*), digite o valor *15 mm*, o que fará com que o início do texto fique distante do título em 15 mm.

12. Na caixa *Medianiz interna* (*Inside Gutter*), altere o valor para *4 mm*. Essa é a mesma medida do espaço entre as colunas que você definiu nos quadros quando criou as páginas-mestre. Veja a seguir como deverá estar seu quadro de diálogo.

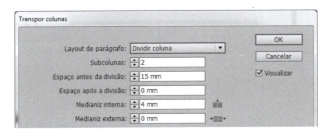

13. Clique no botão *OK* e ative a ferramenta *Seleção* (*Selection*). Assim, seu texto está dividido em duas subcolunas, com o título em uma única coluna e tudo dentro de um mesmo quadro de texto.

14. Clique na *Alça de Seleção* (*Handle*) central na base do quadro e ajuste a altura de forma a coincidir com a guia da posição *123 mm*.

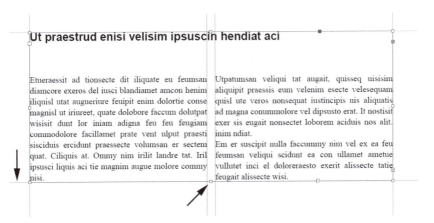

15. Clique no quadrado com um sinal + no canto inferior direito do quadro para carregar o texto, que está oculto, no cursor.

16. Na página direita, e com o cursor carregado, crie um quadro de texto entre as guias horizontais, com a largura das duas colunas.

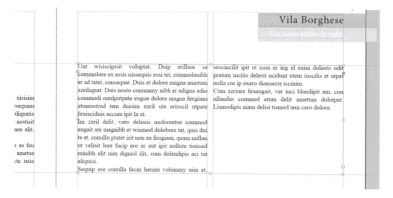

17. Posicione uma nova guia horizontal a *72 mm* da borda superior da página (não se esqueça de manter a tecla *Ctrl* pressionada enquanto posiciona a guia, para colocá-la nas duas páginas ao mesmo tempo). Com ela, você vai ajustar a posição do texto na página direita.

18. Na página direita, clique na alça de seleção central superior do quadro de texto e altere a altura do quadro, utilizando a nova guia como referência.

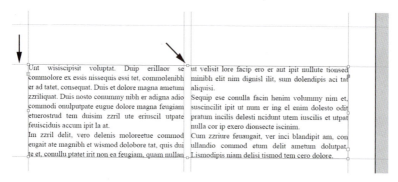

Com isso, seu texto está pronto e as colunas devidamente alinhadas. Lembre-se de que as medidas, as referências e as posições definidas nesta atividade destinam-se apenas a fazer com que o resultado fique similar ao modelo sugerido. Todas essas definições, no seu dia a dia de trabalho, são especificadas por você de acordo com cada projeto.

19. Salve seu arquivo.

Duplicando objetos em uma grade

Agora você vai montar um mosaico de imagens para ilustrar essas páginas. Com isso, vai conhecer um recurso que facilita a duplicação ordenada de objetos. Trata-se de uma combinação de teclas, aliada à ferramenta *Seleção* (*Selection*), que permite a criação de uma grade de objeto idêntica ao objeto que está sendo duplicado.

1. Ative a ferramenta *Retângulo* (*Rectangle*), altere a cor de preenchimento para *Verde-texto* e a cor do traçado para *Nenhum* (*None*).

2. Crie um retângulo de *60 mm* de largura por *45 mm* de altura. Essa largura é exatamente 1/3 da largura da área da página.

3. Acrescente uma guia a *258 mm* do topo da página, mantendo a tecla *Ctrl* pressionada enquanto a cria.

4. Mova o retângulo, encostando sua lateral esquerda na margem esquerda da página e a parte superior na guia abaixo do texto.

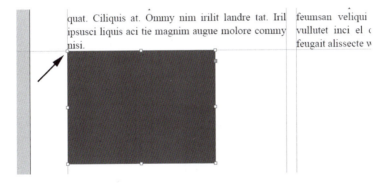

5. Ative a ferramenta *Seleção* (*Selection*) e, mantendo a tecla *Alt* pressionada, clique sobre o retângulo e arraste-o na diagonal, sem soltar o botão do mouse. Isso criará uma cópia do retângulo.

6. Libere a tecla *Alt*, mas não solte o botão do mouse.

7. Pressione a seta direcional do teclado para cima uma vez e mantenha o botão do mouse pressionado. Essa tecla adiciona linhas.

8. Pressione duas vezes a tecla de seta direcional do teclado para a direita, fazendo com que você aumente o número de colunas (duas, no caso).

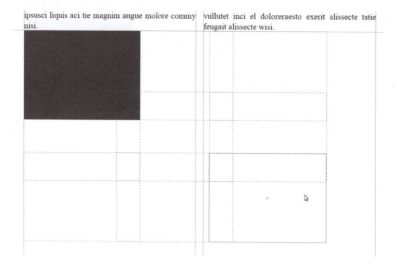

9. Continue arrastando até que a base do retângulo encoste na nova linha guia (a *258 mm*) e sua lateral direita encoste na margem direita da página. Em seguida, libere o botão do mouse, e as cópias serão criadas de acordo com a grade estabelecida.

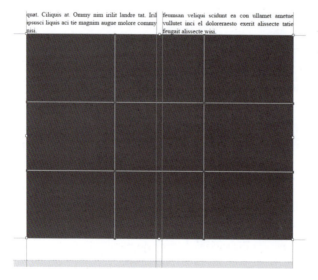

10. Aplique nos retângulos cores de preenchimento diversas (há várias disponíveis no grupo *Cores Folheto*, no painel *Amostras – Swatches*).
11. Faça uma cópia desse grupo de retângulos, coloque na página direita e apague o retângulo central.
12. Na página esquerda, apague os retângulos inferiores da esquerda e da direita.

13. Pressione as teclas *Ctrl + D*, selecione os arquivos *local1*, *local2*, *local3*, *local4*, *local5* e *local6* e clique no botão *Abrir*.
14. Escolha retângulos aleatórios entre as duas páginas e clique para distribuir as imagens.
15. Com a tecla *Shift* pressionada, selecione todos os retângulos que estão com imagens e clique no botão *Ajustar conteúdo proporcionalmente* (*Fit Content Proportionally*).

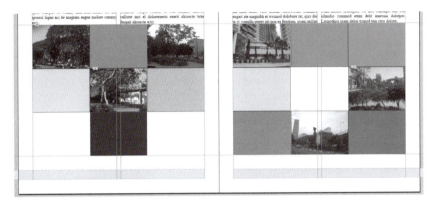

Alterando a aparência dos cantos

Com o comando *Opções de canto* (*Corner Options*), você pode aplicar rapidamente os efeitos de canto a qualquer caminho. Os efeitos disponíveis variam de cantos arredondados simples a ornamentos sofisticados.

16. Aplique um zoom no retângulo inferior do mosaico da página esquerda e selecione-o com a ferramenta *Seleção* (*Selection*).

Para alterar os quatro cantos do retângulo, você pode utilizar as caixas no item *Aparência* (*Appearance*) do painel *Propriedades* (*Properties*).

17. Nesta atividade, você deverá alterar apenas dois cantos do retângulo, portanto clique no texto *Canto* (*Corner*) para exibir o quadro *Opções de canto* (*Corner Options*), no qual você terá mais controles.

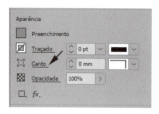
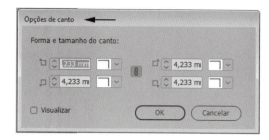

18. Ative a caixa *Visualizar* (*Preview*).

19. Para fazer com que todos os cantos sejam alterados, basta manter ativado o botão *Definir todas as configurações da mesma forma* (*Make All Settings the Same*). Mas, nesta atividade, clique para desativá-lo.

20. Clique na seta da caixa correspondente ao canto inferior esquerdo e selecione a opção *Invertido arredondado* (*Inverse Rounded*).

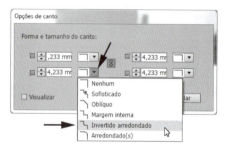

21. Na caixa numérica, altere o valor da medida para *5 mm*.

22. Repita os mesmos procedimentos para o canto superior direito e observe os efeitos sendo aplicados no retângulo. Em seguida, clique em *OK* para finalizar.

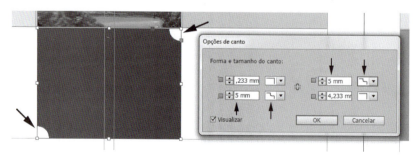

23. Você deve aplicar os mesmos efeitos a todos os retângulos coloridos. Selecione todos eles com a ferramenta *Seleção* (*Selection*) e a tecla *Shift* pressionada, e repita os procedimentos para alterar os cantos.

24. Faça o mesmo nos retângulos com as imagens, mas, dessa vez, escolha os cantos opostos aos definidos para os retângulos coloridos.

Efeitos de cantos ativos

O InDesign oferece uma opção para a alteração dos cantos de forma interativa.

25. Crie um novo retângulo de *50 mm* de largura por *35 mm* de altura e remova a cor do traçado.

26. Pressione as teclas *Ctrl + D* (comando *Inserir – Place*) e importe o arquivo *rosa.jpg*.

27. Posicione o cursor sobre a imagem e dê um clique no *Apropriador de conteúdo* (*Content Grabber*) para selecionar a imagem. Em seguida, pressione as teclas de atalho *Alt + Ctrl + E* para ajustar o conteúdo no quadro.

28. Clique fora do quadro para desfazer a seleção e volte a selecioná-lo.

29. Dê um clique no quadrado amarelo, próximo ao canto superior direito, e pequenos losangos amarelos serão exibidos nos cantos do quadro.

30. Clique sobre um dos losangos e arraste-o para dentro do quadro. Acompanhe a indicação ao lado do cursor, que exibe o raio, e movimente-o até aproximadamente *5 mm*.

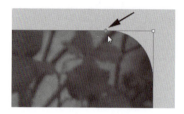

Se for preciso fazer a alteração de apenas um dos cantos, basta manter a tecla *Shift* pressionada enquanto movimenta o cursor.

31. Para escolher um efeito de canto, mantenha a tecla *Alt* pressionada e vá dando cliques sobre um losango. Nesta atividade, aplique a opção *Sofisticado* (*Fancy*).

32. Ainda com o quadro selecionado, clique na caixa *Ângulo de rotação* (*Rotation Angle*), no painel *Controle* (*Control*), e digite *10°*.

33. Para finalizar, mova o quadro para dentro da página esquerda e posicione-o no canto inferior esquerdo do mosaico.

34. Salve seu arquivo.

Desenhando objetos como grade

Você já viu que pode duplicar objetos em uma grade, mas, além disso, também pode desenhar objetos como uma grade. Quando você utiliza as ferramentas de criação de quadros, como *Retângulo*, *Elipse*, *Polígono* ou *Quadro* e *Tipo*, você pode, usando teclas modificadoras, criar uma grade de quadros simetricamente espaçados. Com o uso desse recurso, você vai criar pequenos quadrados que servirão de detalhe na parte superior interna da página.

1. Aplique um zoom na parte superior da página direita (na área em branco em torno dela) e, no painel *Controle* (*Control*), remova a cor do *Traçado* (*Stroke*) selecionando a opção *Nenhum* (*None*).

2. Ative a ferramenta *Retângulo* (*Rectangle*), clique em uma área em branco e comece a desenhar o retângulo. Sem soltar o botão do mouse, pressione a seta direita do teclado, a fim de aumentar o número de colunas (o que no caso aumenta o número de retângulos). Vá teclando até obter sete retângulos.

> Use a tecla de seta do teclado para cima a fim de aumentar, quando necessário, o número de linhas.

3. Em seguida, mantendo a tecla *Shift* pressionada, ajuste a altura para *8 mm*, observando a medida na caixa *A* (*H*) (*Altura – Height*) do painel *Controle* (*Control*). Quando atingir a medida, libere o botão do mouse e depois a tecla *Shift*. Seus quadrados estarão prontos.

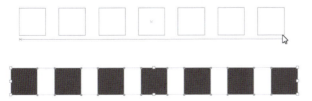

Ferramenta Espaço (Gap)

Essa ferramenta facilita o ajuste do tamanho do espaço entre dois ou mais objetos. Ela também permite que você redimensione simultaneamente vários objetos que possuem bordas comumente alinhadas, ao mesmo tempo que mantém fixos os espaços entre eles. O ajuste do layout é feito em uma única etapa, por meio da manipulação direta do espaço entre os objetos.

Com ela, você vai ajustar o espaço entre os quadrados, mas, antes, conheça as combinações de teclas usadas com a ferramenta e o resultado que pode obter:

- posicionando o cursor entre dois objetos, clicando e arrastando, você vai mover o espaço e redimensionar todos os objetos alinhados ao longo dele;
- pressionando a tecla *Shift* e arrastando o cursor, o espaço será movido apenas entre os dois objetos mais próximos;
- pressionando a tecla *Ctrl* e arrastando o cursor, o espaço será redimensionado em vez de ser movido. Combinando a tecla *Ctrl* com a tecla *Shift*, o espaço será redimensionado apenas entre os dois objetos mais próximos;
- pressionando a tecla *Alt* e arrastando o cursor, tanto o espaço quanto os objetos serão movidos na mesma direção. Combinando a tecla *Alt* com a tecla *Shift*, somente os dois objetos mais próximos se moverão;
- pressionando as teclas *Ctrl + Alt* e arrastando o cursor, o espaço será redimensionado e os objetos serão movidos. Combinando as teclas *Ctrl + Alt + Shift*, o espaço será redimensionado e somente os dois objetos mais próximos se moverão.

4. Ative a ferramenta *Espaço (Gap)* e posicione o cursor entre o primeiro e o segundo quadrado da esquerda para a direita. Uma seta dupla será exibida.

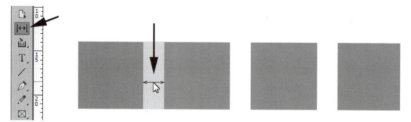

5. Pressione as teclas *Ctrl + Alt*, clique e arraste o cursor para a esquerda, diminuindo o espaço entre os quadrados. Observe a caixa *L (W)* (*Largura – Width*), no painel *Controle* (*Control*), e ajuste a medida para aproximadamente *2 mm*.

6. Após acertar a distância entre os dois quadrados, ative a ferramenta *Seleção* (*Selection*).

Utilizando o espaçamento inteligente

O espaçamento inteligente permite que você organize rapidamente os itens da página com a ajuda de guias temporárias que indicam quando o espaçamento entre objetos está uniforme.

7. Verifique se essa opção está ativada abrindo o quadro *Preferências* (*Preferences*) – menu *Editar/Preferências* (*Edit/Preferences*) – no item *Guias e área de trabalho* (*Guides & Pasteboard*).

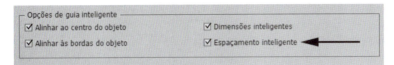

8. Clique sobre o terceiro quadrado e movimente-o até que sejam exibidas as guias mostrando que ele está alinhado com os dois primeiros (quanto ao centro e quanto à distância).

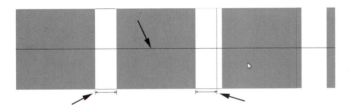

9. Faça o mesmo para os demais quadrados e, ao final, selecione todos eles. Agrupe-os (*Ctrl + G*) e aplique a cor *Rosa* no preenchimento.

APLICANDO UM GRADIENTE EM UM GRUPO DE OBJETOS

Agora você aplicará um gradiente nos quadrados, mas como se fossem um único objeto.

1. Desfaça a seleção do grupo clicando em uma área em branco e abra o painel *Gradiente* (*Gradient*) (menu *Janela/Cor/Gradiente* – *Window/Color/Gradient*).

2. Clique na barra do gradiente, no painel, para exibir os controles e selecione o controle de cor do lado direito.

3. Ative a ferramenta *Conta-gotas* (*Eyedropper*) e clique sobre um dos quadrados para capturar a cor *Rosa*. Assim, o gradiente vai do rosa ao branco.

4. Com a ferramenta *Seleção* (*Selection*), selecione o grupo dos quadrados.

5. Ative a ferramenta *Amostra de gradiente* (*Gradient Swatch*) e clique fora do último quadrado do lado direito. Arraste o cursor para a esquerda até ultrapassar o primeiro quadrado e libere o cursor.

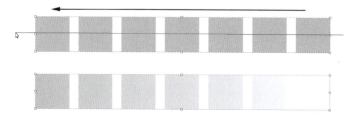

6. Aplique a cor *Rosa* no *Traçado* (*Stroke*) dos retângulos e clique no botão *Girar 90° em sentido horário* (*Rotate 90° Clockwise*), no painel *Controle* (*Control*).

7. Reduza a escala do grupo de quadrados para *75%*, selecionando essa opção no painel *Controle* (*Control*).

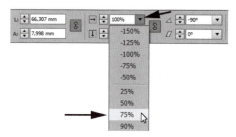

8. Mova o grupo de quadrados para o canto superior direito da página esquerda, usando as margens como apoio, e faça uma cópia do grupo, colocando-a na página direita, na posição oposta. Em seguida, tecle *W* para mudar o modo de tela para *Visualização* (*Preview*) e veja o resultado.

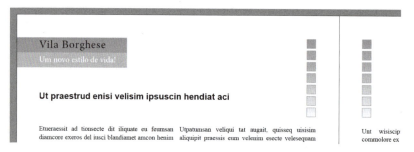

9. Salve seu arquivo.

Conhecendo o painel *Pathfinder*

Com o painel *Pathfinder*, você pode, a partir de formas simples, criar formas compostas, quadros de texto, contornos de texto ou outras mais. São cinco opções no item *Pathfinder* do painel:

- *Adicionar* (*Add*) (combina objetos selecionados): traça uma linha contornando todos os objetos selecionados, criando uma única forma.
- *Subtrair* (*Subtract*) (subtrai do objeto de trás os objetos mais à frente): elimina os objetos que estão na frente, criando um buraco no objeto que está atrás de todos.
- *Interseção* (*Intersect*) (cria interseções entre áreas): cria uma forma a partir da interseção de um ou mais objetos sobrepostos e selecionados.
- *Excluir sobreposição* (*Exclude Overlap*) (exclui áreas sobrepostas): cria formas a partir das áreas que não estiverem sobrepostas.
- *Menos atrás* (*Minus Back*) (subtrai do objeto à frente os objetos detrás): cria buracos no objeto da frente utilizando as áreas comuns dos objetos que estão atrás.

1. Vá para a página 6 do folheto. Você pode usar o painel *Páginas* (*Pages*), o navegador no canto inferior esquerdo da janela do documento ou simplesmente rolar as páginas.
2. Dê duplo clique na ferramenta *Mão* (*Hand*) para encaixar a visualização na janela.
3. No menu *Janela* (*Window*), clique na opção *Objeto e layout* (*Object & Layout*), selecione a opção *Pathfinder* para exibir o painel e, em seguida, aplique um zoom de *300%*.
4. Ative a ferramenta *Polígono* (*Polygon*), altere a cor de preenchimento para preto e retire a cor do traçado.
5. Clique em uma área em branco da página para exibir o quadro *Polígono* (*Polygon*).
6. Você vai desenhar uma estrela de seis pontas. Altere as configurações no quadro, como mostrado a seguir.

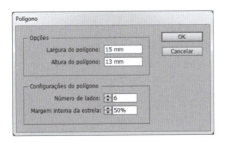 

7. Faça uma cópia da estrela pressionando as teclas de atalho *Ctrl + C* e depois pressione *Ctrl + Alt + Shift + V*. Essa última combinação (comando *Colar no local – Past in Place*) coloca a cópia exatamente sobre o objeto original.

8. Altere a cor de preenchimento para um azul de sua escolha e, no painel *Controle* (*Control*), altere o *Ponto de referência* (*Reference Point*) para o centro.

9. Ative o botão *Limitar proporções para largura e altura* (*Constrain Proportions for Scaling*) e altere o valor da caixa *L* (*W*) para *8 mm*.

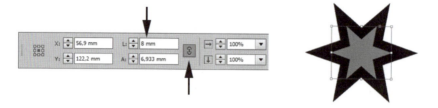

10. Selecione as duas estrelas e, no painel *Pathfinder*, clique no botão *Subtrair* (*Subtract*). Veja o resultado:

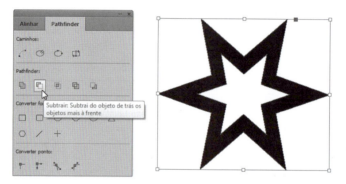

11. Ative a ferramenta *Elipse* (*Ellipse*) e crie um círculo de *3 mm* de diâmetro, sem cor no traçado e com preenchimento na cor *Preto*.

12. Posicione-o sobre a estrela, alinhando seu centro exatamente com a ponta esquerda da estrela.

13. Selecione os dois objetos e, no painel *Pathfinder*, clique no botão *Excluir sobreposição* (*Exclude Overlap*).

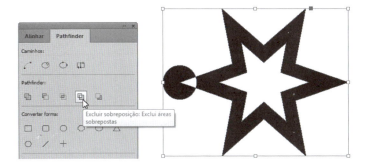

Você vai adicionar mais oito cópias desse objeto e distribuí-las entre as margens do papel.

14. Com o objeto selecionado, clique no botão *Girar 90° em sentido anti-horário* (*Rotate 90° Counter-Clockwise*), no painel *Controle* (*Control*). Em seguida, mova-o até encostá-lo na margem esquerda do papel.

15. Pressione a tecla *Alt*, clique sobre o objeto e arraste o cursor até a margem direita usando as guias inteligentes para manter o alinhamento com o objeto original. Porém, não solte ainda o botão do mouse.

16. Libere a tecla *Alt* e pressione a seta direcional do teclado para a direita até obter nove cópias do objeto. Em seguida, solte o botão do mouse, e as cópias serão criadas.

17. Crie um outro círculo com *7 mm* de diâmetro, sem traçado e com a cor de preenchimento *Preto*.

18. Faça oito cópias do círculo e posicione-os entre as estrelas. Não se preocupe com a posição deles.

19. Selecione todos os objetos (estrelas e círculos) e, no painel *Controle* (*Control*), clique no botão *Distribuir centros horizontalmente* (*Distribute Horizontal Centers*).

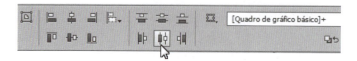

20. Selecione o primeiro círculo, o da esquerda, e posicione-o como mostrado na imagem.

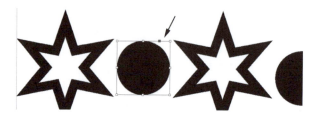

Alinhando objetos pelo objeto-chave

Será preciso fazer o mesmo com os demais círculos, mas, para facilitar seu trabalho, você utilizará uma das opções de alinhamento disponíveis no painel *Controle* (*Control*).

21. Selecione todos os círculos e, no painel *Controle* (*Control*), clique no botão das opções de alinhamento para exibir o menu. Selecione a opção *Alinhar ao objeto-chave* (*Align to Key Object*).

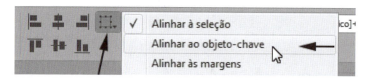

Essa opção permite que você escolha um objeto dentro da seleção para servir de base para o alinhamento. Nesse caso, o objeto escolhido ficará fixo. Observe que um contorno mais espesso na cor das guias apareceu no primeiro círculo selecionado, indicando que ele é o objeto-chave.

Independentemente disso, você pode escolher qualquer objeto da seleção para ser o objeto-chave.

22. Mantenha o primeiro círculo como objeto-chave e clique no botão *Alinhar bordas superiores* (*Align Top Edges*), no painel *Controle* (*Control*). Com isso, todos os círculos estarão alinhados de acordo com o primeiro.

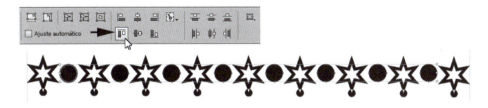

23. Selecione todos os objetos e agrupe-os (*Ctrl + G*). Em seguida, posicione-os na base da página usando a margem inferior como referência.
24. Crie um retângulo com o mesmo tamanho da página, retire a cor do traçado e aplique a cor *Rosa* no preenchimento.
25. No menu *Objeto* (*Object*), clique em *Organizar* (*Arrange*) e selecione a opção *Enviar para trás* (*Send to back*).
26. Selecione o grupo das estrelas e altere a cor do preenchimento para *Papel*.
27. Salve seu arquivo.

Aplicando efeitos com o painel *Efeitos* (*Effects*)

Para finalizar, você vai acrescentar a identificação da empresa fictícia desse folheto (*Dimitri & Chekhov*) e conhecer alguns recursos de efeitos que podem ser aplicados aos objetos.

O painel *Efeitos* (*Effects*) reúne comandos para a aplicação de efeitos especiais em objetos gráficos ou textos. Esses comandos são similares aos disponíveis no painel *Camadas* (*Layers*) do Photoshop.

1. Desfaça qualquer seleção, clicando fora da página com a ferramenta *Seleção* (*Selection*). Abra o painel *Efeitos* (*Effects*), pressionando as teclas de atalho *Shift + Ctrl + F10* ou pelo menu *Janela/Efeitos* (*Window/Effects*). Veja os principais itens desse painel:

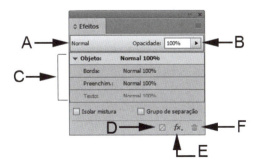

A – *Modo de mistura* (*Blending Mode*): permite escolher como as cores de um objeto vão interagir com os objetos que estão atrás dele.

B – *Opacidade* (*Opacity*): controla a opacidade de um texto ou de um objeto, seu contorno e preenchimento.

C – *Nível* (*Level*): informa as configurações de efeitos aplicadas ao objeto que estiver selecionado. Você pode ocultar os detalhes clicando na pequena seta à esquerda da palavra *Objeto*.

D – Botão *Limpar todos os efeitos e deixar o objeto opaco* (*Clear all effects and make objects opaque*): limpa todos os efeitos aplicados ao objeto selecionado, configura o *Modo de mistura* para *Normal* e muda a opacidade para *100%*.

E – Botão *FX*: exibe uma lista dos efeitos disponíveis e que podem ser aplicados ao objeto selecionado.

F – Botão *Lixeira* (*Remove effects from the selected target*): elimina os efeitos aplicados ao item selecionado na lista *Nível* (*Level*).

2. Pressione as teclas *Ctrl + O* e localize o arquivo *Ornamento.indd*, na pasta *Arquivos de trabalho/Capitulo2*. Selecione-o e clique em *Abrir*. Esse ornamento vai compor a página 6.

3. Selecione o objeto e pressione as teclas *Ctrl + C*. Em seguida, volte ao documento *Folheto* e pressione *Ctrl + V*.

4. Com o objeto selecionado, ative o botão *Limitar proporções para largura e altura* (*Constrain Proportions for Scaling*), altere a largura para *100 mm* e mude a cor do preenchimento do objeto para *Papel*.

5. Com a ferramenta *Tipo* (*Type*), crie um quadro de texto, altere a fonte para *Minion Pro* com tamanho de *100 pt* e cor *Papel* e digite a letra *D* maiúscula. Procure reduzir o tamanho do quadro de texto para comportar apenas a letra, como mostrado a seguir.

6. Posicione o texto do lado esquerdo do ornamento, faça uma cópia do quadro de texto, altere a letra para *C* e posicione-a do outro lado do ornamento.

7. Selecione todos os objetos, agrupe-os (*Ctrl + G*) e posicione-os dentro da página 6.
8. No painel *Efeitos* (*Effects*), clique no botão *FX* e selecione a opção *Sombra* (*Drop Shadow*).

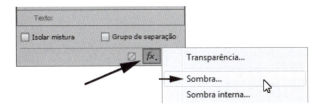

Será exibido o quadro de diálogo *Efeitos* (*Effects*) e, em seu lado esquerdo, uma lista dos efeitos disponíveis. Observe que o efeito *Sombra* (*Drop Shadow*) já está marcado e selecionado. Do lado direito estão as opções de configuração do efeito selecionado.

Você pode aplicar mais de um efeito no objeto, bastando para tanto ativá-lo na pequena caixa à esquerda do nome do efeito desejado.

9. No canto inferior esquerdo do quadro, ative a opção *Visualizar* (*Preview*) para acompanhar a aplicação dos efeitos no objeto.
10. No item *Posição* (*Position*), ajuste a *Distância* (*Distance*) para *1 mm* e, no item *Opções* (*Options*), ajuste o *Tamanho* (*Size*) para *1 mm*. Clique em *OK* para finalizar e perceba que o efeito é aplicado a todos os objetos do grupo.

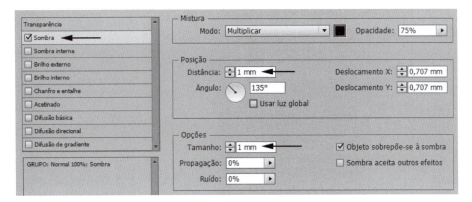

Por se tratar de efeitos, fica muito a critério do usuário. Portanto, não deixe de experimentar outros ajustes para ver os resultados, bem como testar outros efeitos para conhecer as possibilidades.

11. Crie um retângulo de *100 mm* de largura por *3 mm* de altura, sem traçado e preenchimento na cor *Papel*. Posicione-o logo abaixo do grupo.

Você deve aplicar nesse retângulo o mesmo efeito usado no grupo e não será necessário refazer todos os passos de ajuste.

12. Selecione o grupo e, no painel *Efeitos* (*Effects*), clique sobre o efeito selecionado e arraste-o para cima do retângulo. Ele receberá o mesmo efeito do grupo.

13. Para terminar, ative a ferramenta *Tipo* (*Type*) e crie um quadro de texto com aproximadamente *100 mm* de largura por *7 mm* de altura. Configure a fonte para *Calibri* com tamanho de *20 pt* e digite o texto *Construtora Dimitri & Chekhov*. Por fim, centralize o texto e posicione-o abaixo do retângulo.

14. Selecione tudo, agrupe e posicione na base da página, logo acima das estrelas.

15. Pressione a tecla *W* para mudar a visualização e veja o resultado.

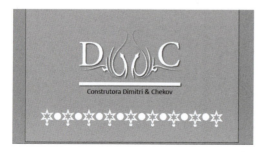

16. Salve seu arquivo.

Seu folheto já está pronto, e durante sua editoração você explorou boa parte dos recursos básicos do InDesign.

Anotações

3
Enriquecendo o visual da editoração

OBJETIVOS

» Trabalhar com páginas-mestre e páginas personalizadas

» Trabalhar com ferramentas de desenho e edição

» Importar arquivos do Photoshop e aplicar efeitos

» Trabalhar com estilos de parágrafo e estilos de caractere

» Controlar as alterações de texto

» Trabalhar com o *Editor de matérias* (*Story Editor*)

» Trabalhar com a biblioteca do InDesign

» Trabalhar com camadas

Enriquecendo o visual da editoração

Neste capítulo, você vai conhecer ferramentas de desenho que lhe permitirão criar, com imaginação, elementos ilustrativos para a editoração. Também verá recursos para aplicar efeitos com mais praticidade e trabalhar com estilos de parágrafo e de caractere, para dar mais rapidez ao processo produtivo, e com ferramentas de texto, para melhor controlá-lo, além de utilizar a biblioteca de símbolos e os recursos de camadas.

A partir disso, você vai produzir um fôlder sobre aquarismo, conforme o modelo.

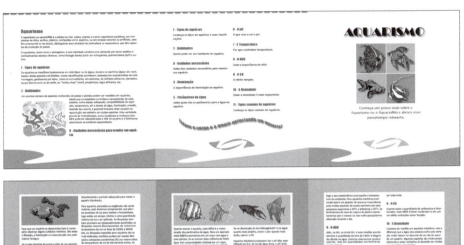

Atividade 1 – Preparando o arquivo

Objetivo:
» Criar páginas-mestre para o documento.

Tarefas:
» Criar um novo documento.
» Criar as páginas-mestre externa e interna.
» Adicionar guias ao projeto.
» Trabalhar com as ferramentas de desenho.
» Criar cores.

CRIANDO PÁGINAS PERSONALIZADAS

Um dos recursos que ajudam a elaboração de um novo documento é a possibilidade de criar páginas personalizadas de tamanhos variados, que ficam disponíveis para uso, sendo exibidas quando você abre o menu da caixa *Tamanho da página*, no quadro de diálogo *Novo documento*. Dessa forma, você pode criar os tamanhos que mais costuma usar em seus trabalhos.

1. Na tela *Início* (*Home*), clique no botão *Criar* (*Create New*) para exibir o quadro *Novo documento* (*New Document*).

2. Do lado direito, na área *Detalhes da predefinição* (*Preset Details*), altere os valores de *Largura* (*Width*) para *645 mm* e *Altura* (*Height*) para *216 mm* e, em seguida, clique no botão *Salvar predefinição de documento* (*Save Document Preset*).

3. Digite o nome "*Folder padrão*" na caixa de nome e clique no botão *Salvar predefinição* (*Save Preset*).

Observe que o novo documento aparece na área de *Predefinições salvas do documento em branco* (*Saved Blank Document Preset*), e o quadro continua aberto, permitindo que você crie outras predefinições, se necessário.

4. Clique em *Fechar* (*Close*).

Criando predefinições de um documento

Além de poder criar vários tamanhos de página, você também tem a opção de criar documentos personalizados. A diferença é que, trabalhando com as predefinições, você pode configurar todos os itens do quadro *Novo documento*, e não só o tamanho da página.

1. No menu *Arquivo* (*File*), clique em *Predefinições de documento/Definir* (*Document Presets/Define*) para exibir o quadro de mesmo nome.

2. Clique no botão *Nova* (*New*) para exibir o quadro *Nova predefinição de documento* (*New Document Preset*).

3. Na caixa *Predefinição de documento* (*Document Preset*), digite *Folder básico*. Este será o nome de sua nova predefinição.

4. Nos demais itens, altere os valores para:
   - número de páginas (*Number of pages*): *2*;
   - páginas opostas (*Facing Pages*): *desabilitado*;
   - largura (*Width*): *645 mm*;
   - altura (*Height*): *216 mm*;
   - margens (*Margins*): *0 mm* em todas as caixas;
   - sangria (*Bleed and Slug*): *3,5 mm* em *Superior* (*Top*), *Inferior* (*Bottom*), *Esquerda* (*Left*) e *Direita* (*Right*).

5. Clique no botão *OK*, e a nova predefinição entrará na lista. No item *Configurações da predefinição* (*Preset Settings*), você pode conferir os detalhes da nova predefinição.

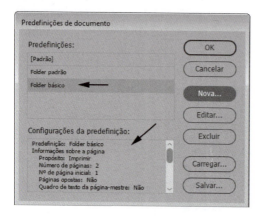

6. Clique no botão *OK* para fechar o quadro e, em seguida, selecione a opção *Predefinições de documento* (*Document Preset*), no menu *Arquivo* (*File*). Veja que a predefinição que você criou agora faz parte da lista do menu.

Se você precisar apagar uma predefinição, basta clicar em *Definir* (*Define*) para abrir o quadro *Predefinições de documento* (*Document Preset*). Com ele, você gerencia as predefinições, incluindo e apagando o que desejar.

Criando o arquivo para o fôlder

O fôlder será feito em uma página dividida em três partes, que, depois de impressa, terá duas dobras. Veja o esquema de dobras na ilustração a seguir.

1. Na tela *Início* (*Home*), clique no botão *Novo* (*Create New*) e, no quadro *Novo documento* (*New Document*), clique na guia *Salvo*. Veja que o documento *Folder básico* que você criou está disponível na lista.

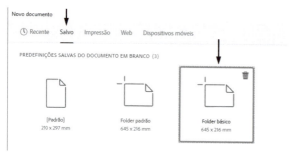

2. Selecione essa opção e clique no botão *Criar* (*Create*), pois seu fôlder terá essas configurações.

3. Salve seu arquivo com o nome *Folder Aquarismo* em sua pasta *Meus Trabalhos*.

CRIANDO AS PÁGINAS-MESTRE (*MASTER*)

Como você já viu, as páginas-mestre auxiliam a construção de seu documento, e aqui você vai preparar duas delas: uma para a parte externa do fôlder e outra para a parte interna.

1. Abra o painel *Páginas* (*Pages*), clique com o botão direito do mouse sobre *A-Página-mestre* (*A-Master*) e selecione a opção *Opções da página-mestre "A-Página-mestre"* (*Master Options for "A-Master"*) para exibir o quadro de diálogo.

2. Altere o item *Nome* (*Name*) para *Externa*, clique no botão *OK* e, em seguida, dê duplo clique sobre a página-mestre *A-Externa* para exibi-la na área de trabalho. Você vai acrescentar os elementos que vão compor essa página-mestre.

3. Acrescente duas guias verticais à página, sendo uma a *215 mm* e outra a *430 mm* da lateral esquerda da página. Essas guias dividem a página em três partes, exatamente onde serão feitas as dobras do fôlder.

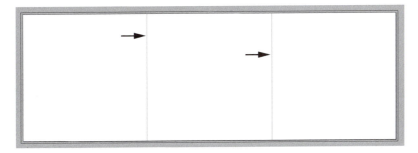

4. Acrescente duas guias horizontais, sendo uma a *22 mm* e outra a *172 mm* do alto da página.

5. Acrescente mais uma guia vertical a *322,5 mm*. Ela divide a página ao meio e servirá para você posicionar as outras guias verticais.

6. Para mudar o ponto zero das réguas para essa última guia, basta clicar no ponto de encontro das réguas e arrastar.

7. Acrescente mais três guias verticais do lado esquerdo da guia central com as seguintes medidas: *−82,5 mm, −132,5 mm* e *−297,5 mm*. Não se esqueça de que os valores são negativos, pois o ponto zero está no centro da página.
8. Acrescente mais três guias verticais do lado direito da guia central com as seguintes medidas: *82,5 mm, 132,5 mm* e *297,5 mm*.
9. Selecione a guia vertical central e apague-a. Em seguida, dê duplo clique no encontro das réguas para fazer com que o ponto zero volte à posição original. Com isso, você colocou todas as guias necessárias na página-mestre.

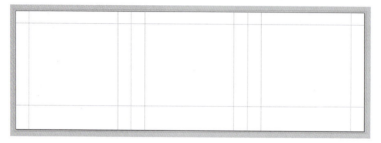

10. Salve seu arquivo.

Desenhando no InDesign

Todos os objetos ou desenhos criados no InDesign são, na verdade, formas vetoriais definidas por pontos unidos por retas. Por exemplo, um retângulo que você cria com a ferramenta *Retângulo (Rectangle)* é formado por quatro pontos que definem sua forma. Basta selecionar o objeto com a ferramenta *Seleção direta (Direct Selection)*, que você identificará esses pontos.

Isso serve para todos os outros objetos que você cria no InDesign, como elipses, círculos, polígonos, etc. Com a ferramenta *Seleção direta (Direct Selection)*, você pode alterar a forma de qualquer um deles.

1. Para voltar às configurações-padrão da área de trabalho, vá ao menu *Janela (Window)* e clique na opção *Área de trabalho/Elementos essenciais (Workspace/ Essentials)*.
2. Em seguida, novamente no menu *Janela (Window)*, clique em *Área de trabalho/ Redefinir Elementos essenciais (Workspace/Reset Essentials)*.

Ferramentas de desenho

Além desses objetos, que podem ser chamados de predefinidos, você pode criar qualquer forma utilizando a ferramenta *Caneta* (*Pen*) e as demais ferramentas disponíveis no grupo; elas facilitam a edição das formas criadas.

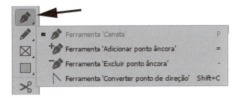

No rodapé da página será colocado um objeto de forma geométrica. Para criá-lo, você vai utilizar algumas dessas ferramentas alterando a forma de um retângulo. Não se esqueça de que você ainda está trabalhando na edição/criação da página-mestre.

3. Aplique um zoom no canto inferior esquerdo da página.

4. Crie um retângulo de *30 mm* de altura. Defina a largura entre a guia divisória e a sangria do lado esquerdo. Em seguida, mova o retângulo até apoiá-lo na linha inferior da sangria.

5. Para auxiliá-lo, ative o painel *Informações* (*Info*) pressionando a tecla de atalho *F8*.

Esse painel exibe informações de um objeto selecionado, do documento atual ou da área da ferramenta atual, incluindo valores de posição, tamanho e rotação. Quando você move um objeto, o painel *Informações* (*Info*) exibe sua posição relativa ao ponto inicial. Diferentemente de outros painéis do InDesign, ele exibe apenas informações. Você não pode entrar nos valores mostrados ou editá-los.

6. Clique com o botão direito do mouse na ferramenta *Caneta* (*Pen*) para exibir a lista de ferramentas e selecione *Adicionar ponto âncora* (*Add Anchor Point*).

Originalmente, o retângulo tem quatro pontos, mas com essa ferramenta você pode acrescentar tantos quantos desejar.

7. Posicione o cursor da ferramenta no lado superior do retângulo e, observando o painel *Informações* (*Info*), ajuste a posição *X* em aproximadamente *-271 mm* e dê um clique. Um novo ponto será criado.

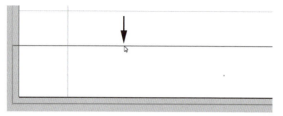

8. Crie outro ponto, no mesmo lado, com a distância X de aproximadamente -238 mm.

9. Ative a ferramenta *Seleção direta* (*Direct Selection*), clique fora do retângulo para desfazer a seleção e, em seguida, clique novamente para selecioná-lo. Isso é necessário, pois enquanto ele estiver selecionado após a criação de pontos, todos eles estarão marcados, mas você só precisará mover um ponto no próximo passo.

10. Clique sobre o segundo ponto criado e desloque-o para baixo e para a esquerda. Em seguida, clique sobre o primeiro ponto criado e desloque-o levemente para baixo. Veja as figuras a seguir.

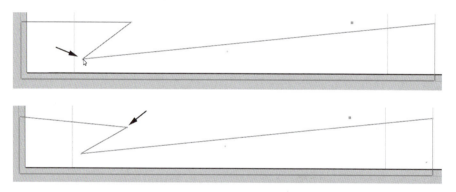

11. Selecione a ferramenta *Converter ponto de direção* (*Convert Direction Point*), também no grupo da ferramenta *Caneta* (*Pen*). Ela altera a forma do ponto, por exemplo: onde ele é curvo, ficará agudo e vice-versa.

12. Clique sobre o primeiro ponto e arraste o cursor para cima e para a esquerda. Veja que linhas e pontos de direção serão criados.

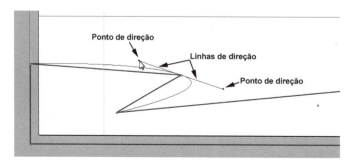

13. Por meio dos pontos de direção, você ajusta a curvatura como desejar. Faça o mesmo para o outro ponto, como mostra a figura.

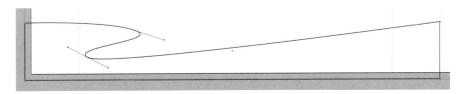

14. Ative a ferramenta *Seleção* (*Selection*), clique em *Preenchimento* (*Fill*) no painel *Propriedades* (*Properties*), selecione a guia *Cor* (*Color*) e digite os seguintes valores para a criação da cor: C = 42, M = 7, Y = 66 e K = 0.

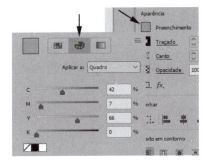

15. Abra o menu de opções do item e selecione *Adicionar a amostras* (*Add to Swatches*). Isso adicionará a cor ao painel *Amostras* (*Swatches*), pois você vai utilizá-la em outros elementos do fôlder.

16. Se você deixou o objeto selecionado, a cor foi aplicada automaticamente. Caso contrário, selecione-o e aplique a cor de preenchimento. Em seguida, remova a cor do contorno (*Traçado – Stroke*).

17. Faça duas cópias desse objeto, colocando uma delas na extremidade oposta da página e a outra no centro, e nessa última você deve fazer o ajuste da largura para encaixá-la exatamente entre os dois primeiros.

18. Mantenha o objeto central selecionado, clique em *Preenchimento/Cor* (*Fill/Color*).
19. Clique no botão *Nenhum* (*None*) para limpar as informações de cor e altere os valores para: *C = 40, M = 5, Y = 19 e K = 3*. Adicione essa nova cor – um tom verde-azulado – a amostras, como fez com a cor anterior.

 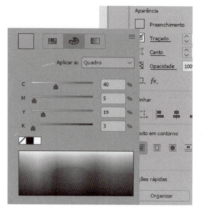

20. Com a ferramenta *Seleção* (*Selection*), clique fora da página para desfazer qualquer seleção ativa.
21. Abra o painel *Amostras* (*Swatches*), clique sobre a penúltima cor da lista com o botão direito e selecione *Opções de amostras* (*Swatch Options*).
22. No quadro de diálogo *Opções de amostras* (*Swatch Options*), desabilite a opção *Nome com valor de cor* (*Name with Color Value*) e, na caixa *Nome da amostra* (*Swatch Name*), digite *Verde1*. Clique no botão *OK* para finalizar.
23. Faça o mesmo para a última cor da lista, nomeando-a como *Azul1*, e salve seu arquivo.

Outras ferramentas de desenho

Existem mais algumas ferramentas para o trabalho de desenho de formas e edição. Trata-se das ferramentas:

- *Lápis* (*Pencil*): com essa ferramenta, você cria desenhos à mão livre. Assim como no retângulo que você criou, a forma livre também possui pontos para sua edição. Veja no exemplo a seguir os pontos no detalhe.

- *Suavizar* (*Smooth*): com essa ferramenta, você remove o excesso de ângulos no decorrer de um caminho (traçado do desenho), tornando-o mais suave. Você pode suavizar a forma do desenho criado passando a ferramenta sobre o traçado.

- *Borracha* (*Erase*): como o próprio nome diz, ela apaga trechos de um traçado, bastando passá-la sobre o desenho.

Criando a página-mestre interna

A página-mestre interna será similar à externa, com algumas diferenças.

1. Abra o painel *Páginas* (*Pages*), clique com o botão direito do mouse sobre a página-mestre *A-Externa* e selecione a opção *Duplicar página-mestre espelhada A-Externa* (*Duplicate Master Spread A-Externa*).

2. Clique com o botão direito do mouse sobre *B-Página-mestre* (*B-Master*), selecione a opção *Opções da página-mestre "B-Página-mestre"* (*Master Options for "B-Master"*) e, no quadro de diálogo, altere o nome para *Interna*. Clique no botão *OK* para finalizar.

3. Dê duplo clique sobre a nova página-mestre para editá-la.

4. Selecione a ferramenta *Retângulo* (*Rectangle*) e, no painel *Controle* (*Control*), remova a cor de contorno e selecione a cor *Azul1*.

5. Na parte esquerda da página, crie um retângulo do tamanho da sangria, limitado à primeira guia divisória da página.

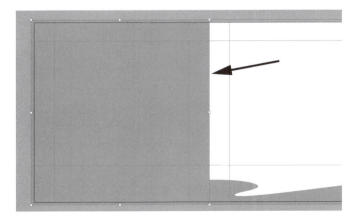

6. Clique com o botão direito do mouse e selecione a opção *Organizar/Enviar para trás* (*Arrange/Send to Back*).

7. Faça uma cópia desse retângulo, coloque-a no lado esquerdo da página, mandando-a também para trás.

8. Faça outra cópia desse retângulo e coloque-a no centro da página, mas ajuste a largura de acordo com as guias.

9. Altere a cor de preenchimento para *Verde1*, envie-o para trás e veja o resultado.

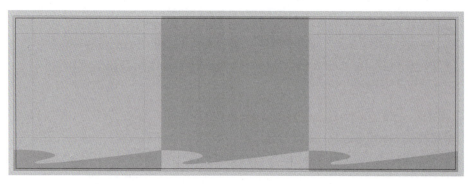

10. No painel *Páginas* (*Pages*), dê duplo clique na página 2. Observe que a página-mestre aplicada a ela é a *Externa*.

11. Clique com o botão direito do mouse sobre a página 2, no painel *Páginas* (*Pages*), e selecione a opção *Aplicar página-mestre a páginas*.

12. No quadro de diálogo *Aplicar página-mestre* (*Apply Master to Pages*), selecione a *B-Interna* na caixa *Aplicar página-mestre* (*Apply Master*) e, na caixa *Páginas* (*To Pages*), selecione a página 2. Clique no botão *OK* para finalizar.

13. Salve seu arquivo.

Atividade 2 – Criando os ornamentos da página externa

Objetivo:
» Utilizar ferramentas de edição para criar o ornamento da página.

Tarefas:
» Trabalhar com as ferramentas de desenho.
» Utilizar as ferramentas *Tesoura* (*Scissors*), *Rotação* (*Rotate*) e *Escala* (*Scale*).
» Trabalhar com o painel *Traçado* (*Stroke*).

CRIANDO AS FIGURAS DO ORNAMENTO

Um pequeno ornamento será criado para a página externa e, com isso, você vai explorar um pouco mais as ferramentas de desenho.

1. Aplique um zoom na parte direita da página 1. Ative a ferramenta *Elipse* (*Ellipse*) e, no painel *Controle* (*Control*), retire a cor de preenchimento e aplique a cor preta no traçado.

2. Crie uma elipse de *100 mm* de largura por *30 mm* de altura.

3. Com a ferramenta *Adicionar ponto de âncora* (*Add Anchor Point*), acrescente um novo ponto na parte superior da elipse, do lado esquerdo.

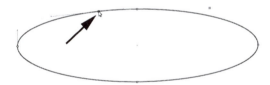

4. Ative a ferramenta *Converter ponto de direção* (*Convert Direction Point*) e dê um clique no ponto do lado direito da elipse para remover a curvatura.

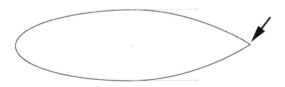

5. Com a ferramenta *Seleção direta* (*Direct Selection*), clique no ponto central da parte superior da elipse e mova-o para baixo e para a esquerda.

6. Siga a sequência das figuras e, utilizando a ferramenta *Seleção direta* (*Direct Selection*), mova os pontos e ajuste as curvas necessárias para deixar o objeto com o formato mais próximo possível do apresentado.

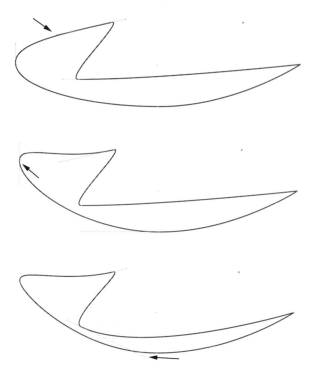

Não se preocupe em reproduzir com exatidão, mas, sim, em deixar o formato o mais próximo possível do modelo.

7. Selecione o objeto com a ferramenta *Seleção* (*Selection*), remova a cor de contorno e aplique a cor *Verde1* no preenchimento.

Ferramenta Tesoura *(Scissors)*

A ferramenta *Tesoura* (*Scissors*), como o próprio desenho do ícone mostra, permite cortar objetos no InDesign de maneira muito simples. Com essa ferramenta, você vai dar o toque final no objeto criado.

8. Outra opção para girar objetos são os botões *Girar 90° no sentido horário* (*Rotate 90° Clockwise*) e *Girar 90° no sentido anti-horário* (*Rotate 90° Counter Clockwise*), em que a rotação é feita de 90° em 90°. Esses botões ficam ao lado da caixa *Ângulo* (*Rotate Angle*).

9. Ative a ferramenta *Tesoura* (*Scissors*), posicione o cursor como na figura e dê um clique.

10. Em seguida, clique no ponto mostrado na figura, e o objeto será cortado.

11. Com a ferramenta *Seleção* (*Selection*), clique na parte da esquerda e mova-a um pouco para a esquerda e para cima.

12. Selecione as duas partes do objeto e pressione *Ctrl + G* para agrupá-los.

13. Faça uma cópia do grupo e, com a cópia selecionada, vá ao painel *Controle* (*Control*) e, na caixa *Ângulo* (*Rotate Angle*), selecione a opção *–180º* para girar o objeto.

14. Mova o objeto, posicionando-o como mostra a figura, e depois agrupe.

Ferramenta Rotação (Rotate)

Esta ferramenta é mais um recurso que se usa para girar objetos. A diferença é que você faz isso diretamente com o cursor do mouse. O ponto de referência para a rotação pode ser definido pela própria ferramenta. Por padrão, esse ponto é determinado no item *Ponto de referência* do painel *Controle* (*Control*), no qual você pode escolher um novo ponto.

15. Com o grupo selecionado, ative a ferramenta *Rotação* (*Rotate*). Para definir o ponto de referência, basta escolher um local na área de trabalho e dar um clique, mas, para essa atividade, selecione o ponto central no item *Ponto de referência* (*Reference Point*) no painel *Controle* (*Control*).

16. Clique ao lado do grupo e, mantendo o botão do mouse pressionado, leve o cursor para cima girando o grupo. Ajuste o ângulo em aproximadamente 6°.

Ferramenta Escala (Scale)

Esta ferramenta permite o redimensionamento do objeto com o uso do cursor do mouse, e, como na ferramenta *Rotação* (*Rotate*), você também escolhe o ponto de referência.

17. Ative a ferramenta *Escala* (*Scale*) no mesmo grupo da ferramenta *Rotação* (*Rotate*).

18. Pressione a tecla *F8* para abrir o painel *Informações* (*Info*). Com isso, você acompanha o valor da largura do objeto.

19. Dê um clique do lado direito e, mantendo o botão do mouse pressionado, reduza o tamanho do grupo até deixá-lo com aproximadamente *64 mm* de largura (mantenha também a tecla *Shift* pressionada, pois assim a redução será proporcional).

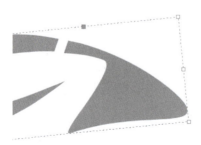 

20. Posicione o ornamento na página central, abaixo da guia horizontal inferior e alinhado no centro.

21. Faça uma cópia do ornamento, altere a cor de preenchimento para *Azul1* e coloque-o na parte central da página direita, no mesmo alinhamento horizontal do original.

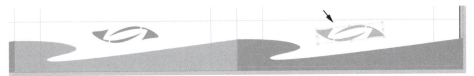

22. Salve seu arquivo.

Painel *Traçado* (*Stroke*)

Com o painel *Traçado* (*Stroke*), você tem mais opções para configurar linhas, como as que contornam os objetos. Ele permite o controle da espessura e da aparência da linha, da maneira como os segmentos vão se unir, da aparência do início e do final de uma linha e das opções de cantos.

1. Ative a ferramenta *Linha* (*Line*) e crie, no topo da página, da esquerda para a direita, uma linha de comprimento igual a duas partes da página.

2. Aplique um zoom de aproximadamente *600%* no canto superior esquerdo da página e tecle *F10* para abrir o painel *Traçado* (*Stroke*).

3. Na caixa *Espessura* (*Weight*), aumente o valor para *6 pt*. Em *Tipo* (*Type*), selecione a opção *Tracejado (3 e 2)* (*Dashed (3 and 2)*) e, no item *Arremate* (*Join*), selecione a opção *Arremate arredondado* (*Round Join*).

4. No item *Alinhar traçado* (*Align Stroke*), selecione a opção *Alinhar traçado à margem interna* (*Align Stroke to Inside*).

5. Para finalizar, aplique a cor *Verde1* e salve seu arquivo.

Atividade 3 – Construindo a capa do fôlder

Objetivo: » Desenvolver a capa do fôlder.

Tarefas: » Importar arquivos do Photoshop.

» Colocar arquivos importados em uma grade.

» Aplicar efeitos pelo painel *Controle* (*Control*).

IMPORTANDO ARQUIVOS DO PHOTOSHOP

Os arquivos no Photoshop podem ser criados na forma de camadas e podem ser salvos no formato original do software (PSD) ou com a extensão (TIFF), não permitindo que muitos softwares façam a importação direta. Para isso, é necessário salvar o arquivo em outro formato. Esse não é o caso do InDesign, pois ele importa os arquivos sem nenhuma dificuldade, permitindo até que você escolha as camadas que deseja importar.

Nesta atividade, você fará a importação de vários arquivos do Photoshop que foram criados em camadas. Se você já está habituado com o Photoshop, abra, por exemplo, o arquivo *peixe1.psd*, disponível na pasta *Arquivos de trabalho/Capitulo3*. Esse arquivo possui duas camadas, uma chamada de *peixe1* e a outra de *Background*, que é o fundo colorido da imagem.

Pois bem, no momento da importação desse arquivo, o InDesign permite que você escolha quais camadas deseja importar. Isso torna seu trabalho muito mais produtivo.

Importando objetos em uma grade

No Capítulo 2, você conheceu recursos do InDesign para duplicar e desenhar objetos em uma grade. Essa possibilidade se estende também à importação de objetos.

Para inserir vários arquivos, basta arrastá-los e depois usar as teclas de seta para alterar o número de colunas e linhas das imagens inseridas. Enquanto arrasta, mantenha pressionada a tecla *Ctrl* e clique nas teclas de seta para alterar o espaço da medianiz.

1. Aplique um zoom na terceira divisão da página 1, à direita. É nela que você vai colocar os arquivos importados.

2. Pressione as teclas de atalho *Ctrl + D*, localize a pasta *Arquivos livro/Arquivos de trabalho/Capitulo3* e, com a tecla *Shift* pressionada, selecione os arquivos *peixe1*, *peixe2*, *peixe3* e *peixe4*. Observe que todos estão com a extensão *PSD*, própria do Photoshop.

3. Dê um clique no item *Mostrar opções de importação* (*Show Import Options*) para habilitá-lo. Com essa opção ativada, você poderá escolher o que quer importar de cada uma das imagens.

4. Clique no botão *Abrir*, e o quadro de diálogo *Opções de importação de imagem* (*Image Import Options*) será exibido.

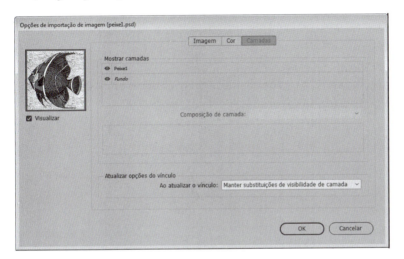

Ao lado do título do quadro, está o nome da imagem sendo importada e, na lateral esquerda, a miniatura dela.

Existem três guias nesse painel: *Imagem* (*image*), *Cor* (*Color*) e *Camadas* (*Layers*). Na guia *Imagem* (*Image*), você pode escolher um canal alfa, caso ele exista na imagem; na guia *Cor* (*Color*), o quadro informa qual perfil de cor a imagem utiliza, permitindo que você o altere, se necessário; na guia *Camadas* (*Layers*), são exibidas todas as camadas da imagem.

Nessa imagem, você pode visualizar as duas camadas existentes exatamente como elas estão no Photoshop: a camada *Peixe1* e a camada *Fundo* (que equivale à camada *Background*).

5. Ative a guia *Camadas* (*Layers*), caso ela não esteja selecionada, e clique no ícone do olho em frente à camada *Fundo* para desabilitá-la. Para esta atividade, você precisa somente do peixe, sem o fundo, já que posteriormente será aplicada uma cor. Veja que, na miniatura da imagem, o fundo desaparece.

6. Clique no botão *OK*, e o quadro vai se fechar, mas imediatamente será aberto novamente para a próxima imagem. Lembre-se de que você está importando quatro imagens.

7. Proceda da mesma forma, desabilitando a camada *Fundo* para todas as imagens seguintes.

8. Quando terminar, o cursor do mouse estará carregado com as quatro imagens (veja o número que aparece entre parênteses no cursor), exibindo uma miniatura da primeira imagem.

> Você pode escolher qual das quatro imagens deseja importar primeiro, utilizando as teclas direcionais (setas) do teclado. À medida que você tecla, a imagem do cursor muda para a seguinte, que está sendo importada.

9. Clique e arraste o cursor para formar um retângulo e mantenha o botão do mouse pressionado.

10. Pressione a tecla direcional (seta) para cima uma vez e a tecla direcional para a direita também uma vez, para aumentar o número de linhas e de colunas da grade, a fim de fazer a importação. Não solte ainda o botão do mouse.

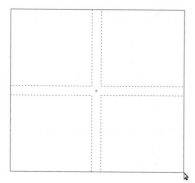

11. Observe que existe uma distância entre as células da grade, que é chamada de *Medianiz*. Nesta atividade, não deve haver essa distância, portanto pressione a tecla *Ctrl* e vá acionando várias vezes as teclas direcionais para baixo e para a esquerda, a fim de reduzir a *Medianiz* até eliminar essa distância.

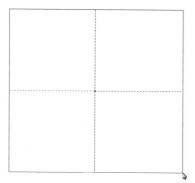

12. Solte o botão do mouse, e as imagens serão importadas, cada uma dentro de um quadro próprio.

13. Ainda com o grupo selecionado, altere a altura e a largura para *84 mm*. Use as caixas *L* (*W*) e *A* (*H*) do painel *Controle* (*Control*), com o botão *Limitar proporções para largura e altura* (*Constrain Proportions for Scaling*) desabilitado.

14. Agora, clique no botão *Ajustar conteúdo proporcionalmente* (*Fit Content Proportionally*), para fazer com que as imagens sejam redimensionadas de acordo com o quadro que as contém.

Para que as imagens fiquem com o tamanho correto para esta atividade, você vai redimensioná-las em porcentagem.

15. Selecione a primeira imagem, clicando em seu *Apropriador de conteúdo* (*Content Grabber*). Depois, com a tecla *Shift* pressionada, selecione as outras imagens, sempre clicando no *Apropriador de conteúdo* (*Content Grabber*) de cada uma.

16. No menu *Objeto* (*Object*), clique em *Transformar/Dimensionar* (*Transform/Scale*) para exibir o quadro *Escala* (*Scale*).

17. Mantenha o botão *Limitar proporções para escala* (*Constrain Proportions for Scaling*) ligado e altere o valor da caixa *Escala no eixo X* (*Scale X*) para *95%*. Em seguida, tecle *Tab* para mudar de caixa, e o valor se repetirá na caixa *Escala no eixo Y* (*Scale Y*).

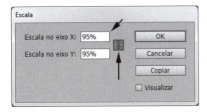

18. Clique no botão *OK* para aplicar a alteração.

19. Agora, com a ferramenta *Seleção* (*Selection*), faça a seleção de todos os quadros das imagens e clique no botão *Centralizar conteúdo* (*Center Content*), no painel *Controle* (*Control*), para centralizar cada imagem em seu quadro.

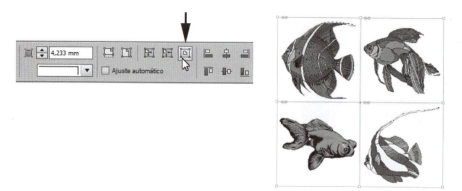

20. Desfaça a seleção, clicando em uma área em branco da página, e volte a selecionar a primeira imagem com um clique em seu *Apropriador de conteúdo* (*Content Grabber*).

21. No painel *Controle* (*Control*), selecione o *Ponto de referência central* (*Central Reference Point*) e, em seguida, clique no botão *Virar horizontalmente* (*Flip Horizontal*) para inverter o peixe.

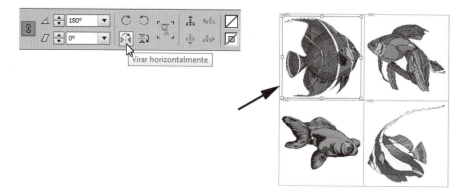

22. Ative a ferramenta *Seleção* (*Selection*), clique sobre o quadro do primeiro peixe e aplique a cor *Verde1* no preenchimento. Faça o mesmo com o quadro do último peixe.

23. Nos outros dois quadros, aplique no preenchimento a cor *Azul1*.

24. Selecione os quatro quadros e altere a cor do *Traçado* (*Stroke*) para a cor branca (*Papel*) e a espessura para *2 pt*.

25. Desfaça a seleção dos quadros clicando fora deles. Clique no *Apropriador de conteúdo* (*Content Grabber*) do primeiro peixe para selecioná-lo e, em seguida, clique com o botão direito do mouse sobre a imagem e selecione a opção *Efeitos/Sombra* (*Effects/Drop Shadow*).

26. Ajuste o item *Opacidade* (*Opacity*) para *60%*, o item *Distância* (*Distance*) para *2 mm* e clique no botão *OK*.

Para aplicar o mesmo efeito nos outros peixes, use a ferramenta *Conta-gotas* (*Eyedropper*), cuja função é copiar as características de um objeto ou imagem e aplicá-las em outro.

27. Ative a ferramenta *Conta-gotas* (*Eyedropper*) e dê um clique sobre o primeiro peixe. Depois, simplesmente dê um clique nos outros peixes, e o efeito *Sombra* (*Drop Shadow*) será aplicado com as mesmas configurações.

28. Selecione os quatro quadros e agrupe-os (*Ctrl + G*).

29. Crie uma guia horizontal a *87 mm* do topo da página e uma vertical alinhada com o centro do ornamento que você colocou na parte inferior da página.

30. Alinhe o grupo dos peixes por essas guias.

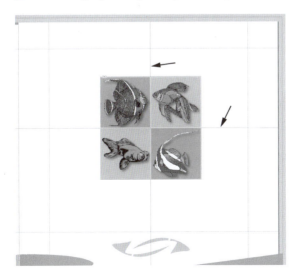

31. Salve seu arquivo.

Acrescentando o título

Para finalizar a capa do fôlder, você vai colocar o título acima dos peixes e um pequeno texto abaixo deles.

1. Com a ferramenta *Tipo* (*Type*), crie um quadro de texto acima dos peixes, usando as guias para ajustar a largura, e digite a palavra *AQUARISMO*.

2. Configure o texto com fonte *Broadway* de *50 pt*, cor preta e centralizado. Caso não tenha essa fonte em seu computador, utilize outra de sua preferência.

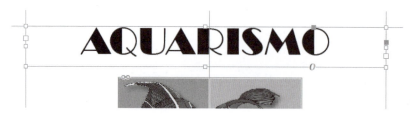

Aplicando efeitos pelo painel Controle (Control)

3. Ative a ferramenta *Seleção* (*Selection*) e mantenha o quadro de texto selecionado.

4. Existe um botão no painel *Controle* (*Control*) para a aplicação do efeito *Sombra* (*Drop Shadow*) com configurações básicas. Clique sobre ele, e o efeito será aplicado ao título.

5. Para aplicar qualquer outro efeito, ou mesmo alterar as configurações do efeito *Sombra* (*Drop Shadow*), clique no botão ao lado (*fx*) e selecione a opção *Sombra* (*Drop Shadow*) para abrir o quadro de diálogo *Efeitos* (*Effects*).

6. Ajuste o item *Opacidade* (*Opacity*) para 60% e a *Distância* (*Distance*) para *2 mm* e clique no botão *OK* para ver o resultado.

7. Crie outro quadro de texto e digite *Conheça um pouco mais sobre o Aquarismo ou a Aquariofilia e abrace esse passatempo relaxante.*

8. Selecione todo o texto e altere a fonte para *Calibri*, estilo *Bold*, tamanho *16 pt* e alinhamento centralizado.

9. No painel *Amostras* (*Swatches*), ainda com o texto selecionado, ajuste o *Tom* (*Tint*) para *70%*.

10. Ative a ferramenta *Seleção* (*Selection*) e ajuste a largura do quadro de texto para *100 mm*.

11. Para evitar que o texto seja hifenizado na mudança de linhas, abra o painel *Parágrafo* (*Paragraph*) (*Alt + Ctrl + T*) e desative a opção *Hifenizar* (*Hyphenate*).

12. Alinhe o quadro de texto com o centro em relação ao conjunto dos peixes e veja o resultado final.

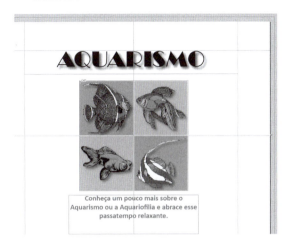

13. Remova as duas guias que você acrescentou para centralizar o grupo dos peixes e salve seu arquivo.

Atividade 4 – Criando o índice do fôlder

Objetivo:
» Montar o índice do fôlder explorando as ferramentas de texto e seus recursos.

Tarefas:
» Aplicar colunas em um quadro de texto.
» Trabalhar com estilos de parágrafo e estilos de caractere.
» Trabalhar com a ferramenta *Tipo* (*Type*) em um traçado.

Quadro de texto em colunas

É a partir dos quadros de texto que são aplicados os textos no InDesign, como você já experimentou até agora. Os quadros de texto, assim como os quadros de retângulo, podem ser movidos, redimensionados e ter sua forma alterada. É a ferramenta usada para selecionar um quadro de texto que determina o tipo de alteração que você pode fazer:

- Com a ferramenta *Tipo* (*Type*), você acrescenta ou edita o texto dentro do quadro de texto.

- A ferramenta *Seleção* (*Selection*) permite redimensionar a largura e a altura, além de permitir alterar a posição do quadro de texto.

- Com a ferramenta *Seleção direta* (*Direct Selection*), você pode alterar a forma do quadro de texto.

Você já criou colunas para distribuir o texto em uma página, mas o quadro de texto também pode ter colunas.

1. Aplique um zoom no centro da página. É nessa parte que será colocado o índice do fôlder.

2. Acrescente uma guia horizontal e ajuste sua posição para *142 mm* do topo da página.

3. Selecione a ferramenta *Quadro de retângulo* (*Rectangle Frame*) e crie um quadro para receber o texto, delimitado pelas guias.

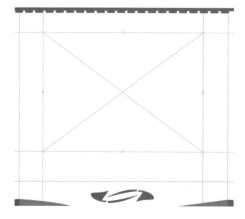

4. Mantenha o quadro selecionado, pois, ao fazer a importação, o texto será inserido automaticamente.

5. Pressione *Ctrl + D*, selecione o arquivo *indice.doc*, desabilite a opção *Mostrar opções de importação* (*Show Import Options*), caso ela esteja selecionada, e clique no botão *Abrir*. O texto será colocado no quadro.

6. Para definir as colunas no quadro, clique com o botão direito do mouse sobre o quadro de texto e selecione *Opções do quadro de texto* (*Text Frame Options*) para exibir o quadro de diálogo. Você também pode usar as teclas de atalho *Ctrl + B* ou manter a tecla *Alt* pressionada e dar duplo clique sobre o quadro de texto.

7. No item *Colunas* (*Columns*), digite *2* na caixa *Número* (*Number*) ou use as setas para alterar o valor. Se você habilitar a opção *Visualizar* (*Preview*), poderá ver as alterações antes de confirmar as configurações.

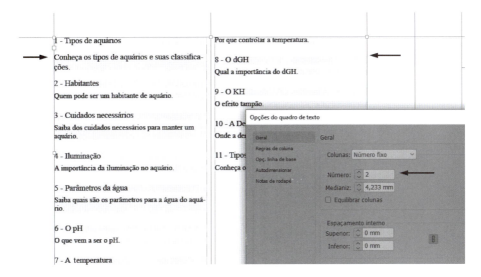

Um recurso interessante dentre as opções do quadro de texto é a possibilidade de desenhar linhas entre as colunas, deixando mais evidente essa divisão.

8. Estando ainda no quadro *Opções do quadro de texto* (*Text Frame Options*), clique em *Regras de colunas* (*Column Rules*) no menu do lado esquerdo para exibir as opções e habilite a caixa *Inserir regras de coluna* (*Insert Column Rules*).

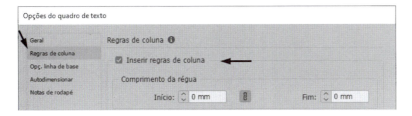

Veja a seguir as opções disponíveis no quadro e suas funções:

- *Comprimento da régua* (*Rule Length*): nas caixas *Início* e *Fim*, podem-se definir extremidades personalizadas superior e inferior das linhas entre as colunas em relação às margens internas do quadro de texto. Aplicando valores positivos, as extremidades se distanciam da margem do quadro; com valores negativos, elas ultrapassam a margem do quadro.

- *Posição horizontal* (*Horizontal Position*): permite deslocar a posição das linhas entre as colunas para a direita ou para a esquerda, horizontalmente, utilizando valores negativos e positivos.

- *Traçado* (*Stroke*): é onde podem-se configurar as propriedades das linhas entre as colunas, como largura, tipo, cor, tom e superimposição.

9. Para esta atividade, altere as configurações da linha aumentando a espessura para *2 pt* e aplicando a cor *Verde1*.

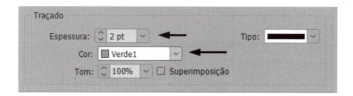

10. Clique em *OK* para finalizar e, com a ferramenta *Seleção* (*Selection*), clique fora do quadro para desfazer a seleção. Em seguida, pressione a tecla *W* para ver o resultado.

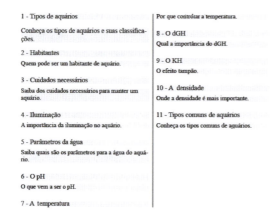

11. Pressione *W* novamente para voltar à visualização normal.

Lembrando que vários ajustes e configurações também estão disponíveis no painel *Propriedades* (*Properties*). Nesse caso, você pode fazer o ajuste de colunas no item *Quadro de texto* (*Text Frame*) do painel.

Criando cores para o texto

12. Com a ferramenta *Seleção* (*Selection*), clique fora da página para desfazer qualquer seleção e abra o painel *Cor* (*Color*) (tecla de atalho *F6*).

13. Altere o modo de cores para *CMYK*. Caso não seja esse o padrão atual, remova a cor do traçado e ative a cor de preenchimento.

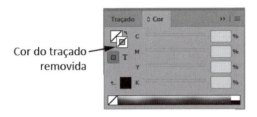

Cor do traçado removida

14. Digite os valores: *C = 80, M = 69, Y = 0* e *K = 0*, clique com o botão direito sobre o quadrado da cor e selecione *Adicionar a amostras* (*Add to Swatches*). Essa cor será usada nos textos.

15. Alterne novamente para o modo CMYK e digite os valores: *C = 0, M = 80, Y = 100* e *K = 0*. Clique com o botão direito sobre o quadrado da cor e selecione *Adicionar a amostras* (*Add to Swatches*). Essa cor será usada nos títulos.

16. Abra o painel *Amostras* (*Swatches*) (*F5*), selecione a penúltima cor da lista, que deve ser a azul-escura, e dê mais um clique sobre ela. Seu nome será habilitado para edição.

17. Altere o nome para *Textos* e tecle *Enter* para finalizar. Em seguida, faça o mesmo para a última cor, alterando o nome para *Títulos*.

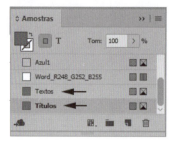

18. Salve seu arquivo.

Estilos de parágrafo e estilos de caractere

Os estilos de caractere são um conjunto de atributos de formatação que, com um simples clique do mouse, podem ser aplicados no texto selecionado. Os estilos de parágrafo incluem, além dos atributos de texto, os atributos de formatação de parágrafo, que podem ser aplicados em um parágrafo ou conjunto de parágrafos. Existe um painel para cada um desses estilos. Qualquer alteração que você faça nas configurações do estilo vai alterar os textos que o receberam.

No índice, você vai trabalhar com o painel *Estilos de parágrafo* (*Paragraph Styles*), criando estilos que serão utilizados nos outros textos do fôlder.

Existem dois caminhos para a criação de um estilo de parágrafo:

- Você pode criá-lo independentemente de qualquer texto. Dessa forma, é preciso definir todos os atributos de formatação no quadro de diálogo *Opções do estilo de parágrafo* (*Paragraph Style Options*).

- Você também pode primeiro formatar um parágrafo com todos os atributos que desejar e, depois, com ele selecionado, criar o estilo de parágrafo.

Criando o estilo para os títulos

1. Nesta atividade, você vai utilizar a segunda opção; portanto, ative a ferramenta *Tipo* (*Type*), selecione o primeiro parágrafo do texto e, no painel *Controle* (*Control*), altere a fonte para *Impact*, com tamanho de *14 pt* e cor *Títulos*.

2. Ainda no painel *Controle* (*Control*), clique na caixa *Espaço anterior* (*Space Before*), ajuste para *4 mm*, e, na caixa *Espaço posterior* (*Space After*), ajuste para *1 mm*. Esses valores ajustam o espaço entre os parágrafos.

3. Pressione a tecla de atalho *F11* para abrir o painel *Estilos de parágrafo* (*Paragraph Styles*) ou, pelo menu *Janela* (*Window*), clique na opção *Estilos/Estilos de parágrafo* (*Styles/Paragraph styles*).

4. Ainda com o texto selecionado, clique no botão *Criar novo estilo* (*Create New Style*) no painel e veja que o novo estilo receberá automaticamente o nome *Estilo de parágrafo 1*.

 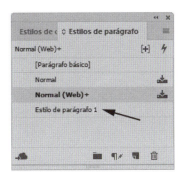

5. Com a ferramenta *Seleção* (*Selection*), clique fora da página para desfazer qualquer seleção.

6. Dê duplo clique sobre o novo estilo de parágrafo criado, e o quadro de diálogo *Opções de estilos de parágrafo* (*Paragraph Style Options*) será exibido.

Do lado esquerdo, esse quadro apresenta uma lista de todas as configurações possíveis para o parágrafo. Assim, ao clicar no item desejado, as caixas de configuração serão apresentadas no lado direito da tela.

7. Por exemplo, clique nos itens *Formatos básicos de caracteres* (*Basic Character Formats*), *Recuos e espaçamento* (*Indents and Spacing*) e *Cor do caractere* (*Character Color*) e confira todas as configurações que você fez nos passos anteriores.

Como você criou o estilo de parágrafo a partir de um texto formatado, não será preciso alterar nenhum item, apenas o nome do estilo.

8. Na caixa *Nome do estilo* (*Style Name*), digite *Títulos* e clique em *OK* para finalizar.

Criando o estilo para o texto

9. Com a ferramenta *Tipo* (*Type*), selecione o parágrafo abaixo do título que você acabou de formatar (*Conheça os tipos de aquários e suas classificações*).

10. Aplique a fonte *Calibri*, estilo *Bold*, tamanho *12 pt*, cor *Textos* e, nas caixas *Espaço anterior* (*Space Before*) e *Espaço posterior* (*Space After*), digite *1 mm* e *4 mm*, respectivamente.

11. No painel *Estilos de parágrafo* (*Paragraph Styles*), clique no botão *Criar novo estilo* (*Create New Style*) e, com a ferramenta *Seleção* (*Selection*), desfaça qualquer seleção.

12. Dê um primeiro clique no novo estilo criado e depois dê um segundo, fazendo com que o nome fique disponível para alteração. Digite *Textos*.

13. Com a ferramenta *Tipo* (*Type*), selecione cada parágrafo do índice e aplique o respectivo *Estilo de parágrafo* (*Paragraph Style*).

14. Ative a ferramenta *Seleção* (*Selection*) e altere a altura do quadro de texto para *120 mm*.

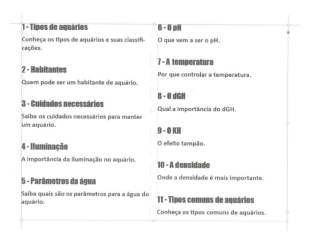

15. Salve seu arquivo.

Ferramenta *Tipo no traçado* (*Type on a Path*)

Com essa ferramenta, você pode colocar um texto ao longo de uma linha ou um objeto de qualquer formato. Veja os exemplos:

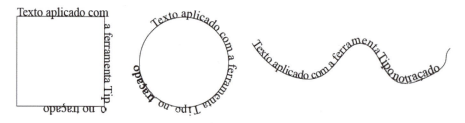

Com a ferramenta *Tipo no traçado* (*Type on a Path*), só é possível colocar uma linha de texto. Você pode formatar o texto normalmente, além de dispor de opções exclusivas para ajuste do texto com o quadro *Opções de tipo no traçado* (*Type on a Path Options*).

1. Aplique um zoom na região abaixo do índice e clique no botão *Traçado e preenchimento padrões* (*Default Fill and Stroke*), no painel *Ferramentas* (*Tools*). Lembre-se de que isso faz com que as cores de preenchimento e do traçado voltem ao padrão do InDesign.

2. Desative o botão *Sombra* (*Drop Shadow*) no painel *Controle* (*Control*), caso esteja habilitado.
3. Com a ferramenta *Caneta* (*Pen*), crie uma linha curva similar à mostrada na figura a seguir.

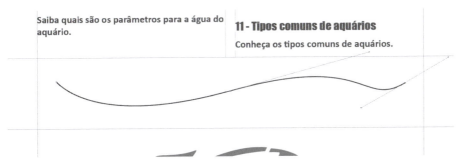

4. Clique com o botão direito do mouse na ferramenta *Tipo* (*Type*), para exibir as outras ferramentas do grupo, e selecione a ferramenta *Tipo no traçado* (*Type on a Path*).
5. Posicione o cursor no início da linha, dê um clique e um cursor de texto será exibido. Digite o texto *Relaxe o corpo e a mente apreciando um aquário!*

6. Selecione todo o texto, altere a fonte para *Impact*, tamanho *18 pt* e aplique a cor *Textos*.
7. Dê duplo clique na ferramenta *Tipo no traçado* (*Type on a Path*), no painel *Ferramentas* (*Tools*), para abrir o quadro de diálogo *Opções de tipo no traçado* (*Type on a Path Options*). Com ele, você tem várias opções de ajuste do texto no traçado. Em seguida, selecione a opção *Inclinar* (*Skew*), no item *Efeito* (*Effect*).

8. Clique no botão *OK* para finalizar. Com a ferramenta *Seleção* (*Selection*), altere a espessura do traçado da linha para *0* (zero).

9. No painel *Caractere* (*Character*), aumente o *Tracking* para *80*. Lembre-se de que o tracking controla o espaçamento entre as letras e, dessa forma, o texto ficará mais bem distribuído na linha.

10. Para dar um toque final, clique no botão *Sombra*, no painel *Controle* (*Control*). Se necessário, faça ajustes na sombra clicando no botão *Sombra* (*Drop Shadow*) no item *Aparência* (*Appearance*) do painel *Propriedades* (*Properties*).

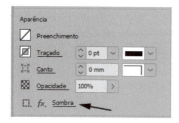

11. Ajuste a posição do texto, deixando-o centralizado na área. Desfaça a seleção e veja o resultado.

12. Salve seu arquivo.

Atividade 5 – Editorando o texto do fôlder

Objetivo:
» Trabalhar o texto principal do fôlder utilizando os recursos de estilo e texto.

Tarefas:
» Criar mais quadros de texto.
» Distribuir o texto em quadros.
» Criar novos estilos de parágrafo.
» Trabalhar com o *Editor de matérias* (*Story Editor*).
» Trabalhar com o comando *Localizar/Substituir* (*Find/Change*).
» Trabalhar com o comando *Localizar Fonte* (*Find/Replace Font*).
» Criar novos estilos de caractere.

CRIANDO MAIS QUADROS DE TEXTO

O texto do fôlder será distribuído entre o último espaço da página externa e a página interna. Antes de fazer a importação do texto, dessa vez você vai criar os quadros de texto primeiro.

1. Crie um retângulo em cada uma das partes da página interna, sem linha de contorno e com preenchimento branco. O tamanho deverá ser de *165 mm* de largura por *150 mm* de altura.

2. Selecione o primeiro retângulo e, no painel *Controle* (*Control*), defina o *Ponto de referência* (*Reference Point*) como central.

3. Ative o botão *Limitar proporções para largura e altura* (*Constrain Proportions for Scaling*) e altere o valor na caixa *L* (*W*) para *171 mm* em todos os três retângulos. Isso aumentará o retângulo em *6 mm* de cada lado em relação às guias, criando uma margem.

4. Para evitar que você acidentalmente desloque os retângulos, selecione cada um deles e pressione as teclas de atalho *Ctrl + L* para travar sua posição. Observe que, próximo ao canto superior esquerdo, será exibido o ícone de um cadeado, indicando que o objeto está travado. Para destravá-lo, quando necessário, basta clicar sobre esse mesmo ícone do cadeado.

5. Com a ferramenta *Quadro de retângulo* (*Rectangle Frame*), crie quadros nos espaços delimitados pelas guias colocadas na página-mestre, tanto na parte esquerda da página externa quanto nos três retângulos da página interna.

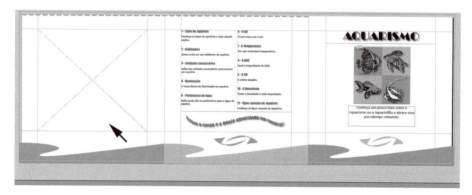

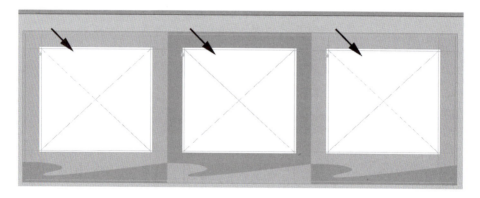

6. Ative a ferramenta *Seleção* (*Selection*) e clique fora da página.

Distribuindo o texto

1. Pressione *Ctrl + D*, selecione o arquivo *Aquarismo.doc* e clique no botão *Abrir*.

2. Clique no primeiro quadro da página externa para colocar o texto e, em seguida, clique no pequeno sinal + próximo ao canto inferior direito do quadro para carregar o restante do texto no cursor.

3. Clique dentro do primeiro quadro da página interna e repita o procedimento até o último quadro.

4. Com a ferramenta *Seleção* (*Selection*) e a tecla *Shift* pressionadas, selecione os três quadros de texto da página interna.

5. Pressione *Ctrl + B* e, no quadro de diálogo *Opções do quadro de texto* (*Text Frame Options*), altere o número de colunas para *2*, na caixa *Número* (*Number*) do item *Colunas* (*Columns*).

6. Clique em *Regras de colunas* (*Column Rulers*), no menu do lado esquerdo, para exibir as opções e habilite a caixa *Inserir regras de coluna* (*Insert Column Rulers*).

7. Altere as configurações da linha aumentando a espessura para *2 pt* e aplicando a cor *Verde1*. Clique em *OK* para finalizar.

Criando o estilo de parágrafo para o texto

Agora você vai criar um estilo de parágrafo para o texto do fôlder, usando como base o estilo *Texto* criado para o índice.

1. Desfaça qualquer seleção, abra o painel *Estilos de parágrafo* (*Paragraph Styles*) (*F11*) e selecione o estilo *Textos*.

2. Clique no botão *Criar novo estilo* (*Create New Style*). Esse novo estilo terá as mesmas configurações do estilo *Textos*.

3. Dê duplo clique no *Estilo de parágrafo 1* (*Paragraph Style 1*) para abrir o quadro *Opções de estilos de parágrafo* (*Paragraph Style Options*). Na caixa *Nome do estilo* (*Style Name*), digite *Textos 2*. Observe, na caixa *Baseado em* (*Based On*), que o novo estilo foi baseado no estilo *Textos*.

4. Clique no item *Formatos básicos de caracteres* (*Basic Character Formats*) e altere o item *Estilo de fonte* (*Font Style*) para *Regular* (*Regular*) e o *Tamanho* (*Size*) para *11 pt*.

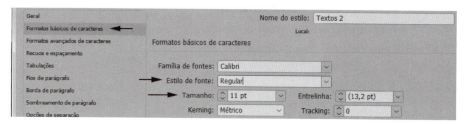

5. No item *Recuos e espaçamento* (*Indents and Spacing*), altere os itens *Espaço anterior* (*Space Before*) para *1 mm* e *Espaço posterior* (*Space After*) para *2 mm*.

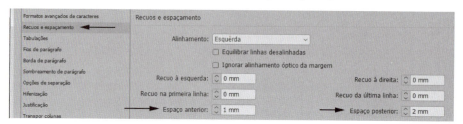

6. Clique no botão *OK* para finalizar e, com a ferramenta *Tipo* (*Type*), dê um clique sobre o texto em qualquer um dos quadros de texto para habilitar o cursor.

7. Pressione *Ctrl + A* para selecionar todo o texto e clique no estilo *Textos 2* para aplicá-lo.

8. Salve seu arquivo.

Formatando os títulos

9. Depois de formatar o texto, você precisa fazer o mesmo com os títulos, portanto aplique um zoom no início do texto.

10. Com a ferramenta *Tipo* (*Type*), selecione o título *Aquarismo* e aplique o estilo *Títulos*.

11. Especialmente neste título, mude o tamanho da fonte para *20 pt*.

12. Para os demais títulos, aplique normalmente o estilo *Títulos* e acrescente o mesmo número do item constante no índice.

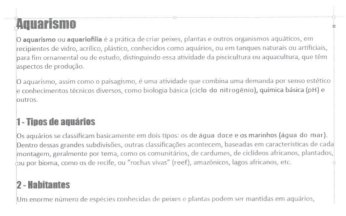

13. Salve o arquivo.

Trabalhando com o *Editor de Matérias* (*Story Editor*)

O *Editor de matérias* (*Story Editor*) é um recurso que permite redigir ou editar textos no InDesign, como se fosse um software de texto comum, mas sem as formatações de texto e layout que podem atrapalhar no momento de lidar com o conteúdo do texto.

Cada texto importado para o InDesign pode ser editado em uma janela do *Editor de matérias* (*Story Editor*), e cada texto terá sua própria janela. Podem-se abrir simultaneamente várias janelas do *Editor de matérias* (*Story Editor*).

Nesta janela são exibidos os estilos aplicados ao texto, e uma linha horizontal chamada *Excesso de tipos* informa que, dali em diante, o texto está oculto por não caber no quadro de texto. A partir dessa linha, é também colocada uma linha vermelha na lateral esquerda de todo o texto oculto.

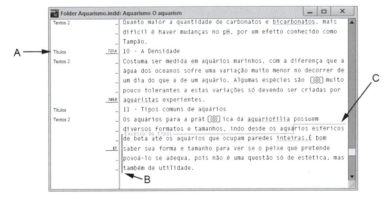

A – Estilo aplicado ao parágrafo;

B – Linha vermelha que indica o texto oculto;

C – Linha *Excesso de tipos*.

Quando você edita um texto na janela do *Editor de matérias* (*Story Editor*), todas as alterações são automaticamente feitas na janela de layout do InDesign.

A janela do *Editor de matérias* (*Story Editor*) funciona como uma janela normal do Windows, com botões para minimizar, maximizar e fechar.

1. Com a ferramenta *Seleção* (*Selection*), selecione o primeiro quadro de texto e, no menu *Editar* (*Edit*), clique na opção *Editar no Editor de matérias* (*Edit in Story Editor*), ou use as teclas de atalho *Ctrl + Y*.

2. No final do primeiro parágrafo, digite o texto *de peixes*. Qualquer alteração feita no *Editor de matérias* (*Story Editor*) será aplicada no texto do layout imediatamente.

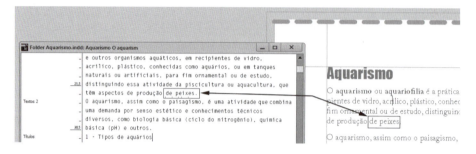

Preferências do Editor de matérias *(Story Editor)*

A formatação do texto, como mostrado no *Editor de matérias* (*Story Editor*), é definida no quadro *Preferências* (*Preferences*), no item *Exibição do editor de matérias* (*Story Editor Display*).

3. No menu *Editar* (*Edit*), clique em *Preferências/Exibição do editor de matérias* (*Preferences/Story Editor Display*).

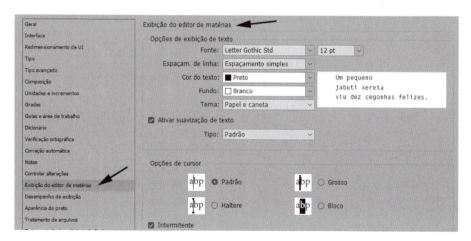

Nessa área do quadro, você pode alterar todas as configurações de texto e as opções do cursor do *Editor de matérias* (*Story Editor*), e nenhuma delas afeta a formatação do texto do layout.

4. Clique em *Cancelar* (*Cancel*).

Monitorando as alterações

O InDesign possui um recurso importante que permite que você monitore cada alteração feita em uma matéria por outros profissionais que atuem no processo de redação e edição. Sempre que um usuário adiciona, exclui ou move o texto dentro de uma matéria, a alteração é marcada no *Editor de matérias* (*Story Editor*). Você pode aceitar ou rejeitar as alterações acionando o painel *Monitorar alterações* (*Track Changes*).

A partir desse painel, você pode ativar e desativar essa opção, bem como mostrar, ocultar, aceitar ou rejeitar as alterações feitas pelos profissionais envolvidos no projeto.

1. Ainda com o *Editor de matérias* (*Story Editor*) ativado, selecione no menu *Janela* (*Window*) as opções *Editorial/Controlar alterações* (*Editorial/Track Changes*), e o painel será exibido.

2. Clique no botão *Ativar* (*Enable Track Changes in Current Story*) para habilitar a monitoração das alterações.

3. Para exemplificar como isso funciona, selecione o trecho de texto *ou aquariofilia* e apague-o. Veja que ele será realçado com uma cor e riscado, indicando que foi excluído.

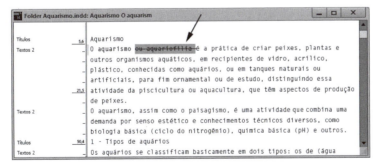

4. No mesmo parágrafo, digite *ou a combinação desses* após a palavra *plástico* e observe que o texto apenas foi realçado, indicando que foi adicionado.

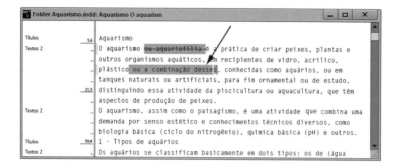

5. Ainda no mesmo parágrafo, selecione o trecho *ou aquacultura*. Clique sobre ele e arraste-o, colocando-o após a palavra *peixes*, no fim do parágrafo. Observe que o texto movido será realçado e riscado na posição anterior e será realçado e contornado por um retângulo na nova posição. Esse retângulo indica que o texto foi movido para essa nova posição.

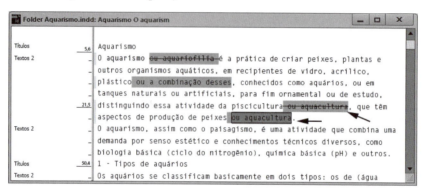

O painel *Monitorar alterações* (*Track Changes*), além de controlá-las, informa quem as fez, a data e a hora em que foram feitas e o que foi alterado.

6. Clique sobre o texto *ou aquariofilia*, que foi excluído no início do parágrafo, e veja as informações no painel.

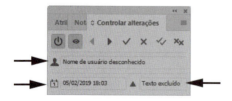

Observe que o nome da pessoa que fez as alterações é indicado como desconhecido. Isso porque se deve defini-lo antes de se fazerem as mudanças. Para tanto, você deve acessar a opção *Usuário* (*User*) no menu *Arquivo* (*File*). O quadro de diálogo será exibido, e nele você definirá o nome e a cor de realce das alterações.

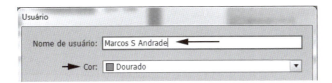

Aceitando ou rejeitando as alterações

Quando uma matéria é alterada, o recurso de monitoração de alterações permite que você revise todas as mudanças feitas e decida se serão incorporadas ou não. É possível aceitar ou rejeitar simultaneamente alterações individuais, somente partes de uma alteração monitorada ou todas as alterações.

Quando você aceita uma alteração, ela se torna uma parte normal do fluxo do texto e não fica mais destacada como alteração. Quando você a rejeita, o texto é revertido para o que era antes de ela ter sido feita.

Veja a função de cada um dos botões no painel:

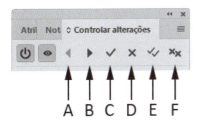

A – Retorna à alteração anterior.

B – Avança para a alteração seguinte.

C – Aceita a alteração destacada.

D – Rejeita a alteração destacada.

E – Aceita todas as alterações sem as revisar.

F – Rejeita todas as alterações sem as revisar.

O ícone do olho, ao lado do botão *Ativar* (*Enable Track Changes in Current Story*) do painel, é usado para ocultar ou exibir as alterações.

7. Nesta atividade, as alterações foram feitas apenas como exemplo; portanto, no painel, clique no botão *Rejeitar todas as alterações na matéria* (*Reject All Changes*).

8. O InDesign exibe uma mensagem para confirmação. Clique em *OK* e, em seguida, clique no botão *Ativar* (*Disable Track Changes in Current Story*) para desabilitar a monitoração das alterações.

9. Feche o *Editor de matérias* (*Story Editor*) e salve o arquivo.

Comando Localizar/Alterar (Find/Change)

Este recurso permite que você localize e altere vários itens em seu projeto.

1. No menu *Editar* (*Edit*), selecione a opção *Localizar/Alterar* (*Find/Change*) ou pressione as teclas de atalho *Ctrl + F* e o quadro de diálogo será exibido.

Com esse recurso, você pode realizar cinco tipos de pesquisa:

- *Texto* (*Text*): pesquisa e altera ocorrências específicas de caracteres, palavras, grupos de palavras ou texto formatado de maneira específica. É possível também pesquisar e substituir caracteres especiais, como símbolos, marcadores e caracteres de espaço em branco. O uso de caracteres curinga ajuda a ampliar sua pesquisa.
- *GREP*: usa técnicas de pesquisa avançadas com base em padrões para pesquisar e substituir texto e formatação.
- *Glifo* (*Gliph*): pesquisa e substitui glifos (ou símbolos) usando valores Unicode ou GID/CID, particularmente úteis na pesquisa e substituição de glifos em idiomas asiáticos.
- *Objeto* (*Object*): pesquisa e substitui efeitos e atributos de formatação em objetos e quadros. Você pode, por exemplo, localizar objetos com traçado de quatro pontos e substituir o traçado por uma sombra.
- *Cor* (*Color*): permite encontrar as cores usadas no documento ativo ou em vários documentos que estejam abertos no InDesign e fornece opções para que você exclua cores não utilizadas ou substitua cores.

Localizando um texto

2. Clique na guia *Texto* (*Text*) e, na caixa *Localizar* (*Find what*), digite *Aquarismo*. Na caixa *Alterar para* (*Change to*), digite *Aquariofilia* e, na caixa *Pesquisar* (*Search*), selecione a opção *Documento* (*Document*).

3. Clique no botão *Localizar próximo* (*Find Next*), e a primeira ocorrência desse texto será realçada no layout.

4. Clique no botão *Alterar* (*Change*), e o texto será substituído.

Para continuar a pesquisa, basta clicar no botão *Localizar próximo* (*Find Next*) para que a próxima ocorrência do texto seja realçada. Assim, você segue fazendo as substituições desejadas. Além disso, você tem a opção de alterar todas as ocorrências de uma só vez, clicando no botão *Alterar tudo* (*Change All*).

Observe que a caixa *Pesquisar* (*Search*) do quadro está indicando *Documento* (*Document*), ou seja, a pesquisa será feita no documento atual. Se você estivesse com mais de um documento aberto no InDesign, essa pesquisa poderia ser feita em todos eles ao mesmo tempo. Para isso, você selecionaria nessa caixa a opção *Todos os documentos*.

Localizando um objeto

5. Clique na guia *Objeto* (*Object*) para exibir as opções para esse tipo de pesquisa e, em seguida, clique no pequeno botão *Especificar atributos a serem localizados* (*Specify attributes to find*).

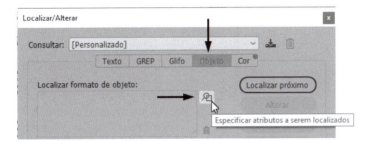

Será exibido o quadro *Opções de 'Localizar formato de objeto'* (*Find Object Format Options*). Nele, você pode escolher inúmeras possibilidades de formatação dos objetos que quer procurar e montar.

6. No item *Atributos básicos* (*Basic Attributes*), selecione *Traçado* (*Stroke*) e, do lado direito, no item *Espessura* (*Weight*), selecione *2 pt*.

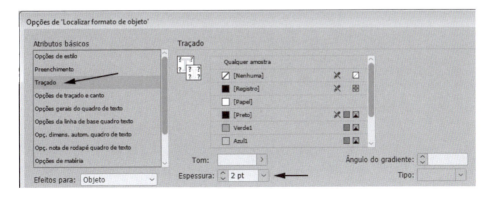

7. Clique no botão *OK* para voltar ao quadro *Localizar/Alterar* (*Find/Change*). No item *Localizar formato de objeto* (*Find Object Format*), serão listadas as condições de pesquisa que você escolheu.

8. No item *Alterar formato de objeto* (*Change Object Format*), clique no pequeno botão *Especificar atributos a serem alterados* (*Specify attributes to Change*).

9. No quadro *Opções de 'Alterar formato de objeto'* (*Change Object Format Options*), selecione o item *Traçado* (*Stroke*), altere a cor para C = 0, M = 100, Y = 0, K = 0, a *Espessura* (*Weight*) para 4 pt e o *Tipo* (*Type*) para a opção *Tracejado (3 e 2)* (*Dashed (3 and 2)*). São essas as opções a serem aplicadas no objeto encontrado na pesquisa.

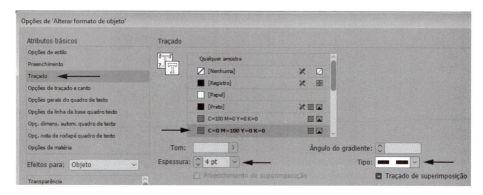

10. Clique no botão *OK* para voltar ao quadro *Localizar/Alterar* (*Find/Change*). No item *Alterar formato de objeto* (*Change Object Format*), serão listadas as alterações a serem feitas nos objetos localizados.

11. No item *Pesquisar* (*Search*), selecione *Documento* (*Document*), e no item *Tipo* (*Type*), selecione *Todos os quadros* (*All Frames*).

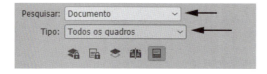

12. Clique no botão *Localizar próximo* (*Find Next*) até que seja destacado o quadro com o peixe. Em seguida, clique no botão *Alterar* (*Change*). Veja que a espessura e o tipo do traçado foram alterados.

Se for necessário limpar a configuração das opções *Localizar formato de objeto* (*Find Object Format*) e *Alterar formato de objeto* (*Change Object Format*), basta clicar nos botões *Limpar atributos especificados* (*Clear specified attributes*) (ícone da lixeira) ao lado de cada um desses itens.

Dessa forma, você pode alterar facilmente os atributos dos objetos. Nesta atividade, porém, não será preciso fazer nenhuma alteração, pois o que você fez foi apenas um exemplo para ver como funciona o recurso.

13. Clique no botão *Concluído* (*Done*) para fechar o quadro e, no menu *Arquivo* (*File*), clique na opção *Reverter* (*Revert*). Esse comando desfaz todas as alterações realizadas desde que o projeto foi salvo pela última vez.

Comando *Localizar fonte* (*Find/Replace Font*)

O comando *Localizar fonte* (*Find/Replace Font*) exibe uma lista de todas as fontes usadas em seu documento. Além disso, você pode substituir qualquer uma delas (exceto as fontes de gráficos importados para o InDesign) por outra à sua escolha e que esteja disponível em seu computador.

1. No menu *Tipo* (*Type*), clique na opção *Localizar/Substituir fonte* (*Find/Replace Font*) para exibir o quadro de diálogo.

2. Para fazer a substituição, você deve selecionar a fonte a ser substituída na lista do item *Fontes no documento* (*Fonts in Document*). Por exemplo, selecione a fonte *Impact Regular* e, no item *Substituir por* (*Replace With*), onde são selecionados a fonte e o estilo para a substituição, escolha a fonte *Times New Roman*.

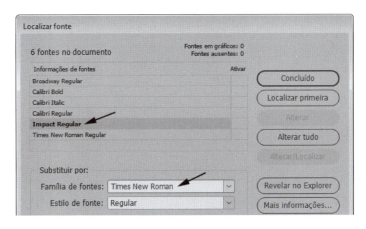

Neste momento, o botão *Alterar tudo* (*Change All*) ficará disponível, caso você queira substituir todas as ocorrências no documento.

3. Clique no botão *Localizar primeira* (*Find First*), e a primeira ocorrência da fonte será selecionada no documento.

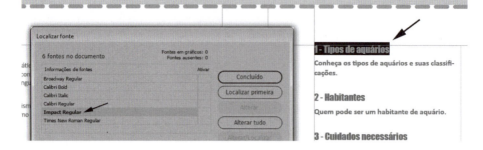

A partir daí, você pode prosseguir com as substituições, clicando nos botões *Alterar* (*Change*) e *Localizar primeira* (*Find Next*). Você também pode ver todos os detalhes sobre a fonte selecionada na lista de fontes do documento clicando no botão *Mais informações* (*More Info*).

4. Nesta atividade, você não fará nenhuma substituição. Portanto, clique no botão *Concluído* (*Done*) e salve seu arquivo.

Trabalhando com *Estilo de caractere* (*Character Style*)

O item *Estilo de caractere* (*Character Style*) reúne atributos de formatação apenas para o texto, diferentemente do *Estilo de parágrafo* (*Paragraph Style*). Você criará um estilo para formatar os textos dentro de parênteses.

1. Desfaça qualquer seleção no documento e pressione *Shift + F11* para abrir o painel *Estilo de caractere* (*Character Style*).

2. Clique no botão *Criar novo estilo* (*Create New Style*) e dê duplo clique no novo estilo criado (*Estilo de caractere 1 – Character Style 1*).

3. No quadro *Opções de estilo de caractere* (*Character Style Options*), na caixa *Nome do estilo* (*Style Name*), digite *Palavras* e, em seguida, clique na caixa *Atalho* (*Shortcut*) e pressione as teclas *Shift + Ctrl + Num 1*.

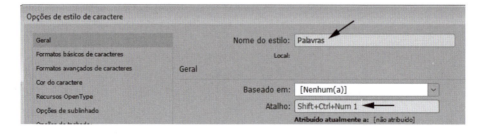

Na opção *Atalho* (*Shortcut*), você cria, com uma combinação de teclas, um caminho para aplicação do estilo que está sendo criado, sem precisar ir ao painel e clicar nele. Você pode criar qualquer combinação usando as teclas *Ctrl*, *Shift* e uma tecla numérica. Caso a combinação já esteja sendo utilizada, a indicação será mostrada logo abaixo da caixa *Atalho* (*Shortcut*).

4. Do lado esquerdo, clique em *Formatos básicos de caracteres* (*Basic Character Formats*) e altere os itens *Família de fontes* (*Font Family*), *Estilo de fonte* (*Font Style*), *Tamanho* (*Size*) e *Tracking* (*Tracking*), como mostra a figura.

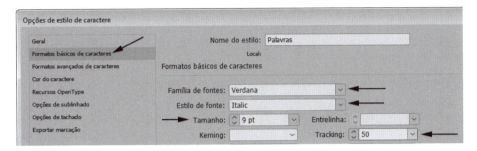

5. Do lado esquerdo, clique no item *Cor do caractere* (*Character Color*) e aplique a cor *Títulos*.

6. Clique no botão *OK* para finalizar e fechar o painel. Com a ferramenta *Tipo* (*Type*), vá selecionando os textos entre parênteses e pressionando as teclas *Ctrl + Shift + 1* para aplicar o estilo. Faça isso em todo o texto, como no exemplo a seguir.

Aquarismo

O **aquarismo** ou **aquariofilia** é a prática de criar peixes, plantas e outros organismos aquáticos em recipientes de vidro, acrílico, plástico, conhecidas como aquários, ou em tanques naturais ou artificiais, para fim ornamental ou de estudo, distinguindo essa atividade da piscicultura ou aquacultura, que têm aspectos de produção.

O aquarismo, assim como o paisagismo, é uma atividade que combina uma demanda por senso estético e conhecimentos técnicos diversos, como biologia básica (*ciclo do nitrogênio*), química básica (*pH*) e outros.

1 - Tipos de aquários

Os aquários se classificam basicamente em dois tipos: os de *água doce* e os marinhos (*água do mar*). Dentro dessas grandes subdivisões, outras classificações acontecem, baseadas em características de cada montagem, geralmente por tema, como os comunitários, de cardumes, de ciclídeos africanos, plantados, ou por bioma, como os de recife, ou "rochas vivas" (*reef*), amazônicos, lagos africanos, etc.

7. Salve seu documento.

Atividade 6 – Aplicando as ilustrações

Objetivo:	» Trabalhar com a *Biblioteca* do InDesign.
Tarefas:	» Criar uma biblioteca.
	» Adicionar elementos à biblioteca.
	» Importar os demais itens para o fôlder.
	» Trabalhar com a opção *Texto em contorno* (*Text Wrap*).

Trabalhando com uma biblioteca de objetos

Este recurso do InDesign ajuda a organizar os objetos, textos, gráficos e páginas que você mais utiliza em um documento, pois, ao armazenar esses itens, no decorrer da editoração, ele os deixa disponíveis para aplicação onde for necessário. Quando você acrescenta um elemento à biblioteca, todos os atributos desse objeto são preservados.

Você pode criar várias bibliotecas, de acordo com os projetos de seus clientes, pois elas são salvas como arquivos à parte, podendo ser carregadas em qualquer novo documento.

Criando uma Biblioteca

1. No menu *Arquivo* (*File*), clique em *Novo/Biblioteca* (*New/Library*).

Assim como os outros aplicativos da Adobe, o InDesign também acessa a Biblioteca da CC (Creative Cloud). Com ela, você armazena seus itens na nuvem, ficando à disposição em qualquer lugar e a qualquer momento.

Quando você aciona o botão para criar uma nova biblioteca, um quadro de aviso questiona se deseja utilizar essa nova opção.

2. Para esta atividade, clique em *Não* para poder trabalhar com a biblioteca nativa do InDesign.

3. Na caixa de diálogo *Nova biblioteca* (*New Library*), escolha o local onde quer gravar o arquivo (de preferência, em sua pasta *Meus Trabalhos*). Na caixa *Nome* (*Name*), digite *Folder*. Em seguida, clique no botão *Salvar*, e o painel da biblioteca será aberto já com o nome definido por você.

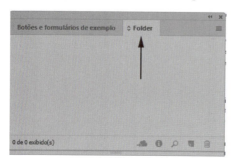

Adicionando elementos à Biblioteca (Library)

4. Aplique um zoom na região da capa, selecione o ornamento e, no painel da biblioteca *Folder*, clique no botão *Novo item de biblioteca* (*New Library Item*). Com isso, o objeto selecionado é acrescentado à biblioteca.

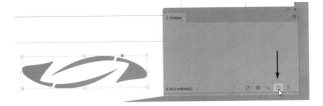

Outra forma de você adicioná-lo à biblioteca é simplesmente arrastando o elemento para cima do painel.

5. Clique no botão *Informações sobre o item de biblioteca* (*Library Item Information*) para abrir o quadro de diálogo onde você altera as informações de identificação do objeto selecionado no painel.

6. Na caixa *Nome do item* (*Item Name*), digite *Ornamento*. Na caixa *Descrição* (*Description*), você pode digitar informações adicionais sobre o objeto, como *Ilustração de rodapé padrão para todas as páginas*.

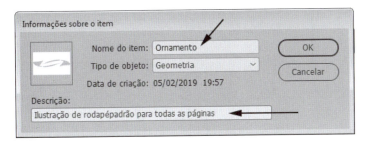

7. Clique no botão *OK* e o nome do item na biblioteca será atualizado.

O painel *Biblioteca* (*Folder*) também pode armazenar quadros de textos e seus conteúdos, o que o torna ainda mais útil.

Importando os demais itens para o fôlder

8. Pressione *Ctrl + D*, selecione o arquivo *aquario2.psd* e ative *Mostrar opções de importação* (*Show Import Options*).

9. Clique no botão *Abrir* e, no quadro *Opções de importação de imagem* (*Image Import Options*), clique na guia *Camadas* (*Layers*) e desabilite o item *Fundo* (*Background*).

10. Clique no botão *OK* para efetuar a importação e dê um clique fora da página para posicionar o objeto.

11. Na caixa *L* (*W*) do painel *Controle* (*Control*), digite *65 mm* para alterar a dimensão do quadro do objeto (não se esqueça de ativar o botão *Limitar proporções para largura e altura – Constrain Proportions for Scaling*).

12. Clique no botão *Ajustar conteúdo ao quadro* (*Fit Content to Frame*) para fazer com que a imagem se ajuste ao novo tamanho do quadro. Em seguida, clique e arraste o objeto para cima do painel da biblioteca *Folder*.

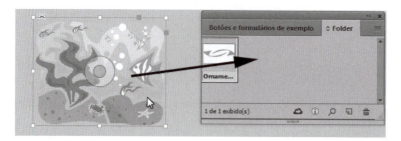

13. Apague o objeto da área de trabalho e, repetindo os procedimentos anteriores, faça a importação dos arquivos listados a seguir, colocando-os também na biblioteca.

    - peixes.psd (neste arquivo não altere as dimensões)
    - aquario3.psd
    - peixe7.psd

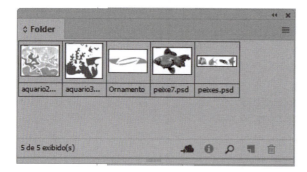

Trabalhando com o painel *Texto em contorno* (*Text Wrap*)

Você pode fazer com que o texto contorne qualquer objeto, inclusive os quadros de texto, imagens importadas e objetos que você desenhou no próprio InDesign. Esse recurso é chamado de *Texto em contorno* (*Text Wrap*).

Quando esse recurso é aplicado em um objeto, o InDesign cria uma área em torno dele que afasta o texto.

1. Dê um zoom na página externa, na área do texto e aplique o objeto *aquario2*, que está na biblioteca *Folder*, posicionando-o no canto inferior esquerdo do quadro de texto. Basta clicar nele e arrastá-lo para a página.

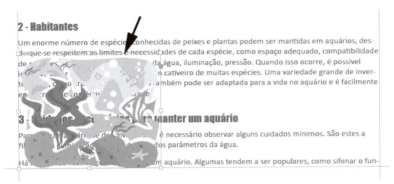

2. Mantenha a imagem selecionada e, no menu *Janela* (*Window*), clique na opção *Texto em contorno* (*Text Wrap*), ou use as teclas *Alt + Ctrl + W* para abrir o painel de mesmo nome.

Os cinco botões na parte de cima do painel definem como o texto será afastado do objeto selecionado. O primeiro botão, *Nenhum texto em contorno* (*No Text Wrap*), já está selecionado, indicando que o efeito não está aplicado.

Veja nos exemplos a seguir o efeito provocado com cada um dos outros botões.

Enriquecendo o visual da editoração – 205

Quebra de texto em torno do objeto   *Quebra de texto em torno da caixa*

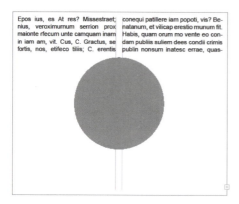 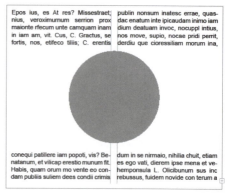

Saltar o objeto   *Saltar para a próxima coluna*

3. Com o objeto selecionado, clique no botão *Quebra de texto em torno da caixa* (*Wrap around bounding box*).

Nas quatro caixas abaixo dos botões do painel, você ajusta a distância a que o texto deve ficar do objeto. Nesse caso, você precisa distanciar o texto no lado direito do objeto.

4. Desative o botão *Definir todas as configurações da mesma forma* (*Make All Settings the Same*), para poder alterar as medidas individualmente, e digite *1 mm* em cada uma das caixas, exceto na caixa *Deslocamento à direita* (*Right Offset*). Nela, digite o valor *3 mm* e veja o resultado.

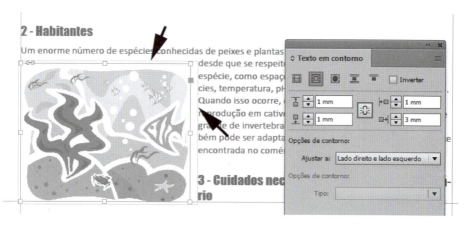

5. Na parte superior da página interna, do lado esquerdo, coloque o *peixe7*, que está na biblioteca.

6. Com a ferramenta *Seleção* (*Selection*), ajuste a largura do quadro do peixe com a da coluna e altere a altura para *40 mm*.

7. No botão *Ajustar conteúdo proporcionalmente* (*Constrain Proportions for Scaling*), ajuste o tamanho do peixe ao quadro e centralize-o, pressionando o botão *Centralizar conteúdo* (*Center Content*).

8. Aplique a cor *Verde1* no preenchimento, retire a cor de contorno e, no painel *Texto em contorno* (*Text Wrap*), aplique a opção *Saltar o objeto* (*Jump Object*) e altere o valor na caixa *Deslocamento inferior* (*Bottom Offset*) para *3 mm*.

9. Na parte central da página interna, coloque a ilustração que contém quatro peixes com as mesmas configurações da ilustração anterior. A diferença é que essa ilustração ocupará as duas colunas, a altura do quadro será *42 mm* e a cor de preenchimento, o *Azul1*. Não se esqueça de ajustar proporcionalmente o conteúdo ao quadro, centralizá-lo, aplicar a opção *Saltar o objeto* (*Jump Object*) e alterar o *Deslocamento inferior* (*Bottom Offset*) para *3 mm*.

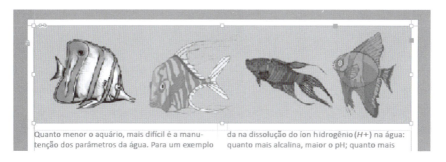

As opções de Quebra de texto em torno do objeto (Wrap around bounding box)

Este recurso permite opções para escolher como o texto contornará o objeto.

10. Ative a ferramenta *Quadro de retângulo* (*Rectangle Frame*), clique na área de trabalho e crie uma retângulo de *50 mm × 50 mm*.

11. Mantendo o quadro selecionado, pressione *Ctrl + D*, selecione o arquivo *aquario1.psd* e clique em *Abrir* para importá-lo para dentro do quadro.

12. Clique no botão *Ajustar conteúdo proporcionalmente* (*Fit Content Proportionally*).
13. Posicione a imagem no lado direito da página interna, no canto inferior direito do quadro.

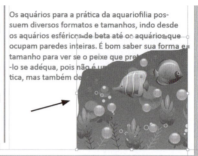

14. Ainda com o objeto selecionado, clique no botão *Quebra de texto em torno do objeto* (*Wrap around object shape*), no quadro *Texto em contorno* (*Text Wrap*).

No item *Opções de contorno* (*Contour Options*), existem várias opções para o ajuste do texto de acordo com o objeto, como mostrado a seguir:

- *Caixa delimitadora* (*Bounding Box*): faz com que o texto contorne o retângulo formado pela altura e pela largura da imagem.
- *Detectar bordas* (*Detect Edges*): por meio da detecção automática da borda, o contorno é definido e o texto contorna o objeto.
- *Canal alfa* (*Alpha Channel*): o contorno é criado a partir de um canal alfa salvo com a imagem. Caso essa opção não esteja disponível, é porque não há nenhum canal alfa salvo com a imagem.
- *Caminho do Photoshop* (*Photoshop Path*): cria o contorno baseado num caminho salvo com a imagem.
- *Quadro de gráfico* (*Graphic Frame*): cria o contorno a partir do quadro que contém a imagem.
- *Igual ao recorte* (*Same as Clipping*): cria o contorno a partir do traçado de recorte da imagem importada.
- *Selecionar assunto* (*Select Subject*): assim como o Photoshop cria uma seleção com esse recurso, o InDesign detecta automaticamente os contornos do objeto para criar o contorno do texto de forma automática.

15. Experimente as opções disponíveis, mas, para esta atividade, aplique a opção *Selecionar assunto* (*Select Subject*) e veja o resultado. Observe na ampliação os pontos criados no contorno da imagem, que fazem com que o texto a contorne.

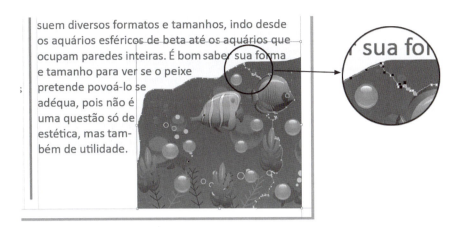

Você pode editar a posição desses pontos a qualquer momento com a ferramenta *Seleção direta* (*Direct Selection*), caso precise fazer ajustes finos.

16. Salve seu arquivo.

Atividade 7 – Organizando o documento em camadas (*layers*)

Objetivo: » Criar as camadas para o projeto do fôlder.

Tarefas: » Criar camadas.

» Mover objetos para outra camada.

» Alterar a ordem das camadas no painel.

O que são camadas (*layers*)

Como as antigas transparências usadas em retroprojetores, as camadas nada mais são que transparências individuais, as quais contêm alguns elementos do projeto. Quando sobrepostas, tem-se o trabalho completo.

Quando você cria um novo documento, automaticamente é criada uma camada que vai conter elementos do projeto.

Ao trabalhar com várias camadas, você facilita o processo produtivo, já que pode editar elementos sem alterar outros já inseridos no trabalho. Outra utilidade interessante é o uso de camadas para criar versões de um documento, mudando elementos e criando visuais diferentes para escolher o melhor resultado.

Para entender melhor, você vai criar camadas e distribuir os elementos do fôlder utilizando o painel *Camadas* (*Layers*).

Criando camadas para o fôlder

O painel *Camadas* (*Layers*) é a ferramenta do InDesign que permite o gerenciamento das camadas de seu projeto.

1. No menu *Janela* (*Window*), clique em *Camadas* (*Layers*) ou pressione *F7* para exibir o painel. Observe que só existe uma camada definida, *Camada 1* (*Layer 1*), que contém todos os elementos que você acrescentou ao seu projeto.

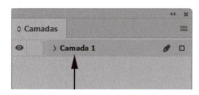

2. Clique no ícone do olho, do lado esquerdo da camada, para ocultá-la. Veja que todos os elementos serão ocultados.

3. Ative-o novamente com outro clique e, em seguida, clique no botão *Criar nova camada* (*Create New Layer*). Uma nova camada será acrescentada no painel.

Para esta atividade, você deve criar outras camadas a fim de organizar o documento da seguinte forma:

- Camada *Fundo*: o fundo da página será formado pelos elementos das páginas-mestre.
- Camada *Ilustrações*: conterá todas as ilustrações.
- Camada *Textos*: nela ficarão todos os textos do fôlder.
- Camada *Ornamentos*: receberá os ornamentos do fôlder.

4. Clique mais duas vezes no botão *Criar nova camada* (*Create New Layer*) para produzir mais duas camadas, totalizando quatro.

Para alterar o nome de uma camada, basta selecioná-la e, em seguida, dar apenas um clique sobre o nome. Ele ficará disponível para edição.

5. Procedendo dessa forma, altere o nome das camadas como segue:
    - *Camada 4* (*Layer 4*): mudar o nome para *Ornamentos*.
    - *Camada 3* (*Layer 3*): mudar o nome para *Textos*.
    - *Camada 2* (*Layer 2*): mudar o nome para *Ilustrações*.
    - *Camada 1* (*Layer 1*): mudar o nome para *Fundo*.

Movendo objetos para outra camada

Quando você cria ou importa um novo objeto, ele será colocado na camada selecionada indicada pelo ícone *Caneta*.

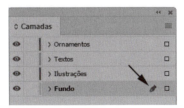

1. Selecione todas as ilustrações da página externa e observe que, na camada *Fundo*, um pequeno quadrado ao lado do ícone *Caneta* ficará disponível. O ícone da caneta indica a camada ativa, e o ícone do quadrado mostra que um ou mais elementos dela estão selecionados.

2. Clique sobre esse quadrado e mova-o para a camada *Ilustrações*. Com isso, a camada ativa passa a ser *Ilustrações*, e as ilustrações que você selecionou foram movidas para essa camada.

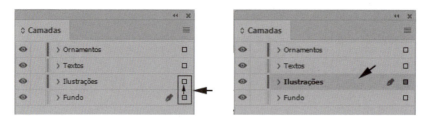

3. Faça o mesmo com as ilustrações da página interna e, depois, repita os procedimentos para colocar os textos e os ornamentos em suas devidas camadas.

4. Salve seu arquivo.

OPÇÕES DE CAMADAS (LAYER OPTIONS)

A caixa de diálogo *Opções de camadas* (*Layer Options*) fornece todas as opções para configuração de uma camada. Para exibir essa caixa de diálogo, basta dar duplo clique na camada desejada. Outra opção para acessá-la é pelo menu do painel *Camadas* (*Layers*).

1. Selecione a camada *Ornamentos* e clique no canto superior direito do painel *Camadas* (*Layers*). O menu será exibido, e o nome da camada selecionada aparecerá em algumas opções do menu.

2. Clique em *Opções de camadas para "Ornamentos"* (*Layer Options for "Ornamentos"*) para exibir o quadro de diálogo *Opções de camadas* (*Layer Options*).

3. Cada camada é identificada por uma cor, que pode ser alterada nesse quadro selecionando a opção no item *Cor* (*Color*). Altere a cor da camada *Ornamentos* para *Magenta* e clique em *OK*.

4. Selecione um dos ornamentos na página e observe que as linhas do quadro ficam da cor da respectiva camada. Isso facilita a identificação da camada em que o objeto está.

Além de alterar a cor da camada, você tem outras opções nesse quadro de diálogo. Veja a seguir a descrição de cada uma delas:

- *Mostrar camada* (*Show Layer*): torna a camada visível. Equivale a tornar o ícone do olho visível no painel *Camadas* (*Layers*).

- *Mostrar guias* (*Show Guides*): torna visíveis as guias na camada. Quando essa opção não está selecionada para uma camada, as guias ficam ocultas, mesmo que você selecione a opção *Mostrar guias* (*Show Guides*) no menu *Exibir* (*View*).
- *Bloquear camada* (*Lock Layer*): evita alterações em objetos na camada. Quando selecionada, é exibido o ícone de uma caneta riscada no painel *Camadas* (*Layers*).
- *Bloquear guias* (*Lock Guides*): essa opção evita alterações em todas as guias de régua da camada.
- *Imprimir camada* (*Print Layer*): essa opção impede a impressão da camada. Ao imprimir ou exportar para PDF, é possível determinar se as camadas ocultas e não imprimíveis serão impressas.
- *Suprimir texto em contorno em camadas ocultas* (*Suppress Text Wrap When Layer is Hidden*): essa opção faz com que o texto em outras camadas flua normalmente quando a camada estiver oculta e contiver objetos com texto em contorno.

Bloqueando uma camada

Para bloquear uma camada, basta clicar no quadrado ao lado do ícone do olho no painel *Camadas* (*Layers*). A mesma ação pode ser feita no quadro de diálogo *Opções de camada* (*Layer Options*).

5. Dê um clique ao lado do ícone do olho, na camada *Ornamentos*, e será exibido um pequeno cadeado, indicando que ela está bloqueada. Assim, você não vai poder fazer nenhuma alteração nos elementos que estão nessa camada.

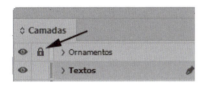

Ocultando uma camada

6. Dê um duplo clique na camada *Ilustrações* para abrir o quadro *Opções de camadas* (*Layer Options*) e ative a opção *Suprimir texto em contorno em camadas ocultas* (*Suppress Text Wrap When Layer is Hidden*). Clique em *OK*.

7. Clique no ícone do olho, do lado esquerdo da camada *Ilustrações*, para ocultá-la.

Após ocultar essa camada, você vai perceber que os textos que contornavam as ilustrações fluem agora como se elas não existissem.

Isso ocorre por causa da opção *Suprimir texto em contorno em camadas ocultas* (*Suppress Text Wrap When Layer is Hidden*). Para visualizar os textos em sua formatação normal, será preciso desabilitar essa opção.

8. Dê duplo clique na camada *Ilustrações* para abrir o quadro de opções, desabilite a opção *Suprimir texto em contorno em camadas ocultas* (*Suppress Text Wrap When Layer is Hidden*) e clique em *OK*. Observe que agora o texto flui como se as ilustrações estivessem sendo exibidas.

9. Habilite novamente a visualização da camada *Ilustrações*.

Controle dos objetos nas camadas

O painel *Camadas* (*Layers*) também permite o controle dos objetos nas camadas do documento. Cada uma delas tem um controle de exposição que pode ser expandido para revelar os objetos e sua ordem de empilhamento na camada. Com isso, é possível não só alterar essa ordem, mas também renomear, ocultar, exibir, bloquear ou desbloquear os objetos. Além disso, você poderá ver a lista dos objetos pertencentes à página do documento ativa.

1. Com a ferramenta *Seleção* (*Selection*), dê um clique em qualquer região da *página 1* de seu documento. Na base do painel é informada a página ativa.

2. Dê um clique no pequeno triângulo ao lado do nome da camada *Ilustrações* para expandir a lista.

Observe que a lista exibe dois itens: um deles é o *aquario2.psd*, que está no canto esquerdo da página externa, e o outro tem o nome de grupo. Esse último também possui um pequeno triângulo indicando que há uma lista de itens que foram agrupados.

3. Dê um clique nesse triângulo para expandir a lista de itens do grupo e veja que se trata das quatro ilustrações dos peixes que estão na capa.

4. Clique no triângulo ao lado do nome da camada *Ilustrações* para recolher a lista.

As mesmas opções de visualização (ícone do olho) e bloqueio (cadeado) estão disponíveis para cada objeto dentro da camada, permitindo que você bloqueie ou oculte objetos independentemente da camada.

Memorização de camadas

5. Desbloqueie a camada *Ornamentos* e aplique um zoom na capa do fôlder.

6. Selecione o ornamento e, com a tecla *Shift* pressionada, clique no texto abaixo da ilustração dos peixes. Observe no painel *Camadas* (*Layers*), ou na própria seleção dos objetos indicados pela cor da camada, que eles pertencem a camadas diferentes.

7. Pressione *Ctrl + G* para agrupar os dois itens e veja que o texto que você selecionou sumiu da camada *Textos*.

Isso ocorre pois você o agrupou com o ornamento, o qual está em uma camada superior e, pela hierarquia, ele tem a preferência. Estando agrupados, você pode efetuar as edições que desejar e, quando desagrupar esses objetos, o InDesign devolve cada um deles à sua respectiva camada.

8. Com o grupo selecionado, pressione *Ctrl + Shift + G* para desagrupá-los. Observe no painel *Camadas* (*Layers*) que o texto reaparece em sua camada original.

Mudando a ordem das camadas no painel

9. Você pode mudar a hierarquia das camadas dentro do painel. Clique na camada *Ilustrações* e arraste-a para cima, posicionado-a entre as camadas *Ornamentos* e *Textos*. Em seguida, solte o botão do mouse.

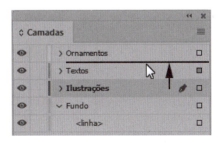 

10. Salve e feche seu arquivo.

Anotações

4

Editorando documentos longos

OBJETIVOS

» Trabalhar com cabeçalho, rodapé e variáveis de texto

» Trabalhar com estilos de parágrafo e de caractere

» Aplicar capitulares

» Inserir símbolos e notas de rodapé

» Trabalhar com listas

» Trabalhar com tabelas e estilos de tabela e células

» Organizar o documento em seções

Planejando um livro

Quando se trata de documentos mais longos, o InDesign oferece recursos que facilitam a produtividade – da interface à numeração automática das páginas.

Atividade 1 – Preparando a base do documento

Objetivo:
» Preparar a base do documento, complementando o arquivo inicial do livro.

Tarefas:
» Alterar a área de trabalho.
» Criar cabeçalho e rodapé.
» Trabalhar com *Variáveis de texto* (*Text Variables*).
» Aplicar numeração automática de páginas.
» Importar estilos de parágrafo.

A partir desta atividade, você vai trabalhar com um arquivo previamente elaborado, contendo alguns elementos que foram produzidos com recursos que você já estudou. Nada impede que você crie um novo a partir do zero. Você também vai trabalhar com um texto falso, usado apenas para definir as características do documento.

ALTERANDO A ÁREA DE TRABALHO

O InDesign traz várias áreas de trabalho predefinidas para utilização em diferentes tipos de trabalho.

1. Na tela *Início* (*Home*), clique em *Abrir*, busque e selecione o arquivo *Livro Caesaris base.indd*, localizado na pasta *Arquivos livros/Arquivos de trabalho/Capitulo4*.

2. Clique na seta do botão *Alternador da área de trabalho* (*Workspace Switcher*) e selecione a opção *Tipografia* (*Typography*). Essa opção exibe os painéis mais utilizados na edição de textos.

3. No menu *Arquivo* (*File*), selecione *Salvar como* (*Save as*) ou pressione *Ctrl + Shift + S*, localize a pasta *Meus Trabalhos* e, na caixa *Nome*, digite *Livro Caesaris*. Clique no botão *Salvar* para finalizar.

O arquivo com que você vai trabalhar possui as seguintes características:

- tamanho da página: *Carta*;
- páginas opostas (*Facing Pages*): *Ativo*;
- sangria (*Bleed*) nas quatro caixas: *3,5 mm*;
- margens (*Margins*): *Superior = 30, Inferior = 40, Externa = 25 e Interna = 25*.

Criando cabeçalho e rodapé

As páginas-mestre estão incompletas para que você insira nelas os elementos.

1. Abra o painel *Páginas* (*Pages*) e observe que já existem dois modelos de páginas-
-mestre, chamados de *A-Conteúdo* e *B-Divisão*.

Para exibir a página-mestre, basta dar duplo clique sobre seu nome. Porém, desta vez você vai usar a *Lista de páginas*.

2. Clique na seta ao lado da caixa no canto inferior esquerdo da janela do documento e, na lista, selecione *A-Conteúdo*.

Normalmente, os cabeçalhos e os rodapés de um documento são exibidos em todas as páginas. No InDesign, para que isso ocorra automaticamente, você deverá colocar esses elementos nas páginas-mestre. Esses itens vão se tornar parte da página-mestre *A-Conteúdo*.

3. Aplique um zoom no topo da página direita e, com a ferramenta *Tipo* (*Type*), crie um quadro de texto e digite *Caesaris Commentariorum de Bello Gallico*.

4. Formate o texto com a fonte *Garamond*, estilo *Bold* e tamanho *10 pt*, e altere os valores de *Recuo à esquerda da primeira linha* (*First Line Left Indent*) e *Espaço anterior* (*Space Before*) para *0 mm*, no painel *Parágrafo* (*Paragraph*).

5. Posicione o quadro de texto alinhado à esquerda e um pouco acima da margem superior.

Trabalhando com Variáveis de texto *(Text Variables)*

Trata-se de um item que você insere no texto e que varia automaticamente, de acordo com o contexto. Por exemplo, você pode incluir uma variável com o número da página que exiba o número total de páginas (por exemplo, pág. 1 de 15). Se a quantidade de páginas variar, esse número será atualizado.

6. Com a ferramenta *Tipo* (*Type*), clique no final do texto do cabeçalho e dê um espaço.

7. No menu *Tipo* (*Type*), clique em *Variáveis de texto/Inserir variável* (*Text Variables/Insert Variable*) e selecione a opção *Output Date*. Essa variável aplica a última data de impressão ou geração de um PDF do arquivo. Não se preocupe se a data exibida no arquivo for diferente da mostrada.

> Caesaris Commentariorum de Bello Gallico 13/03/09

Aplicando numeração automática de páginas

8. Aplique um zoom na parte inferior da página direita e, com a ferramenta *Seleção* (*Selection*), clique fora da página para desfazer qualquer seleção.

9. Pressione *Ctrl + D* e importe o arquivo *logo.psd* preparado no Photoshop.

10. Altere proporcionalmente a largura da ilustração para *40 mm* e encaixe-a proporcionalmente no quadro, pressionando as teclas de atalho *Alt + Shift + Ctrl + C*.

11. Posicione a ilustração no centro da página e a *4,5 mm* de distância da margem inferior. Se necessário, use uma guia para posicionar.

12. Crie um quadro de texto abaixo da ilustração e, no menu *Tipo* (*Type*), clique primeiro em *Inserir caractere especial/Marcadores* (*Insert Special Character/Markers*) e, depois, em *Número da página atual* (*Current Page Number*).

13. Uma letra *A* será colocada no quadro de texto. Selecione esse texto, mude o alinhamento para *Centralizado* (*Align Center*), a fonte (*Font*) para *Garamond*, tamanho (*Size*) *10 pt* e estilo (*Style*) *Regular*.

14. Altere os valores de *Recuo à esquerda da primeira linha* (*First Line Left Indent*) e *Espaço anterior* (*Space Before*) para *0 mm*, caso não estejam com esse valor. Por fim, ajuste a posição do quadro abaixo da ilustração.

15. Agrupe os dois itens, faça uma cópia e posicione-a na página esquerda.

16. Na lista de páginas, no canto inferior esquerdo da janela, selecione a página 5 e veja como ficaram os itens de cabeçalho e rodapé.

Ao criar um documento no InDesign, você pode escolher o número com que a primeira página vai começar. Por exemplo, se você precisa criar um documento que se inicie na página 3, basta especificar esse número no item *Nº de página inicial* (*Start #*) no quadro de diálogo *Novo documento* (*New Document*).

Você também pode alterar o número da página inicial no quadro de diálogo *Configurar documento* (*Document Setup*) do menu *Arquivo* (*File*), depois de criar um documento.

É importante saber que, se você especificar um número par e a opção de páginas opostas estiver ativada, o documento começará com duas páginas espelhadas.

17. Salve seu arquivo.

Importando estilos de outro documento

O próximo passo será obter os estilos de parágrafo que serão usados em todo o documento. Você já viu como criar estilos de caractere e de parágrafo. Nesta etapa, você vai usar estilos de outro documento em vez de criá-los.

18. Abra o painel *Estilos de parágrafo* (*Paragraph Styles*), clique no botão do canto superior direito para exibir o menu e selecione a opção *Carregar estilos de parágrafo* (*Load Paragraph Styles*).

19. Localize e selecione o arquivo *Base-estilos.indd*, disponível na pasta *Arquivos de trabalho/Capitulo4*. Esse arquivo já possui os estilos que serão usados nesse projeto.

20. Clique em *Abrir*, e o quadro *Carregar estilos* (*Load Styles*) será exibido, apresentando a lista de todos os estilos disponíveis no documento escolhido.

21. Desmarque o estilo *[Parágrafo básico]* (*[Basic Paragraph]*) e clique em *OK*. Veja que agora o painel *Estilos de parágrafo* (*Paragraph Styles*) já está com os estilos definidos.

22. Salve seu arquivo.

Atividade 2 – Editorando o texto

Objetivo:
» Editar o texto do projeto.

Tarefas:
» Importar e distribuir o texto com a opção *Fluxo de texto* (*Text Flow*).

» Trabalhar com o recurso *Quadro de texto principal* (*Master's primary text flow*).

» Aplicar capitulares e inserir símbolos.

» Criar notas de rodapé.

» Trabalhar com a *Lista com marcadores* (*Bulleted List*) e a *Lista numerada* (*Numbered List*) e ajustar a tabulação da lista.

» Definir colunas em um quadro de texto.

» Trabalhar com as opções *Transpor colunas* (*Span Columns*), *Dividir* (*Split Column*) e *Equilibrar colunas* (*Balance Columns*).

Importando e distribuindo o texto

Quando você importa um texto e clica sobre a página, é criado um quadro no qual será distribuído o texto, como você já fez em atividades anteriores. Como se trata de um texto longo, o quadro de texto vai informar que existe mais texto a ser exibido; sendo assim, você normalmente acrescentaria novas páginas e distribuiria o texto restante manualmente.

Mas há outras opções para executar essa importação e fazer com que o programa crie tantas páginas e quadros quantos forem necessários para a distribuição de todo o texto.

Importando e distribuindo com a opção Fluxo de texto (Text Flow)

1. No painel *Estilos de parágrafo* (*Paragraph Styles*), deixe selecionado o estilo *Textos*. Dessa forma, quando se fizer a importação do texto, ele receberá esse estilo automaticamente.

2. Pressione *Ctrl + D*, selecione o arquivo *Texto livro.doc* e ative a opção *Mostrar opções de importação* (*Show Import Options*). Clique no botão *Abrir*.

3. No quadro de diálogo *Opções de importação do Microsoft Word* (*Microsoft Word Import Options*), clique na opção *Remover estilos e formatação de texto e de tabela* (*Remove Styles and Formating from Text and Tables*) no item *Formatação* (*Formating*). Essa opção remove todas as formatações do arquivo em Word no momento da importação, permitindo assim que o texto receba o estilo selecionado no painel *Estilos* (*Styles*).

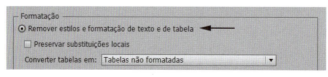

4. Clique em *OK*, pressione a tecla *Shift* e observe que no ícone será exibida uma seta curva indicando fluxo.

5. Mantendo a tecla *Shift* pressionada, posicione o cursor no canto superior esquerdo das margens da página 5 e clique. O InDesign fará a distribuição do texto, e serão criadas novas páginas em número suficiente para conter todo o texto.

6. Confira na lista de páginas, no canto inferior esquerdo da janela, a nova quantidade de páginas.

Veja, na tabela a seguir, as opções desse recurso com a utilização das teclas *Shift* e *Alt*:

	Fluxo de texto manual (*Manual text Flow*).	Adiciona texto a um quadro por vez. É preciso recarregar o ícone de texto para continuar o fluxo de texto.
	Fluxo semiautomático (*Semi-autoflow*): mantenha pressionada a tecla *Alt* ao clicar.	Funciona como o fluxo de texto manual, porém o ponteiro se transforma em um ícone de texto carregado toda vez que chega ao fim de um quadro, até que todo o texto tenha fluído para o documento.
	Fluxo automático (*Autoflow*): mantenha pressionada a tecla *Shift* ao clicar.	Adiciona páginas e quadros, até que todo o texto tenha fluído para o documento.
	Fluxo automático de página fixa (*Fixed-page autoflow*): mantenha pressionadas as teclas *Shift* + *Alt* ao clicar.	Faz fluir todo o texto para o documento, adicionando quadros, conforme o necessário, sem adicionar páginas. O restante é texto com excesso de tipos.

7. Navegue entre as páginas para conferir o cabeçalho e o rodapé.

Trabalhando com o recurso Quadro de texto principal (Master's primary text flow)

Para determinados trabalhos, as opções de *Fluxo de texto* (*Text Flow*) são suficientes, mas, para outros, há mais uma opção para importar e distribuir textos: o *Quadro de texto principal* (*Master's primary text flow*).

Para entender a praticidade desse recurso, imagine que, em certas páginas, seja necessário inserir ilustrações ou fotos. Normalmente, você modificaria a largura ou a altura dos quadros de texto diretamente nas páginas e acrescentaria os itens, como mostra a figura a seguir:

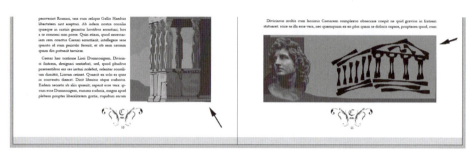

Para um projeto com poucas páginas, isso não seria problema, mas, para um documento longo, isso significaria muito trabalho. Portanto, confira as vantagens de trabalhar com o *Quadro de texto principal* (*Master's primary text flow*):

- Quando você importa um texto, ele o distribui e cria as páginas necessárias para todo o texto.

- Você pode criar páginas-mestre com diferentes layouts de *Quadro de texto principal* (*Master's primary text flow*) e quadros de retângulo para receber elementos gráficos e imagens. Ao aplicá-las ao documento, seu texto fluirá de um quadro para outro, sem que você precise fazer nenhum ajuste.

Acrescentando Quadros de texto principal *(*Master's primary text flow*)*

Você vai importar o texto novamente trabalhando com esse recurso, mas antes deve preparar as páginas-mestre, incluindo o *Quadro de texto principal* (*Master's primary text flow*).

8. No menu *Arquivo* (*File*), clique em *Reverter* (*Revert*) para voltar à versão de seu documento antes da importação.

9. Abra o painel *Páginas* (*Pages*) e dê duplo clique na página-mestre *A-Conteúdo* para editá-la.

10. Selecione a ferramenta *Quadro de retângulo* (*Rectangle Frame*) e desenhe um quadro dentro das margens da página esquerda.

11. Ative a ferramenta *Seleção* (*Selection*), clique com o botão direito do mouse dentro do quadro e selecione a opção *Conteúdo/Texto* (*Content/Text*). Agora, seu quadro é um quadro de texto e você pode ver a indicação disso próximo ao canto superior esquerdo do quadro.

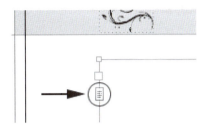

12. Ao pousar o cursor do mouse sobre esse símbolo, o InDesign informará que basta clicar para tornar esse quadro de texto um *Quadro de texto principal* (*Master's primary text flow*). Portanto, dê um clique sobre o símbolo e ele mudará de formato.

É permitida a criação de apenas um *Quadro de texto principal* (*Master's primary text flow*) na página-mestre, mesmo que ela seja espelhada. Sendo assim, para que seu texto seja também distribuído na página direita, é preciso dar continuidade ao mesmo quadro de texto.

13. Com a ferramenta *Seleção* (*Selection*) e o quadro de texto selecionado, dê um clique no pequeno quadrado próximo ao canto inferior direito. Você estará indicando ao InDesign que esse quadro deve continuar em outro ponto.

14. Desenhe um quadro na página direita, dentro das margens. Observe que ele também tem o símbolo de *Quadro de texto principal* (*Master's primary text flow*), mas não se trata de um novo quadro, e sim da continuação do primeiro.

15. No painel *Páginas* (*Pages*), dê um duplo clique na página 5 para exibi-la e, no painel *Estilo de parágrafo* (*Paragraph Styles*), selecione o estilo *Textos*.

16. Pressione *Ctrl + D*, selecione o arquivo *Texto livro.doc* e ative a caixa *Mostrar opções de importação* (*Show Import Options*), caso ela não esteja ativada. Clique em *Abrir*.

17. No item *Formatação* (*Formatting*) do quadro, ative a opção *Remover estilos e formatação de texto e de tabela* (*Remove Styles and Formatting From Text and Tables*), caso ela não esteja ativa, e clique em *OK* para carregar o texto no cursor.

18. Clique dentro da página 5 e o InDesign distribuirá o texto criando as páginas necessárias, automaticamente.

Preparando a página-mestre

Agora, você vai preparar a página-mestre específica para a colocação das ilustrações, baseada na página-mestre *A-Conteúdo* que já contém o *Quadro de texto principal* (*Master's primary text flow*).

19. Abra o painel *Páginas* (*Pages*), clique com o botão direito do mouse sobre a página-mestre *A-Conteúdo* e selecione a opção *Duplicar página-mestre espelhada "A-Conteúdo"* (*Duplicate Master Spread "A-Conteúdo"*).

20. Clique com o botão direito do mouse sobre a nova página-mestre criada, *C-Página-mestre* (*C-Master*), selecione *Opções da página-mestre "C-Página-mestre"* (*Master Options for "C-Master"*) e altere o nome para *Conteúdo 2*. Clique em *OK*.

21. Selecione o *Quadro de texto principal* (*Master's primary text flow*) da página esquerda, altere somente a largura para *85 mm* e coloque-o encostado na margem esquerda da página. Na página direita, altere a altura do quadro para *143 mm* e mantenha-o encostado na margem superior.

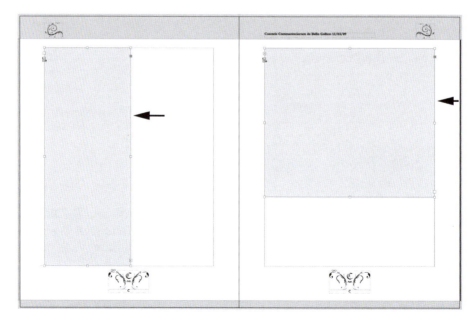

22. Ative a ferramenta *Quadro de retângulo* (*Rectangle Frame*) e crie dois quadros: um na página direita, com *64 mm* de altura, posicionado abaixo do quadro de texto e apoiado na margem inferior, e outro na página esquerda, com *77 mm* de largura, posicionado ao lado do quadro de texto e encostado na margem direita da página.

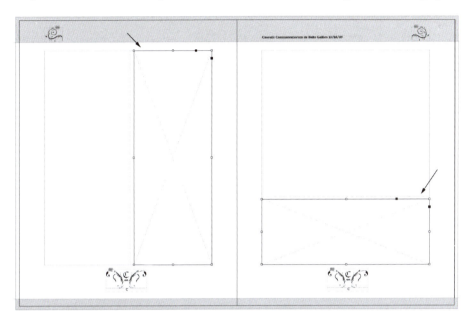

Aplicando a página-mestre

23. No painel *Páginas* (*Pages*), localize as páginas 10-11 e dê duplo clique para exibi-las na área de trabalho.

24. Clique sobre a página-mestre *C-Conteúdo 2* esquerda, no painel *Páginas* (*Pages*), e arraste-a para cima da página 10, também no painel *Páginas* (*Pages*). Em seguida, faça o mesmo com a página-mestre *C-Conteúdo 2* direita, arrastando-a para cima da página 11.

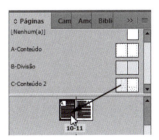

25. Pressione *Ctrl + D*, localize e importe o arquivo *terraço.jpg* e, em seguida, clique sobre o *Quadro de retângulo* (*Rectangle Frame*) da página esquerda. A ilustração se encaixará nele.

26. Repita o procedimento anterior e importe o arquivo *ilustração grega.jpg*. Depois, clique no quadro da página direita.

27. No painel *Controle* (*Control*), clique no botão *Ajustar conteúdo proporcionalmente* (*Fit Content Proportionally*) e veja o resultado final das páginas.

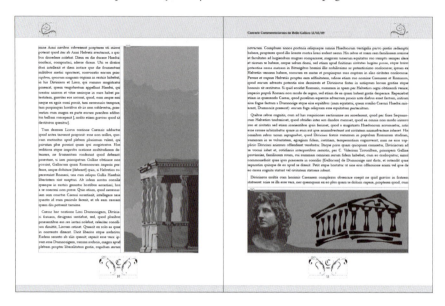

Você viu como é simples tornar seu trabalho mais prático com o uso desse recurso, mas lembre-se de que é importante planejar seu projeto antes, a fim de obter o melhor resultado possível.

28. Salve seu arquivo.

Aplicando capitulares

Capitular é a letra cujo tamanho abrange várias linhas, sobressaindo-se ou embutindo-se nelas e, assim, destacando-se no texto.

1. Na página 5, apague o texto *Liber Primus* e remova as linhas em branco até o parágrafo seguinte ficar no início do quadro.

Para facilitar o trabalho, você vai criar um estilo para aplicar a capitular onde desejar.

2. No painel *Estilos de parágrafo* (*Paragraph Styles*), clique com o botão direito do mouse sobre o estilo *Textos* e selecione a opção *Duplicar estilo* (*Duplicate Style*).

3. No quadro *Duplicar estilo de parágrafo* (*Duplicate Paragraph Style*), altere o nome para *Textos Capitular*. No item *Recuos e espaçamento* (*Indents and Spacing*), altere o valor da caixa *Recuo na primeira linha* (*First Line Indent*) para *0*.

4. Clique no item *Capitulares e estilos aninhados* (*Drop Caps and Nested Styles*) e, na caixa *Linhas* (*Lines*), altere o valor para *3*, o que indica que a letra capitular terá a altura de três linhas.

5. A caixa *Caracteres* (*Characters*) indica o número de letras que vão se tornar capitulares; neste caso, o valor será *1*.

6. Clique no botão *OK* para finalizar e, com o cursor de texto piscando no início do parágrafo, aplique o estilo criado.

> **G**allia est omnis divisa in partes tres, quarun qui ipsorum lingua Celtae, nostra Galli app ter se differunt. Gallos ab Aquitanis Garun Horum omnium fortissimi sunt Belgae, propterea q

INSERINDO SÍMBOLOS

Você já utilizou o item *Inserir caractere especial* (*Insert Special Character*) para colocar a numeração automática de páginas por meio do item *Marcadores* (*Markers*). Outra opção desse recurso é a inserção de símbolos.

1. Vá até a página 2 e aplique um zoom no texto localizado na parte inferior da página. Será preciso colocar o símbolo de copyright em dois locais desse texto.

2. Com a ferramenta *Tipo* (*Type*), deixe o cursor piscando após a palavra *Copyright* e, depois dela, dê um espaço.

3. No menu *Tipo* (*Type*), clique em *Inserir caractere especial/Símbolos* (*Insert Special Character/Simbols*) e selecione a opção *Símbolo de direito autoral* (*Copyright Symbol*), e o símbolo será aplicado. Em seguida, faça o mesmo colocando o símbolo antes do nome do autor e altere o ano para *2021*.

Copyright © 2009 Editora Senac São Paulo

Adobe InDesign é marca registrada da Adobe Systems Incorporated

© Marcos Serafim de Andrade, 2021

4. Ative a ferramenta *Seleção* (*Selection*) e salve seu arquivo.

Criando notas de rodapé

As notas de rodapé no InDesign consistem de duas partes conectadas, sendo uma o número de referência, colocado ao lado do texto, e outra o texto da nota de rodapé, inserido no final da página referente. Você pode digitar as notas ou importá-las de um arquivo do Microsoft Word ou de um arquivo no formato RTF. Essas notas são numeradas automaticamente à medida que vão sendo inseridas no texto.

A numeração das notas reinicia quando você aplica uma nova *Matéria* (*Story*) (lembrando que cada texto importado para o InDesign é uma *Matéria – Story*). Por meio dos estilos de parágrafo e de caractere, você tem todo o controle sobre a formatação da aparência dos números e do texto das notas de rodapé.

1. Antes de inserir as notas, crie o estilo de parágrafo para aplicar em seu texto. Abra o painel *Estilos de parágrafo* (*Paragraph Styles*), selecione o estilo *Parágrafo básico* (*Basic Paragraph*) e clique no botão *Criar novo estilo* (*Create New Style*).

2. Dê duplo clique sobre o estilo criado, altere o nome para *Notas de rodapé*, a família de fontes para *Arial*, estilo *Italic* e tamanho *8 pt*. Clique em *OK* para finalizar.

3. Vá para a página 5, aplique um zoom na base da página e, com a ferramenta *Tipo* (*Type*), dê um clique logo após a palavra *Perfacile*.

in civitate obtinebat ac maxime plebi acceptus erat, ut idem conare matrimonium dat. Perfacile factu esse illis probat conata perficere imperium obtenturus esset non esse dubium quin totius Galliae copiis suoque exercitu illis regna conciliaturum confirmat. Hac or iurandum dant et regno occupato per tres potentissimos ac firmi potiri posse sperant.

4. No menu *Tipo* (*Type*), clique na opção *Inserir nota de rodapé* (*Insert Footnote*). O número de referência será colocado ao lado do texto, e a nota será inserida no final da página, com o cursor aguardando que você digite o texto. Digite *Teste de nota de rodapé*.

in civitate obtinebat ac maxime plebi acceptus erat, ut idem matrimonium dat. Perfacile[1] factu esse illis probat conata pe imperium obtenturus esset non esse dubium quin totius G copiis suoque exercitu illis regna conciliaturum confirmat. F iurandum dant et regno occupato per tres potentissimos ac potiri posse sperant.

_____

1   Teste de nota de rodapé

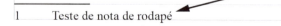

5. No menu *Tipo* (*Type*), clique em *Opções de nota de rodapé do documento* (*Document Footnote Options*) para poder formatar o texto.

No quadro de diálogo *Opções de nota de rodapé* (*Footnote Options*), você pode escolher um estilo para o número de referência em *Estilo* (*Style*), definir em que número deve iniciar a contagem das notas na caixa *Iniciar em* (*Start at*) e reiniciar a numeração ou até escolher um prefixo.

No item *Formatação* (*Formatting*), você define a posição do número e o *Estilo de caractere* (*Character Style*) a ser aplicado, assim como o *Estilo de parágrafo* (*Paragraph Style*) para formatar o texto da nota.

6. Clique na seta da caixa *Estilo de parágrafo* (*Paragraph Style*) e selecione o estilo que você criou para as notas.

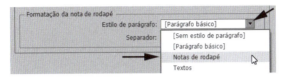

7. Clique na guia *Layout* (*Layout*) do quadro. Nessa área, você pode formatar a posição e a aparência da linha da nota, além de outros itens. Nesse caso, na caixa *Largura* (*Width*), altere o valor para *40 mm* e clique no botão *OK* para finalizar.

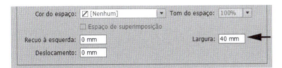

8. Escolha outra palavra, insira mais uma nota de rodapé e, para o texto da nota, digite *Segundo teste de nota de rodapé*. Veja o resultado.

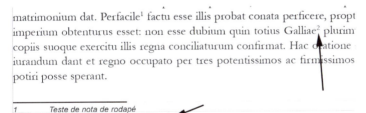

9. Salve seu arquivo.

Conhecendo a Lista com marcadores (Bulleted List) e a Lista numerada (Numbered List)

Aplicando a *Lista com marcadores* (*Bulleted List*), cada parágrafo inicia com um caractere; na *Lista numerada* (*Numbered List*), ele inicia com um número ou uma letra. Nesse caso, a sequência será atualizada automaticamente.

1. Vá para a página 6 e localize a lista:

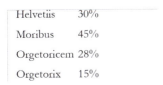

2. Ative a ferramenta *Tipo* (*Type*), selecione os quatro itens da lista e, no painel *Controle* (*Control*), clique no botão *Lista com marcadores* (*Bulleted List*).

- Helvetiis 30%
- Moribus 45%
- Orgetoricem   28%
- Orgetorix   15%

3. Mantenha os itens ainda selecionados e, com a tecla *Alt* pressionada, clique novamente no botão *Lista com marcadores* (*Bulleted List*) para abrir o quadro de diálogo *Marcadores e numeração* (*Bullets and Numbering*). Nele, ative a opção *Visualizar* (*Preview*) para acompanhar as alterações.

Em *Tipo de lista* (*List Type*), você pode remover a opção de lista ou mudar de *Marcador* (*Bullets*) para *Números* (*Numbers*). No item *Caractere do marcador* (*Bullet Character*), você escolhe um caractere, podendo adicionar um novo, de acordo com a fonte.

4. Clique no botão *Adicionar* (*Add*) para exibir outro quadro para a escolha de outro caractere. No item *Família de fontes* (*Font Family*), selecione a fonte *Wingdings*. Em seguida, selecione o caractere indicado na figura e clique em *OK*.

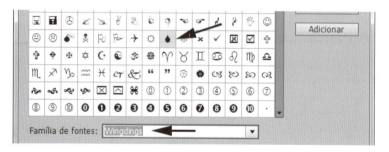

5. Em *Caractere do marcador* (*Bullet Character*), clique no caractere escolhido e veja o resultado na lista selecionada.

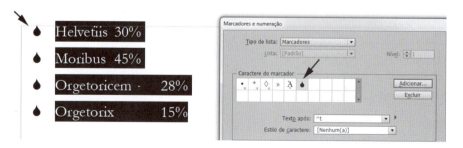

6. Clique no botão *OK* para finalizar e deixe apenas uma linha em branco após a lista e o próximo parágrafo.

Ajustando a tabulação da lista

A tabulação é ajustada por meio de uma caixa de diálogo flutuante exibida na área de trabalho. Sendo assim, você pode posicioná-la onde necessitar para fazer o ajuste no texto selecionado.

7. Com a lista selecionada, no menu *Tipo* (*Type*), clique na opção *Tabulações* (*Tabs*). Será exibida a caixa de diálogo *Tabulações* (*Tabs*).

São quatro opções disponíveis na régua e em forma de botões. Basta clicar no botão de tabulação desejado e ajustar a posição clicando e arrastando o marcador diretamente na régua. Também é possível digitar o valor na caixa *X*. Além disso, você pode ajustar os recuos do parágrafo movendo seus marcadores na mesma régua.

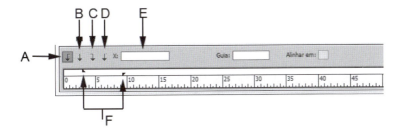

A – Tabulação justificada à esquerda (*Left-Justified Tab*).

B – Tabulação centralizada (*Center-Justified Tab*).

C – Tabulação justificada à direita (*Right-Justified Tab*).

D – Tabulação decimal (ou alinhada com outro caractere especificado) (*Align to Decimal* (*Or Other Specified Character*) *Tab*).

E – Posição da tabulação.

F – Recuos.

8. Para que a caixa fique alinhada ao texto selecionado, para facilitar os ajustes, caso ela ainda não esteja, clique no ímã do lado direito da caixa e ela vai aderir à parte superior da coluna que inclui a seleção ou o ponto de inserção.

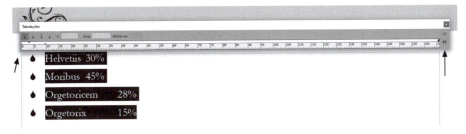

Se necessário, você pode ajustar a largura da caixa posicionando o cursor na lateral direita, clicando e arrastando.

9. Mantenha selecionado o marcador *Tabulação justificada à esquerda* (*Left-Justified Tab*), dê um clique na área branca, logo acima da escala da régua e próximo à posição *10*, e observe o valor na caixa de posição.

10. Veja que o marcador está selecionado. Altere o valor na caixa *posição* para *10* e tecle *Enter*. Dessa forma, ele será reposicionado.

11. Clique próximo à posição *50* para definir um novo marcador e, em seguida, ajuste-o digitando *50* na caixa *posição*.

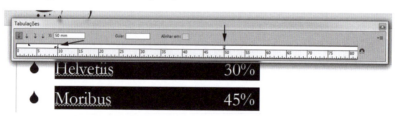

12. Na caixa *Guia* (*Leader*), você define um caractere para preencher o espaço entre uma tabulação e outra. Portanto, mantenha selecionado o marcador da posição *50* e, na caixa *Guia* (*Leader*), digite um ponto final (.) e tecle *Enter*.

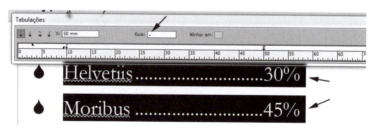

A opção *Alinhar em* (*Align On*) ficará disponível se você utilizar o botão de *Tabulação decimal* (*Align to Decimal*). Nela, você define um caractere especial onde a tabulação deve ser aplicada, como dois pontos (:) ou o símbolo de moeda ($).

13. Feche a caixa de tabulação.

14. Depois do próximo parágrafo, existe outra lista. Seguindo os mesmos procedimentos anteriores, formate a lista como mostra a figura e, dessa vez, utilizando a *Lista numerada* (*Numbered List*).

trantur, quin ipse sibi mortem consciverit.

I. Caesar Remos

II. Diviciacum Haeduum

III. Haedui Bellovacorum

IV. Remorum finibus

V. Titurium Sabinum

Post eius mortem nihilo minus Helvetii id quod

15. Deixe apenas uma linha em branco após a lista e o parágrafo subsequente, e salve seu arquivo.

DEFININDO COLUNAS EM UM QUADRO DE TEXTO

Até o momento, você criou colunas em um documento manualmente, para distribuir o texto. Mas um quadro de texto pode ser dividido em colunas, além de haver outros recursos que auxiliam o ajuste do layout do texto.

1. Navegue até a página 105 e, com a ferramenta *Tipo* (*Type*), selecione o título, altere as configurações do recuo da esquerda na primeira linha para *0*, o estilo da fonte para *Bold* e o tamanho para *18 pt*.

Pompeius Caesarem legionem primam

Cum omnes regiones Galliae togatae Caesar percucurrisset, summa celeritate ad exercitum Nemetocennam rediit legionibusque ex omnibus hibernis ad fines Treverorum evocatis eo profectus est ibique

2. Em seguida, mais abaixo no texto, selecione a lista de itens e clique no botão *Lista com marcadores* (*Bulleted List*). Retire também as linhas em branco antes e depois da lista.

fore Galliam, si Belgae, quorum maxima virtus, Aedui, quor continerentur. Ipse in Italiam profectus est.

- Caesar tamen
- Aeduos deducit
- Belgio collocat
- Pompeio traditas
- Caesarem pararetur
- Caesar omnia

Quo cum venisset, cognoscit per C. Marcellum consulem leg

3. Com a ferramenta *Seleção* (*Selection*), selecione o quadro de texto e, no painel *Controle* (*Control*), altere o número de colunas para *2* na caixa *Número de colunas* (*Number of Columns*) e a *Medianiz* (*Gutter*) para *6 mm*, na caixa logo abaixo. Observe como ficou seu texto.

Opção Transpor colunas *(Span Columns)*

Observe que o título é muito grande para a largura da coluna e, por esse motivo, ficou quebrado em linhas, dando um aspecto ruim ao texto. Com a opção *Transpor colunas (Span Columns)*, você pode fazer com que um texto selecionado transponha quantas colunas você desejar.

4. Com a ferramenta *Tipo* (*Type*), selecione o título e, no painel *Controle* (*Control*), abra o menu de opções e clique em *Transpor colunas* (*Span Columns*).

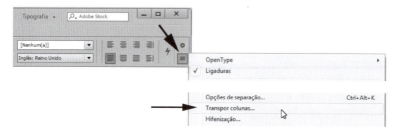

5. No quadro *Transpor colunas* (*Span Columns*), selecione a opção *Transpor colunas* (*Span Columns*), no item *Layout de parágrafo* (*Paragraph Layout*). Em *Transpor* (*Span*), defina *Tudo* (*All*). Mantenha a opção *Visualizar* (*Preview*) ativa e veja o resultado no texto.

6. Você também pode definir nesse quadro o espaço antes e depois da transposição. Nesse caso, altere apenas o valor do *Espaço após a transposição* (*Space After Span*) para 5 mm e clique no botão *OK* para finalizar.

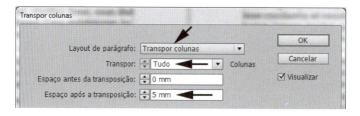

Opção Dividir *(Split Column)*

A opção *Dividir* (*Split Column*), também disponível no menu de opções da caixa *Transpor colunas* (*Span Columns*), divide o texto selecionado dentro de uma coluna em subcolunas.

7. Selecione a lista de itens com a ferramenta *Tipo* (*Type*), altere o tamanho da fonte para *11 pt* e, no painel *Controle* (*Control*), abra seu menu de opções e clique em *Transpor colunas* (*Span Columns*).

8. No quadro, selecione *Dividir coluna* (*Split Column*) no item *Layout de parágrafo* (*Paragraph Layout*). Em *Subcolunas* (*Sub-columns*), defina *2* e, em *Medianiz interna* (*Inside Gutter*), reduza o valor para *0*. Você pode fazer o mesmo por meio do menu de opções do painel *Parágrafo* (*Paragraph*).

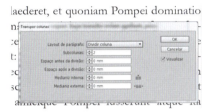

Opção Equilibrar colunas *(Balance Columns)*

Esta opção ajusta a distribuição do texto entre as colunas, procurando deixá-las alinhadas.

9. Com a ferramenta *Tipo* (*Type*) ativa, coloque o cursor no final do texto e remova as linhas em branco, deixando o cursor de texto piscando no final dele. Assim, quando você equilibrar as colunas, as linhas em branco não vão interferir.

10. Com a ferramenta *Seleção* (*Selection*), selecione o quadro de texto e, no painel *Controle* (*Control*), clique no botão *Equilibrar colunas* (*Balance Columns*) e veja o resultado.

11. Salve o arquivo.

Notas de rodapé fluindo entre colunas

Quando você inseriu notas de rodapé, lembre-se que elas foram colocadas na extensão do quadro de texto. Mas quando o quadro está dividido em colunas, elas normalmente obedecerão à largura da coluna em que forem inseridas. Porém, você tem a opção de fazê-las fluir entre as colunas do quadro de texto.

12. Aplique um zoom na base da página 105 e insira duas notas de rodapé, como mostra a figura a seguir. Lembre-se de que basta deixar o cursor de texto no fim da palavra e, no menu *Tipo* (*Type*), clicar em *Inserir nota de rodapé* (*Insert Footnote*).

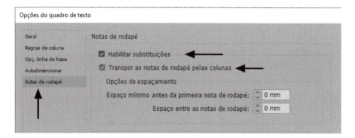

13. Com a ferramenta *Seleção* (*Selection*), selecione o quadro de texto, clique com o botão direito do mouse sobre ele e selecione *Opções do quadro de texto* (*Text Frame Options*).

14. No quadro, clique na guia *Notas de rodapé* (*Footnotes*), depois em *Habilitar substituições* (*Enable Overrides*) e, em seguida, em *Transpor as notas de rodapé pelas colunas* (*Span Footnotes Across Columns*).

15. Clique em *OK* para finalizar e veja o resultado.

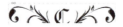

16. Salve o arquivo.

240 – Adobe InDesign

Atividade 3 – Trabalhando com tabelas

Objetivo:
» Conhecer os recursos para criar e formatar tabelas.

Tarefas:
» Criar uma tabela e inserir conteúdo.
» Criar uma tabela a partir de um texto.
» Editar a tabela.
» Mesclar células.
» Trabalhar com estilos de tabelas e células.
» Inserindo imagens em tabelas.
» Formatando uma célula gráfica.

Tabelas

Uma tabela é formada por linhas, colunas e células, que podem comportar textos, símbolos, gráficos e imagens, pois as células são quadros como os que você já utilizou.

A tarefa de criar uma tabela quando se está editorando sempre dá trabalho, mas o InDesign está preparado para facilitar o processo com uma série de recursos para torná-lo mais simples.

As tabelas podem ser criadas do zero, a partir de um texto existente ou mesmo importadas de outros aplicativos, como o Microsoft Excel.

Criando uma tabela em um quadro existente

Toda tabela no InDesign é criada dentro de um quadro de texto. Nesta etapa, você vai criá-la no quadro de texto de seu projeto e, depois, digitar as informações.

1. Altere a área de trabalho para *Avançado* (*Advanced*), utilizando o botão *Alternador da área de trabalho* (*Workspace Switcher*), e abra o arquivo *Livro Caesaris*, caso o tenha fechado.

2. Na página 6 de seu arquivo, insira algumas linhas após o próximo parágrafo depois da lista que você criou. Utilize a tecla *Enter* do teclado alfabético.

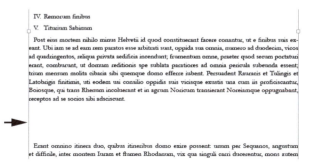

3. Deixe o cursor de texto na segunda linha livre e, no menu *Tabela* (*Table*), clique na opção *Inserir tabela* (*Insert Table*) para exibir o quadro de diálogo e definir a estrutura de sua tabela.

4. Na caixa *Linhas de corpo* (*Body Rows*), ajuste o valor para *4* para definir o número de linhas da tabela e, na caixa *Colunas* (*Columns*), ajuste para *3*, definindo o número de colunas.

As caixas *Linhas de cabeçalho* (*Header Rows*) e *Linhas de rodapé* (*Footer Rows*) são usadas quando a tabela for extensa e passar de uma página para outra. Assim, você pode fazer com que o cabeçalho e o rodapé da tabela se repitam na página seguinte, ou seja, na continuação da tabela.

5. Para essa atividade, defina *0* para as caixas *Linhas de cabeçalho* (*Header Rows*) e *Linhas de rodapé* (*Footer Rows*) e clique no botão *OK* para criar a tabela.

Boiosque, qui trans Rhenum incoluerant et in agrum Noricum transierant Noreiamque oppugnabant, receptos ad se socios sibi adsciscunt.

Erant omnino itinera duo, quibus itineribus domo exire possent: unum per Sequanos, angustum et difficile, inter montem Iuram et flumen Rhodanum, vix qua singuli carri ducerentur, mons autem

Ao digitar os dados da tabela, use a tecla *Tab* para mudar de coluna. Se o cursor estiver na última coluna, também tecle *Tab* para mudar de linha. As setas direcionais do teclado são usadas para mudar de linha a qualquer momento.

6. Clique na primeira célula da primeira coluna para posicionar o cursor de texto e digite as informações mostradas a seguir. Digite normalmente, sem se preocupar com a formatação.

Produto	Código	Quantidade
Livro	A120	1000
Catálogo	B250	2000
Folheto	C350	3000

Selecionando linhas, colunas e células

Para selecionar uma linha ou coluna na tabela, basta posicionar o cursor próximo à linha ou coluna, e uma seta preta será exibida.

7. Posicione o cursor no topo da primeira coluna, dê um clique e ela será selecionada.

Produto	Código	Quantidade
Livro	A120	1000
Catálogo	B250	2000
Folheto	C350	3000

8. O mesmo pode ser feito para a seleção de linhas. Posicione o cursor na primeira linha da tabela e dê um clique, a linha será selecionada.

Produto	Código	Quantidade
Livro	A120	1000
Catálogo	B250	2000

Quando você seleciona uma tabela ou partes dela, no painel *Controle* (*Control*) são exibidas as opções de formatação.

9. Estando ainda com a primeira linha selecionada, altere a fonte para *Arial*, tamanho *9 pt*, estilo *Bold* e alinhamento *Centralizado* (*Align Center*).

10. No painel *Amostras* (*Swatches*), ative a opção *Preenchimento* (*Fill*) e aplique a cor *Azul* (*C=100, M=0, Y=0, K=0*).

11. Selecione as demais linhas da tabela posicionando o cursor em frente à segunda linha, clicando e arrastando para selecionar as demais.

12. Altere a fonte para *Arial*, tamanho *9 pt*, estilo *Regular* e alinhamento *Centralizado* (*Align Center*).

Produto	Código	Quantidade
Livro	A120	1000
Catálogo	B250	2000
Folheto	C350	3000

Para selecionar toda a tabela com a ferramenta *Tipo* (*Type*), basta clicar e arrastar o cursor da primeira célula até a última, ou então colocar o cursor próximo ao canto superior esquerdo da tabela e dar um clique.

Alterando a altura das linhas e a largura das colunas

A altura das linhas e a largura das colunas podem ser alteradas diretamente na tabela com o uso do cursor. Ao posicionar o cursor na base de uma linha ou lateral direita de uma coluna, o cursor muda para uma seta de duas pontas, bastando assim clicar e arrastar para fazer a alteração.

Clique e arraste para alterar a largura da coluna

Produto	Código	Quantidade
Livro	A120	1000
Catálogo	B250	2000
Folheto	C350	3000

Clique e arraste para alterar a altura da linha

Para fazer uma alteração precisa, você pode usar as caixas *Altura da linha* (*Row Height*) e *Largura da coluna* (*Column Width*) no painel *Controle* (*Control*).

13. Selecione a primeira linha da tabela e, na caixa *Altura da linha* (*Row Height*), selecione a opção *Exatamente* (*Exactly*) e digite o valor *8 mm* na caixa ao lado.

14. Faça o mesmo para as demais linhas, mas ajuste o valor para *6,5 mm*.
15. Selecione a primeira coluna e altere a largura para *40 mm*.

Você pode alinhar o texto verticalmente em relação à célula com as quatro opções disponíveis no painel *Controle* (*Control*).

A – Alinhar parte superior (*Align Top*).

B – Centralizar (*Align Center*).

C – Alinhar parte inferior (*Align Bottom*).

D – Justificar verticalmente (*Justify vertically*).

16. Selecione toda a tabela e clique no botão *Centralizar* (*Align Center*).

Configurando as linhas de contorno

As linhas de contorno da tabela podem ser formatadas também no painel *Controle* (*Control*). Na representação em miniatura de uma tabela, as linhas em azul indicam as linhas selecionadas para a formatação, lembrando que a tabela deve estar selecionada para o painel exibir essas opções.

17. Se as linhas internas estiverem selecionadas, clique para desfazer a seleção na própria miniatura do painel *Controle* (*Control*).

18. Escolha, do lado esquerdo, a espessura da linha e seu estilo. Selecione a espessura *3 pt* e o estilo *Grosso-Grosso* (*Thick-Thick*).

19. Selecione a segunda e a terceira coluna e altere a largura para *30 mm* na caixa *Largura da coluna* (*Column Width*).

20. Clique fora da tabela, mas na linha do quadro de texto que a contém, pois assim o cursor de texto ficará piscando ao lado da tabela. Em seguida, no painel *Controle* (*Control*), serão exibidas as opções de formatação de texto. Clique na opção *Centralizar* (*Align Center*), e a tabela será centralizada no quadro de texto.

Boiosque, qui trans Rhenum incoluerant et in agrum Noricum transierant Noreiamque oppugnabant, receptos ad se socios sibi adsciscunt.

Produto	Código	Quantidade
Livro	A120	1000
Catálogo	B250	2000
Folheto	C350	3000

Erant omnino itinera wwduo, quibus itineribus domo exire possent: unum per Sequanos, angustum et difficile, inter montem Iuram et flumen Rhodanum, vix qua singuli carri ducerentur, mons autem

Alterando o espaçamento antes ou depois de uma tabela

21. Remova as linhas em branco, entre o fim do parágrafo e o início da tabela, e após a tabela e o início do próximo parágrafo.

22. Selecione toda a tabela e, no menu *Tabela* (*Table*), clique em *Opções de tabela/ Configurar tabela* (*Table Options/Table Setup*) ou pressione as teclas de atalho *Ctrl + Alt + Shift + B*.

23. No quadro *Opções de tabela* (*Table Options*), clique na aba *Configurar tabela*, caso ela não esteja selecionada.

Todas as formatações e as alterações que você fez na tabela podem também ser feitas com o quadro *Opções de tabela* (*Table Options*).

No item *Espaçamento de tabela* (*Table Spacing*), você determina em milímetros quanto espaço deve haver entre os parágrafos de texto e a tabela. Você pode ativar a opção *Visualizar* (*Preview*) para ver as alterações antes de confirmar.

24. Altere o *Espaço anterior* (*Space Before*) para *3 mm* e o *Espaço posterior* (*Space After*) para *1 mm*.

25. Salve seu arquivo.

CRIANDO UMA TABELA A PARTIR DE UM TEXTO

Se você já tiver um texto digitado, poderá convertê-lo facilmente em uma tabela, mas é importante verificar se o texto tem os separadores corretos para a identificação de colunas. Esses separadores podem ser tabulações, vírgulas e entradas de parágrafo (tecla *Enter*).

Na página 7 há um texto que você vai converter em tabela. Esse texto já está preparado para ser convertido, pois no momento da digitação foram aplicadas tabulações para separar os itens.

1. Para conferir se realmente está com as tabulações, no menu *Tipo* (*Type*), clique na opção *Mostrar caracteres ocultos* (*Show Hidden Characters*), ou pressione as teclas *Alt + Ctrl + I*. Esse recurso exibe todos os caracteres não imprimíveis.

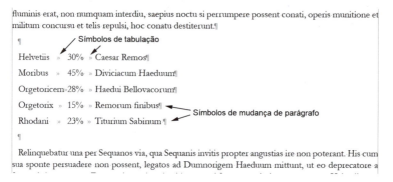

2. Pressione *Alt + Ctrl + I* para ocultar os caracteres e, com a ferramenta *Tipo* (*Type*), selecione todas as linhas, abra o menu *Tabela* (*Table*) e clique na opção *Converter texto em tabela* (*Convert Text to Table*).

3. No quadro de diálogo, as opções para *Separador de coluna* (*Column Separator*) e *Separador de linha* (*Row Separator*) permitem que você escolha o tipo de separador. Neste caso, eles são *Tabulação* (*Tab*) e *Parágrafo* (*Paragraph*), respectivamente. Mantenha essas opções e clique no botão *OK*.

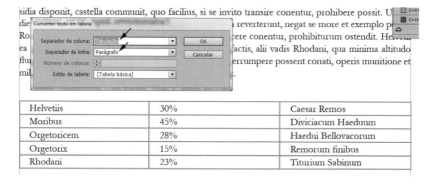

4. No menu *Janela* (*Window*), clique na opção *Tipo e tabelas/Tabela* (*Type & Tables/Table*), ou pressione as teclas de atalho *Shift + F9*. Será exibido o painel *Tabela*, que possui todas as opções para configurar as tabelas, assim como o painel *Controle* (*Control*).

5. Coloque o cursor no canto superior esquerdo da tabela e selecione-a com um clique.

6. Na caixa *Largura da coluna* (*Column Width*), altere o valor para *45 mm*. Em seguida, coloque o cursor no topo da coluna do meio, clique para selecioná-la e altere a largura para *20 mm*.

Helvetiis	30%	Caesar Remos
Moribus	45%	Diviciacum Haeduum
Orgetoricem	28%	Haedui Bellovacorum
Orgetorix	15%	Remorum finibus
Rhodani	23%	Titurium Sabinum

Inserindo e removendo linhas e colunas da tabela

Em sua tabela, você pode, de maneira bem simples, acrescentar ou remover linhas e colunas.

7. Você vai inserir uma coluna à esquerda dessa tabela. Selecione a primeira coluna, clique com o botão direito do mouse sobre ela e, no menu de contexto, clique em *Inserir/Coluna* (*Insert/Column*), ou pressione as teclas de atalho *Alt + Ctrl + 9*.

Escolha, no quadro de diálogo, quantas novas colunas você deseja criar e de que lado elas devem ser acrescentadas em relação à seleção atual.

8. Em *Número* (*Number*), digite *1* e deixe selecionada a opção *À esquerda* (*Left*). Clique no botão *OK*.

militum concursu et telis repulsi, hoc conatu destiterunt.

	Helvetiis	30%	Caesar Remos
	Moribus	45%	Diviciacum Haeduum
	Orgetoricem	28%	Haedui Bellovacorum
	Orgetorix	15%	Remorum finibus
	Rhodani	23%	Titurium Sabinum

9. Selecione a primeira linha, clique com o botão direito do mouse sobre a seleção e, no menu de contexto, clique em *Inserir/Linha* (*Insert/Row*), ou pressione as teclas de atalho *Ctrl + 9*.

Editorando documentos longos – 247

10. No quadro de diálogo *Inserir linha(s)* (*Insert Row(s)*), digite *1* em *Número* (*Number*), mantenha a opção *Acima* (*Above*) selecionada e clique em *OK*. Uma linha será acrescentada no topo da tabela.

	Helvetiis	30%	Caesar Remos
	Moribus	45%	Diviciacum Haeduum
	Orgetoricem	28%	Haedui Bellovacorum
	Orgetorix	15%	Remorum finibus
	Rhodani	23%	Titurium Sabinum

O mesmo procedimento deve ser usado se você necessitar excluir linhas ou colunas em sua tabela.

Mesclando células

11. Selecione a primeira linha da tabela e, no painel *Controle* (*Control*), clique no botão *Mesclar células* (*Merge Cells*).

12. Clique dentro da linha e digite o texto *Produção Mensal*.

13. Com a ferramenta *Tipo* (*Type*) ainda ativa, clique dentro da segunda célula na primeira coluna, arraste para baixo para selecionar as cinco células dessa coluna e, no painel *Controle* (*Control*), clique no botão *Mesclar células* (*Merge Cells*).

Produção Mensal	
	Helvetiis
	Moribus
	Orgetoricem
	Orgetorix
	Rhodani

Produção Mensal	
	Helvetiis
	Moribus
	Orgetoricem
	Orgetorix
	Rhodani

 O botão abaixo do item *Mesclar células* (*Merge Cells*) desfaz essa ação.

14. Clique dentro da célula mesclada e digite *Modelo*.

15. Mantenha o cursor piscando no final da palavra *Modelo* e, no painel *Tabela* (*Table*), clique no botão *Girar texto 270°* (*Rotate text 270°*).

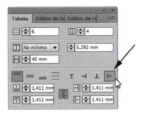

16. Altere a largura da célula para *7 mm*, selecione a palavra *Modelo* e centralize.

17. Remova as linhas em branco entre a tabela e o texto que a antecede e deixe apenas uma linha em branco após a tabela. Em seguida, salve seu arquivo.

Trabalhando com estilos de tabela e estilos de célula

Você já trabalhou com os estilos de parágrafo e os estilos de caractere, agora vai utilizar os mesmos recursos nas tabelas. No painel *Tabela* (*Table*), há mais duas guias: *Estilos de tabela* (*Table Styles*) e *Estilos de célula* (*Cell Styles*). É importante saber que os estilos de tabela controlam todo o seu visual, mas os textos dentro das tabelas só poderão ser formatados mediante os estilos de parágrafo e caractere.

1. Selecione toda a tabela e aplique o estilo de parágrafo *Textos*.

Criando um estilo de tabela

2. No painel *Estilos de tabela* (*Table Styles*), clique no botão *Criar novo estilo* (*Create new style*).

3. Dê duplo clique sobre o novo estilo para abrir o quadro de diálogo e, na caixa *Nome do estilo* (*Style Name*), digite *Tabela1*.

4. Do lado esquerdo, clique em *Configurar tabela* (*Table Setup*) e no item *Borda da tabela* (*Table Border*); na caixa *Espessura* (*Weight*), altere a espessura da linha para *3 pt*; e na caixa *Cor* (*Color*), altere a cor para *Verde*. Essas opções formatam somente a borda externa da tabela.

5. Na caixa *Tipo* (*Type*), selecione a opção *Grosso-Grosso* (*Thick-Thick*).

6. Clique no item *Preenchimentos* (*Fills*) e, do lado esquerdo, na caixa *Padrão alternado* (*Alternating Pattern*), selecione a opção *A cada duas colunas* (*Every Other Column*). O preenchimento será feito em uma coluna sim e na outra não.

7. Na caixa *Cor* (*Color*), selecione a cor *Amarelo* e, em *Tom* (*Tint*), altere para *50%*. Clique no botão *OK* e veja o resultado.

Produção Mensal			
	Helvetiis	30%	Caesar Remos
	Moribus	45%	Diviciacum Haeduum
Modelo	Orgetoricem	28%	Haedui Bellovacorum
	Orgetorix	15%	Remorum finibus
	Rhodani	23%	Titurium Sabinum

8. Há na página 8 outro texto no qual você vai aplicar o estilo de tabela criado. Selecione todas as linhas, converta em tabela e aplique o estilo *Tabela 1*. Faça os ajustes necessários para deixá-lo do modo como está indicado na figura.

Helvetiis	10	63	12
Moribus	15	89	13
Orgetoricem	41	75	95
Bellovacorum	62	87	21
Orgetorix	89	41	12
Remorum finibus	85	23	
Titurium Sabinum	41	21	

9. Remova as linhas em branco entre a tabela e o texto que a antecede e deixe apenas uma linha em branco após a tabela.

Criando um estilo de célula

10. Ative a ferramenta *Seleção* (*Selection*), desfaça qualquer seleção e, no painel *Estilos de tabela* (*Table Styles*), clique na guia *Estilos de célula* (*Cell Styles*).

11. Clique no botão *Criar novo estilo* (*Create New Style*), dê duplo clique no novo estilo e, na caixa *Nome do estilo* (*Style Name*), digite *Célula1*.

12. À esquerda, clique no item *Texto* (*Text*) e, em *Justificação vertical* (*Vertical Justification*), selecione *Centralizar* (*Align Center*) na caixa *Alinhar* (*Align*).

13. À esquerda, clique no item *Bordas e preenchimentos* (*Stroke and Fills*) e, na caixa *Espessura* (*Weight*), coloque *2 pt*. Em *Cor* (*Color*), selecione *Vermelho* e, em *Tipo* (*Type*), escolha *Sólido* (*Solid*).

14. Em *Preenchimento de célula* (*Cell Fill*), selecione a cor *Azul* na caixa *Cor* (*Color*) e, em *Tom* (*Tint*), aplique *70%*. Clique no botão *OK* para finalizar.

15. Volte à tabela anterior e, com a ferramenta *Tipo* (*Type*), clique dentro da célula com o valor *45%*, por exemplo, e aplique o estilo criado. Repita o procedimento para a célula com o valor *15%* e veja o resultado.

Produção Mensal			
	Helvetiis	30%	Caesar Remos
	Moribus	45%	Diviciacum Haeduum
Modelo	Orgetoricem	28%	Haedui Bellovacorum
	Orgetorix	15%	Remorum finibus
	Rhodani	23%	Titurium Sabinum

Vale ressaltar que, para aplicar uma cor de preenchimento sem o uso dos estilos, basta selecionar a célula e escolher uma cor.

Inserindo nota de rodapé em uma tabela

Você pode inserir notas de rodapé em suas tabelas da mesma forma como fez com os textos.

16. Com a ferramenta *Tipo* (*Type*), clique na célula mesclada na primeira linha da tabela.

17. No menu *Tipo* (*Type*), clique na opção *Inserir nota de rodapé* (*Insert Footnote*). Será colocado um número ao lado do texto, utilizando a sequência de números de notas já inseridas em seu texto.

18. Na base do quadro o mesmo número é acrescentado com um cursor de texto ativado. Digite "*Tabela referencial dos meses de Janeiro a Junho*".

Produção Mensal[3]			
	Helvetiis	30%	Caesar Remos
	Moribus	45%	Diviciacum Haeduum
Modelo	Orgetoricem	28%	Haedui Bellovacorum
	Orgetorix	15%	Remorum finibus
	Rhodani	23%	Titurium Sabinum

Relinquebatur una per Sequanos via, qua Sequanis invitis propter angustias
sua sponte persuadere non possent, legatos ad Dumnorigem Haeduum mit
Sequanis impetrarent. Dumnorix gratia et largitione apud Sequanos plurimur
amicus, quod ex ea civitate Orgetorigis filiam in matrimonium duxerat, et
novis rebus studebat et quam plurimas civitates suo beneficio habere obsti
suscipit et a Sequanis impetrat ut per fines suos Helvetios ire patiantur, obsi

3   *Tabela referencial dos meses de Janeiro a Junho*|

19. Salve seu arquivo e feche-o.

INSERINDO IMAGENS EM TABELAS

As células de uma tabela podem ser de dois tipos: de texto ou gráficas. Você pode colocar imagens nas células da tabela com facilidade e precisão, e configurá-las tão facilmente quanto um texto.

1. Pressione *Ctrl + O*, localize o arquivo *Tabela flores.indd*, disponível na pasta *Arquivos de trabalho/Capitulo4* e marque a opção *Cópia (Copy)*.

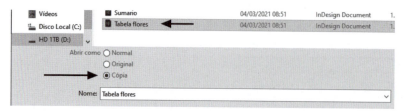

2. Em seguida, salve em sua pasta *Meus trabalhos* como *Tabela flores final*. Trata-se de uma tabela previamente formatada.

2. As quatro células da primeira linha devem ser mescladas. Ative a ferramenta *Tipo* (*Type*), selecione as linhas, clique sobre a seleção com o botão direito do mouse e selecione *Mesclar células* (*Merge Cells*) no menu de contexto.

3. Para que a célula receba uma imagem, o primeiro passo é convertê-la em uma célula gráfica. Clique novamente sobre a célula e, no menu de contexto, selecione *Converter célula em célula gráfica* (*Convert Cell to Graphic Cell*).

4. Desfaça a seleção e observe que um *X* foi colocado na célula, indicando que agora trata-se de uma célula gráfica.

5. Com a ferramenta *Tipo* (*Type*) ativa, pressione *Ctrl + D*, localize e selecione a imagem *Banner.jpg*, disponível na pasta *Arquivos de Trabalho/Capitulo4*, e clique em *Abrir*.

6. Em seguida, clique dentro da célula, e a imagem será colocada na célula.

 Outra forma de você inserir uma imagem ou gráfico na célula é abrir a pasta onde a imagem se encontra e simplesmente clicar sobre ela e arrastá-la para cima da célula da tabela do InDesign.

A imagem fica contida num quadro de retângulo que está dentro da célula, portanto com a ferramenta *Seleção* (*Selection*), você pode fazer alterações como viu anteriormente, quando trabalhou com quadros e imagens.

7. Com a ferramenta *Seleção* (*Selection*), posicione o cursor sobre a imagem e clique no *Apropriador de conteúdo* (*Content Grabber*) para selecioná-la. Assim, você poderá editá-la.

8. Mova a imagem para baixo, com a seta direcional ou com o mouse, e deixe-a como mostrado a seguir.

9. Clique fora da tabela para desfazer a seleção e ative a ferramenta *Tipo* (*Type*).

10. Agora, você vai colocar mais quatro imagens, sendo uma em cada célula da terceira linha. Selecione-as e converta-as em células gráficas, como fez anteriormente com a primeira linha.

11. Pressione *Ctrl + D* e, na pasta *Arquivos de Trabalho/Capitulo4*, selecione os arquivos *Alamanda.jpg*, *Suculenta.jpg*, *Violeta.jpg* e *Antúrio.jpg*.

12. Clique em *Abrir* para carregar as imagens no cursor e, em seguida, clique nas respectivas células para colocar as imagens.

13. Ainda com a ferramenta *Tipo* (*Type*), selecione a linha da tabela onde estão as imagens e, no painel *Controle* (*Control*), altere a altura da linha para *55 mm*.

14. Para ajustar as imagens, ative a ferramenta *Seleção* (*Selection*), selecione uma de cada vez e, no painel *Controle* (*Control*), clique no botão *Preencher quadro proporcionalmente* (*Fit Frame Proportionally*).

Como você alterou a altura da linha que contém as imagens, a tabela ficou maior que o quadro que a contém. Você pode verificar isso observando o indicador de texto oculto no canto inferior direito do quadro.

15. Para corrigir isso, selecione o quadro que contém a tabela com a ferramenta *Seleção* (*Selection*) e clique no botão *Ajustar quadro ao conteúdo* (*Fit Frame to Content*), no painel *Controle* (*Control*).

16. Para finalizar, insira a imagem *Banner.jpg* na última linha, como fez com as imagens anteriores, e ajuste sua posição no quadro como mostrado a seguir.

Formatando uma célula gráfica

No quadro *Opções de célula* (*Cell Options*), você tem vários itens para formatar as células da tabela, mas nesta etapa você colocará uma pequena margem nas imagens da terceira linha.

17. Selecione a terceira linha da tabela, que contém as imagens, clique com o botão direito do mouse sobre a seleção e clique em *Opções de célula/Gráfico* (*Cell Options/Graphic*). O quadro de diálogo é exibido com a guia *Gráfico* (*Graphic*) já selecionada.

18. No item *Margens internas da célula* (*Cell Insets*), digite *2* na caixa *Superior* (*Top*) e tecle *Tab*. Como o botão *Definir todas as configurações da mesma forma* (*Make All Settings the Same*) está ativo, o valor se repete para todas as outras caixas.

19. Clique em *OK*, veja o resultado final de sua tabela e, em seguida, salve e feche o arquivo.

Atividade 4 – Organizando o documento

Objetivo: » Utilizar os recursos de seções para organizar seu arquivo.

Tarefas: » Trabalhar com *Seções* (*Sections*).
   » Aplicar o *Marcador da seção* (*Section Marker*).
   » Acrescentar seções e organizar os capítulos.

Trabalhando com *Seções* (*Sections*)

Ao inserir numeração automática em um documento, como você fez no projeto deste capítulo, ela inicia na primeira página. Basta ver que a página 5 é o início do texto. Mas caso você queira que a numeração comece exatamente onde se inicia o texto, você vai trabalhar com o recurso *Seções* (*Sections*).

1. Abra o arquivo *Livro Caesaris.indd* que você trabalhou anteriormente, abra o painel *Páginas* (*Pages*) e dê duplo clique na página 5 para exibi-la na área de trabalho.

2. Clique com o botão direito do mouse sobre a miniatura da página e, no menu de contexto, selecione *Opções de numeração e seção* (*Numbering & Section Options*).

No quadro de diálogo, a opção *Iniciar seção* (*Start Section*) já está selecionada, porque, como você está criando a seção, o programa já habilita essa opção.

3. A opção *Numeração de página automática* (*Automatic Page Numbering*) faz com que a numeração da página continue na sequência das páginas anteriores. Neste caso, ative a opção *Iniciar numeração de página em* (*Start Page Numbering at*) e digite o valor *1*. Dessa forma, a numeração reiniciará a partir da página selecionada.

No item *Numeração de páginas* (*Page Numbering*), a opção *Prefixo da seção* (*Section Prefix*) permite que você crie um prefixo de identificação para a seção, podendo, além disso, fazer com que esse prefixo apareça com o número da página. Por exemplo, se você colocar nessa caixa a palavra *Caesaris*, ela será colocada na página ao lado do número. Mas esse texto só será exibido se você ativar a opção *Incluir prefixo ao numerar páginas* (*Include Prefix when Numbering Pages*).

4. Para esta atividade, digite *Cap1* na caixa *Prefixo da seção* (*Section Prefix*) e, no item *Estilo* (*Style*), onde existem vários estilos de numeração, deixe a primeira opção selecionada.

5. A opção *Marcador da seção* (*Section Marker*) permite que você coloque uma identificação que será exibida na página, como o nome do capítulo. Esse texto só será exibido depois de ativada a opção no menu *Tipo* (*Type*). Para esse caso, digite *Capítulo 1* no item *Marcador da seção* (*Section Marker*).

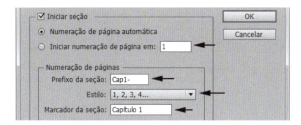

6. Clique no botão *OK* e veja que a numeração da página foi reiniciada a partir da página que você selecionou (antiga página 5). Observe também, no painel *Páginas* (*Pages*), que na identificação das páginas o prefixo vem antes da numeração.

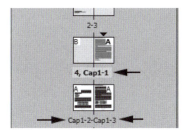

Aplicando o Marcador da seção (Section Marker)

7. Dê duplo clique na página-mestre *A-Conteúdo* e aplique um zoom no canto inferior direito da página direita.
8. Crie um pequeno quadro de texto e, no menu *Tipo* (*Type*), clique em *Inserir caractere especial/Marcadores* (*Insert Special Character/Markers*). Selecione *Marcador da seção* (*Section Marker*), e a palavra "*Seção*" será acrescentada.
9. Aplique o estilo de parágrafo *Notas de rodapé*, mude o alinhamento para a *Direita* e ajuste a posição do quadro como mostra a figura.

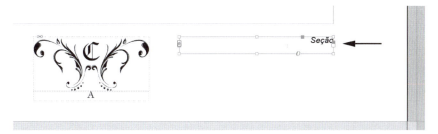

10. Dê duplo clique na página *Cap1-1*, no painel *Páginas* (*Pages*), e veja o resultado.

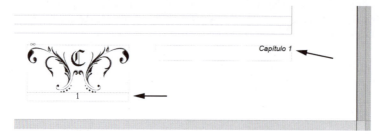

11. Salve seu arquivo.

Organizando os capítulos

A utilização de seção é importante neste projeto, pois o texto possui oito capítulos e você vai alterar o *Marcador da seção* (*Section Marker*) para cada um deles. Para identificar a mudança, em cada capítulo, você vai fazer uma divisão. Os capítulos estão identificados pelos seguintes textos, dentro do texto em questão:

- Liber Primus
- Liber Secundus
- Liber Tertius
- Liber Quartus
- Liber Quintus
- Liber Sextus
- Liber Septimus
- Liber Octavus

A página de rosto do primeiro capítulo já está pronta, e você deve formatar as demais como ela.

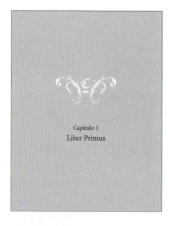

1. Para localizar mais facilmente o texto *Liber Secundus*, no menu *Editar* (*Edit*), clique em *Localizar/Alterar* (*Find/Change*) ou pressione as teclas *Ctrl + F*.
2. Clique na guia *Texto* (*Text*) e, na caixa *Localizar* (*Find What*) do quadro de diálogo, digite *Secundus* e clique no botão *Localizar próximo* (*Find Next*).

3. Após localizar a palavra, feche o quadro *Localizar/Alterar* (*Find/Change*).

A página de rosto dos capítulos, neste projeto, deve sempre iniciar em uma página ímpar, ou seja, na direita. No caso, o capítulo *Liber Secundus* está iniciando em uma página par. Portanto, você precisará de duas páginas livres para fazer a página de rosto.

4. Ative a ferramenta *Seleção* (*Selection*) e, no menu *Layout* (*Layout*), clique em *Páginas/Inserir páginas* (*Pages/Insert Pages*), para exibir o quadro de diálogo.
5. Na caixa *Páginas* (*Pages*), digite 2 para criar duas páginas novas. Em *Inserir* (*Insert*), selecione a opção *Antes da página* (*Before Page*) e, na caixa ao lado, escolha a página *Cap1-18*.
6. Em *Página-mestre* (*Master*), selecione a opção *B-Divisão*, que é a página-mestre criada para fazer a divisão dos capítulos. Clique em *OK* para finalizar.

7. Como o título do segundo capítulo está no final da página, ative a ferramenta *Tipo* (*Type*), clique no início do título e tecle *Enter*. Assim, o título vai para a próxima página.
8. Vá até a página 3 (a partir do início do documento), que contém o nome do capítulo 1, selecione a ilustração e o quadro de texto e faça uma cópia.

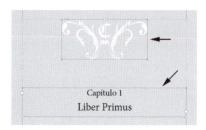

Editorando documentos longos – 259

9. Volte para as páginas 18-19, cole os objetos, ajuste a posição na página e altere o número e o nome do capítulo.

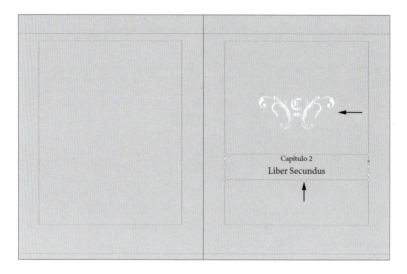

10. Vá para a página 20 e apague o quadro de texto. O InDesign deve exibir uma mensagem informando que novas páginas serão inseridas – no caso, no final do documento, para continuar a distribuir o texto. Clique em *OK* para confirmar.

11. Aplique a página-mestre *B-Divisão* na página 20.

12. No início do quadro de texto da página 21, apague o texto *Liber Secundus* e remova as linhas em branco. Para finalizar, aplique o estilo *Textos Capitular* no primeiro parágrafo.

13. Crie uma seção na página inicial do capítulo 2 (onde está a página de rosto do capítulo), para que a numeração dele seja reiniciada. Não se esqueça de definir o prefixo e observar a numeração na página onde se inicia o quadro de texto do segundo capítulo.

14. Continuando a organização de seu documento, localize o capítulo *Liber Tertius*. Observe que ele está no final de uma página esquerda.

15. Com a ferramenta *Seleção* (*Selection*), diminua a altura do quadro de texto de baixo para cima, até que o texto *Liber Tertius* vá para a página direita.

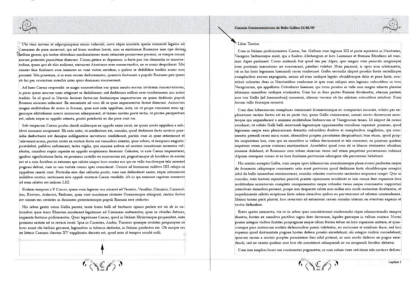

16. Insira apenas uma página após a página 8 do capítulo 2 e aplique a página-mestre *B-Divisão* na nova página criada.

17. Copie a ilustração e o quadro de texto da página de rosto do capítulo anterior, fazendo as alterações necessárias.

18. Crie as demais divisões dos capítulos, sempre acrescentando o número de páginas necessárias, fazendo os ajustes nos quadros de texto e utilizando o recurso de seções.

19. No final do arquivo, se a última página for ímpar, insira uma nova página; se for par, acrescente duas páginas, e aplique a página-mestre *B-Divisão*.

20. Faça uma cópia da ilustração e coloque-a apoiada na margem inferior, centralizada, e altere a largura para *55 mm*, deixando a altura proporcional.

21. Salve e feche seu arquivo.

Atividade 5 – Trabalhando com o painel *Livro* (*Book*)

Objetivo:
» Utilizar o recurso *Livro* (*Book*) para trabalhar com documentos longos.

Tarefas:
» Criar um arquivo de livro.
» Adicionar arquivos ao livro.
» Atualizar numerações.
» Salvar e fechar o arquivo de livro.
» Criar um sumário.
» Imprimir o livro.

O arquivo de livro

O arquivo de livro é uma coleção de documentos (arquivos) que compartilham estilos, cores, páginas-mestre, entre outros itens. Ou seja, se você for desenvolver um trabalho que tenha um grande número de páginas, com esse recurso você pode dividi-lo em vários arquivos menores (como se fossem capítulos) e controlar a numeração sequencial das páginas e dos capítulos automaticamente. Além disso, com um único comando, pode imprimir ou exportar para PDF todos os documentos.

Porém, também é muito importante ser consistente em seu trabalho, pois os estilos precisam estar bem definidos e devidamente aplicados nos itens dentro dos arquivos.

O InDesign tem um painel específico para essa aplicação, chamado *Livro* (*Book*). Todos os arquivos que fazem parte do projeto serão colocados nesse painel e, por meio dele, você vai gerenciar a organização, os estilos, a numeração das páginas, dos capítulos e muito mais.

Criando um arquivo de livro

Nesta atividade, você vai utilizar os arquivos que estão na pasta *Arquivos para Livro*, localizada na pasta *Arquivos de trabalho/Capitulo4*.

Esses arquivos foram criados a partir do arquivo *Livro Caesaris*, que você utilizou no capítulo anterior. Os capítulos foram separados em oito arquivos prontos para serem utilizados. Para controlar a numeração sequencial dos capítulos, foi acrescentada a variável de texto *Número de capítulo* e para que posteriormente o número do capítulo apareça no sumário ele foi colocado na primeira página de cada capítulo.

1. No menu *Arquivo* (*File*), clique na opção *Novo/Livro* (*New/Book*), localize sua pasta *Meus trabalhos* e crie uma pasta dentro dela chamada *Atividade Livro*.

2. Abra a pasta *Atividade Livro;* na caixa *Nome,* digite *Livro* e clique no botão *Salvar.* O painel *Livro* (*Book*) será exibido, e o InDesign cria o arquivo *Livro* com a extensão *.indb.*

3. Copie a pasta *Arquivos para livro* e o arquivo *Sumário.indd,* que estão na pasta *Arquivos de trabalho/Capitulo4,* para dentro de sua pasta *Meus trabalhos.* São os arquivos necessários para você continuar a execução dessa atividade.

Adicionando arquivos no livro

1. Clique no botão *Adicionar documentos* (*Add documents*) no painel *Livro* (*Book*), localize a pasta *Meus trabalhos/Arquivos para Livro* e selecione os arquivos do *Cap1* ao *Cap8.*

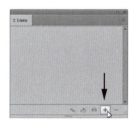 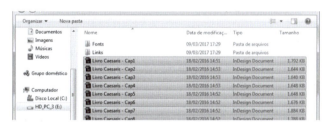

2. Clique no botão *Abrir,* e todos os arquivos serão adicionados ao painel *Livro* (*Book*). Ele exibe o nome dos arquivos e a sequência de páginas para a composição de seu livro.

 Para eliminar um arquivo do painel, selecione o arquivo e clique no botão *Remover documentos* (*Remove Documents*) (sinal –), que fica do lado direito do botão *Adicionar documentos* (*Add Documents*) (sinal +).

3. Dê duplo clique sobre o *Cap1*. O arquivo será aberto e, ao lado da numeração no painel, um pequeno ponto preto será exibido. Isso indica que o arquivo está aberto.

4. Abra o arquivo *Cap2* e observe que a numeração da página está em sequência, mas o número do capítulo, não. Portanto, será preciso atualizá-los. Feche os arquivos sem salvá-los.

Atualizando as numerações

Observe o ícone do lado esquerdo do nome do arquivo do Capítulo 1: ele indica o *Documento de origem do estilo* (*Indicates the Style Source*). Um dos documentos adicionados ao painel deve ser a origem do estilo que, por padrão, sempre será o primeiro da lista. Você pode clicar na caixa em frente a outro arquivo para defini-lo como origem do estilo. Quando a sincronização dos arquivos do *Livro* é efetuada, as configurações de estilos e amostras do *Documento de origem do estilo* (*Indicates the Style Source*) sobrepõem todos os outros arquivos. Por exemplo, se um dos arquivos do *Livro* não tiver um estilo que exista no *Documento de origem do estilo*, ele será adicionado.

5. Clique no painel *Livro* (*Book*), mas fora de qualquer documento, para não deixar nenhum selecionado no painel.

6. Clique no botão do canto superior direito do painel para abrir seu menu de opções e depois em *Sincronizar Livro* (*Synchronize Book*).x

7. A sincronização será executada e, quando terminar, uma caixa de diálogo será exibida. Clique em *OK* para fechá-la.

8. Abra novamente o menu do painel e clique em *Atualizar numeração/Atualizar todos os números* (*Update Numbering/Update All Numbers*).

9. Abra os arquivos dos capítulos 1 e 2 para verificar se agora os números dos capítulos estão em sequência.

10. Feche os arquivos que estiverem abertos.

Com esses dois procedimentos, todas as referências serão atualizadas e as numerações, acertadas. Sempre os execute quando fizer alguma alteração em qualquer um dos arquivos do *Livro*.

Salvando e fechando o arquivo de livro

11. Por se tratar de um arquivo que armazena as informações de seu livro, o arquivo de livro precisa ser salvo. Clique no botão *Salvar o livro* (*Save the Book*) no painel.

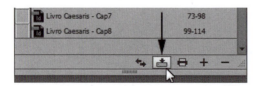

12. Para fechar o arquivo de livro, abra o menu de opções do painel e clique na opção *Fechar livro* (*Close Book*).

Criando um sumário

O sumário pode ser criado automaticamente pelo InDesign, mas requer muita atenção e organização. Além do próprio conteúdo do livro, você pode criar um sumário para as ilustrações da publicação, para as fotos, etc. Cada um deles estará em um quadro de texto independente, também chamado de *Matéria* (*Story*).

Os itens do sumário conterão os números das páginas e os separadores entre texto e número. Você pode ordenar o sumário pelo número das páginas ou por ordem alfabética.

Qualquer alteração que você faça no conteúdo do documento, como paginação, inclusão de novas páginas, inclusão de títulos, etc., será refletida no sumário. Basta que você faça a atualização.

O processo de criação de um sumário envolve três etapas básicas:

- Primeiro, você cria e aplica os estilos de parágrafo, que identificam os itens que entrarão no sumário. Por exemplo: títulos, subtítulos, etc.
- Depois, você especifica quais estilos serão usados no sumário e como ele será formatado.
- Por último, você gera o sumário.

Um detalhe sobre o uso da variável *Número de capítulo* é que você deve colocá-la na página do documento, e não na página-mestre, para que ela seja incluída no sumário com o devido número do capítulo. Lembre-se de que o arquivo desta atividade está pronto para uso.

Para criar um sumário, é interessante que você tenha um arquivo independente dos capítulos, no qual vai colocar o sumário (você também pode colocá-lo em um arquivo de capítulo).

1. Abra o arquivo de livro *Livro*, que você salvou na pasta *Meus trabalhos/Atividade Livro*.
2. Clique no botão *Adicionar documentos* (*Add documents*) do painel *Livro* (*Book*) e selecione o arquivo *Sumário* na pasta *Meus trabalhos*.
3. Ao clicar em *Abrir* será perguntado onde você deseja salvar o arquivo de *Sumário*. Selecione e abra a pasta *Atividade Livro* criada por você e clique em *Salvar*.

Se não havia nenhum arquivo selecionado no painel, o arquivo *Sumário* será colocado no final da lista.

4. Normalmente, um sumário é colocado no início da publicação. Portanto, clique sobre ele no painel e arraste-o até encaixá-lo acima do arquivo *Cap1*.

 Observe que o InDesign não atualizou a sequência de numeração depois que você moveu o sumário, pois ele foi adicionado ao painel depois da última atualização de numerações.

Gerando o sumário

5. Abra o arquivo *Sumário* a partir do painel *Livro* (*Book*) e, em seguida, abra o painel *Estilos de parágrafo* (*Paragraph Styles*). Veja que existem três estilos que começam com a palavra *Sumário*. Esses estilos foram criados para formatar os itens do sumário.

6. No menu *Layout* (*Layout*), clique na opção *Sumário* (*Table of Contents*) e, no quadro de diálogo, clique na caixa *Título* (*Title*) e digite *Sumário do Livro*, caso não seja esse o texto. Este será o texto que aparecerá no início do sumário para identificá-lo.

7. Na caixa *Estilo* (*Style*), ao lado, selecione o estilo *Capítulos*, se já não estiver selecionado.

8. Clique no botão *Mais opções* (*More Options*).

No item *Estilos de sumário* (*Styles in Table of Contents*), você seleciona os estilos referentes aos itens que devem fazer parte do sumário. Por exemplo, ao selecionar o estilo *Capítulos*, todo texto na publicação em que esse estilo for aplicado será colocado no sumário.

No lado direito, você seleciona o estilo, clica no botão *Adicionar* (*Add*), e o estilo será colocado em *Incluir estilos de parágrafo* (*Include Paragraph Styles*).

9. Procedendo dessa forma, acrescente os estilos *Capítulos*, *Títulos* e *Subtítulos*, nessa ordem, caso o InDesign já não os tenha identificado e acrescentado à lista.

10. Dê um clique no estilo *Capítulos*, no lado esquerdo.

Na área *Estilo* (*Style*) do quadro de diálogo, você atribui o estilo que formatará cada um dos itens no sumário. Veja que, com o estilo *Capítulos* selecionado na área *Estilo* (*Style*): *Capítulos*, o estilo da entrada será o *Sumário Capítulos*.

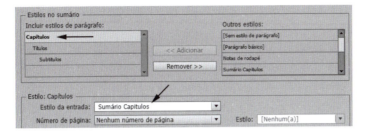

11. Na caixa *Número de página* (*Page Number*), deixe selecionada a opção *Nenhum número de página* (*No page number*), pois neste projeto as páginas do sumário não devem constar na numeração.

12. Faça o mesmo com os outros dois estilos, selecionando *Títulos* e *Subtítulos*, respectivamente, mas sem alterar a opção *Número de página* (*Page Number*). Deixe selecionada a opção *Depois da entrada* (*After Entry*).

13. No item *Opções* (*Options*), verifique se a opção *Incluir documentos de livro* (*Include Book Documents*) está selecionada. Em caso negativo, selecione-a. Isso faz com que as configurações sejam aplicadas a todos os arquivos do *Livro*.

14. Clique no botão *OK*, e o sumário será gerado e carregado no cursor.

15. Com a tecla *Shift* pressionada, clique no canto superior das margens da página 1 do arquivo, e o sumário será distribuído.

16. Salve e feche o arquivo *Sumário*.

17. Salve o *Livro*, clicando no botão *Salvar o livro* (*Save the book*), no painel *Livro* (*Book*).

Imprimindo o livro

Com o recurso *Livro*, a impressão de uma publicação torna-se muito simples. Você não precisa abrir cada um dos arquivos dos capítulos para imprimir. Basta selecioná-los no painel *Livro* (*Book*).

1. No painel *Livro* (*Book*), clique fora de qualquer arquivo para desfazer qualquer seleção.

2. Você pode selecionar mais de um arquivo apenas mantendo a tecla *Ctrl* pressionada. Clique no botão *Imprimir o livro* (*Print the book*) para imprimir todos os arquivos.

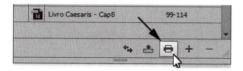

3. O quadro de diálogo *Imprimir* (*Print*) será exibido. Na caixa *Impressora* (*Printer*), escolha a impressora que você vai utilizar. Se você tiver a opção *Adobe PDF*, selecione-a; caso contrário, clique em *Cancelar* (*Cancel*).

4. Clique em *Imprimir* (*Print*) e veja como ficou a publicação.

5. Salve o livro e feche-o.

Anotações

Anotações

5

Mais opções de layouts e controle de produção

OBJETIVOS

» Modificar padrões de um documento

» Trabalhar com os recursos de *Layout líquido* (*Liquid Layout*)

» Gerenciar os conteúdos importados e seus vínculos

Mais opções de criação e controle

Neste capítulo, você vai explorar recursos que aumentarão sua capacidade de criar e controlar elementos de seus projetos.

Você pode definir diferentes tamanhos para as páginas de um único documento. Com a ferramenta *Página* (*Page*), é possível selecionar a página-mestre ou uma página específica do documento que você deseja redimensionar e, em seguida, usar o painel *Controle* (*Control*) para alterar as configurações. Se optar por alterar a página-mestre, todas as páginas do documento serão alteradas, pois elas herdam seu tamanho da página-mestre.

Trabalhando com os recursos *Layout líquido* (*Liquid Layout*) e *Layout alternativo* (*Alternate Layout*), você poderá experimentar vários layouts para um mesmo projeto. Esses recursos lhe garantem grande flexibilidade e eficiência, permitindo testar vários tamanhos de página, diferentes orientações ou proporções de tamanho, e tudo isso em um mesmo arquivo. Sua aplicação visa à produção de projetos, tanto para as mídias digitais como para *tablets* e para a mídia impressa.

Para completar, com as opções de vínculo dos elementos importados e tendo um painel à disposição para gerenciá-los, você terá todo o controle sobre qualquer item de seu projeto. Com isso, evitará itens desatualizados ou a perda de referência da localização deles, mantendo seu projeto organizado e consistente.

Atividade 1 – Modificando padrões de documentos

Objetivo: » Conhecer as opções de alteração do tamanho das páginas.

Tarefas: » Alterar o tamanho das páginas do documento.

» Alterar o tamanho de páginas específicas do documento.

» Trabalhar com o recurso *Ajustar layout* (*Adjust Layout*).

Alterando o tamanho das páginas

São vários os caminhos que você pode adotar para alterar o tamanho das páginas de seu documento, e cada um deles possui vantagens de acordo com a sua necessidade.

1. Alterne sua área de trabalho para *Elementos essenciais* (*Essentials*) e pressione Ctrl + O para abrir um arquivo.

2. Na pasta *Arquivos de trabalho/Capitulo5*, localize e selecione o arquivo FOLHETO6.indd.

3. Ative a opção *Cópia* (*Copy*) (pois, dessa forma, você preserva o arquivo original) e clique em *Abrir*. Em seguida, salve o arquivo como FOLHETO6_TESTE em sua pasta *Meus trabalhos*.

Alterando o tamanho com a opção Configurar documento (Document Setup)

4. No menu *Arquivo* (*File*), clique na opção *Configurar documento* (*Document Setup*), ative a caixa *Visualizar* (*Preview*), clique na seta do item *Tamanho da página* (*Page Size*) e selecione A5, mas não feche o quadro *Configurar documento* (*Document Setup*).

Com essa opção, você altera as configurações básicas de seu documento, mas não afeta o posicionamento dos elementos existentes nas páginas. E, nesse caso, como a página escolhida é menor que a original, observe que partes dos elementos ficam fora dela. Além disso, nessa opção, todas as páginas do documento são alteradas.

5. Clique em *Cancelar* (*Cancel*) para não aplicar a alteração.

274 – Adobe InDesign

Alterando o tamanho por meio do painel Páginas (Pages)

Outra opção para alterar o tamanho das páginas é usar o painel *Páginas* (*Pages*). Nesse caso, você poderá escolher as páginas a serem alteradas selecionando-as no painel. Se for preciso alterar todas, faça a alteração na página-mestre.

6. Abra o painel *Páginas* (*Pages*) e dê duplo clique em *A-Página-mestre* para abri-la em modo de edição. Em seguida, clique no botão *Editar tamanho da página* (*Edit Page Size*) e selecione a opção *A5*.

7. Dê duplo clique na página 1 e observe que todas as páginas foram alteradas, da mesma forma que a opção anterior. Desfaça a alteração pressionando *Ctrl* + *Z*.

8. Agora, dê duplo clique sobre a página 2 para exibi-la. Você vai alterar o tamanho somente dessa página.

9. Clique no ícone *Editar tamanho da página* (*Edit Page Size*) e selecione a opção *A5*. Observe as páginas anteriores e posteriores à página 2 e perceba que somente ela foi alterada.

Se você for alterar mais de uma página, poderá selecionar as páginas que deseja alterar no painel *Páginas* (*Pages*), com a tecla *Ctrl* pressionada.

10. Desfaça a alteração pressionando *Ctrl* + *Z*, salve seu arquivo e feche-o.

Trabalhando com o recurso Ajustar layout (Adjust Layout)

O recurso *Ajustar layout* (*Adjust Layout*) reduz o tempo necessário para a organização dos objetos nas páginas, quando você altera o tamanho ou a orientação delas.

Esse recurso pode executar grande parte desse tipo de trabalho automaticamente, pois os quadros de texto e de gráfico são movidos e redimensionados, conforme necessário, com base nas novas posições relativas das guias de coluna, margens e bordas de página.

Vale ressaltar que o *Ajustar layout* (*Adjust Layout*) pode gerar resultados mais previsíveis quando o layout baseia-se rigidamente em uma estrutura de margens, colunas de página e guias de régua, na qual os objetos aderem às guias.

1. Abra o arquivo *Projeto Barcelona – Layout*, disponível na pasta *Arquivos de trabalho/Capitulo5/Barcelona*.

Trata-se de um álbum com belíssimas imagens de Barcelona em que se destacam os projetos de Gaudí; portanto, navegue pelas páginas para conhecer todo o projeto antes de fazer qualquer alteração.

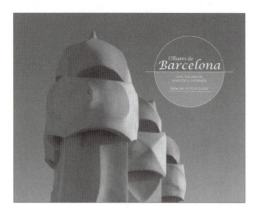

2. No menu *Arquivo* (*File*), clique em *Ajustar layout* (*Adjust Layout*) para exibir o quadro de diálogo.

Veja a seguir o descritivo das opções do quadro para fazer os ajustes:

- *Tamanho da página* (*Page Size*): você tem a opção de escolher um tamanho predefinido clicando na seta ao lado da caixa ou pode digitar os novos valores para largura e altura da página. Além disso, use os botões *Horizontal* (*Landscape*) ou *Vertical* (*Portrait*) para definir a orientação do documento.

- *Margens* (*Margins*): nesse item, você pode escolher o ajuste automático das margens, de acordo com a alteração do tamanho da página, ou definir manualmente os novos valores das margens digitando-os nas caixas *Superior* (*Top*), *Inferior* (*Bottom*), *Interna* (*Inside*) e *Externa* (*Outside*).

- *Sangria* (*Bleed*): permite que você defina os valores de sangria do documento.

- *Ajustar tamanho da fonte* (*Adjust Font Size*): ativando essa opção, o InDesign fará a alteração do tamanho das fontes com base nas alterações do tamanho da página e das margens. Além disso, é possível definir o valor mínimo e máximo que as fontes podem ter no documento ativando o item *Definir limites de tamanho de fonte* (*Set Font Size Limits*).

- *Ajustar conteúdo bloqueado* (*Adjust Locked Content*): ativando essa opção, qualquer conteúdo que esteja bloqueado em seu layout será ajustado automaticamente.

Conhecendo agora a função de cada item, experimente fazer uma alteração nesse documento. As páginas dele têm 254 mm de largura por 203,2 mm de altura, e as margens possuem 19,05 mm em todos os lados.

3. Você deve utilizar a opção *Personalizar* (*Custom*) em *Tamanho da página* (*Page Size*) e digitar os novos valores: em *Largura* (*Width*), digite 180 mm; em *Altura* (*Height*), digite 180 mm. A nova página será quadrada.

4. Ative a opção *Ajustar as margens automaticamente às alterações do tamanho da página* (*Auto-adjust margins to page size changes*).

5. No item *Sangria* (*Bleed*), não é preciso fazer alterações; em *Opções* (*Options*), ative a caixa *Ajustar tamanho da fonte* (*Adjust Font Size*). Por último, ative também a opção *Ajustar conteúdo bloqueado* (*Adjust Locked Content*).

6. Clique em *OK*, e veja como as páginas são redimensionadas para os novos valores e seu conteúdo é automaticamente ajustado, inclusive os textos e o tamanho das fontes.

Esse mesmo recurso está presente no painel *Propriedades* (*Properties*), e, na área *Documento* (*Document*), há um botão para acessar o quadro de diálogo.

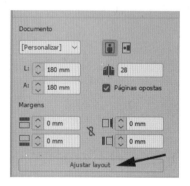

Já se sua necessidade for alterar as margens e/ou colunas do documento, também é possível fazer o InDesign ajustar todo o documento com base nas alterações que você fizer nesses itens.

Ao acessar o menu *Layout* (*Layout*) e clicar na opção *Margens e colunas* (*Margins and Columns*), o quadro de mesmo nome é exibido. Nele, estão as caixas para definir os novos valores de margens e colunas.

Logo abaixo está a opção *Ajustar layout* (*Adjust Layout*). Ativando essa caixa, bem como as caixas *Ajustar tamanho da fonte* (*Adjust Font Size*) e *Ajustar conteúdo bloqueado* (*Adjust Locked Content*), o InDesign fará a alteração e redimensionará todos os elementos, como fez no recurso anterior.

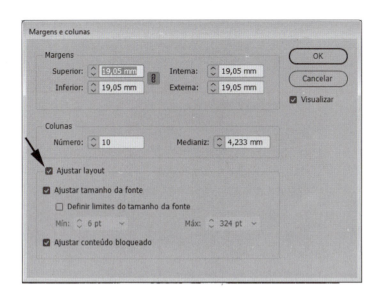

7. Salve o documento em sua pasta *Meus trabalhos* com o nome *Projeto Barcelona – 180x180* e feche-o.

Atividade 2 – Trabalhando com *Layout líquido* (*Liquid Layout*)

Objetivo:
» Alterar o layout de um documento de forma semiautomática mediante regras preestabelecidas.

Tarefas:
» Utilizar o *Layout líquido* (*Liquid Layout*) manualmente.
» Alterar a página com as regras *Escala* (*Scale*) e *Recentralizar* (*Re-center*).
» Alterar a página com a regra *Baseado no guia* (*Guide-based*).
» Alterar a página com a regra *Baseado no objeto* (*Object-based*).
» Alterar a página com a regra *Controlado pela página-mestre* (*Controlled by Master*).

O recurso *Layout líquido* (*Liquid Layout*) é um conjunto de regras e opções que determinam como os objetos serão adaptados em uma página no momento que você fizer alguma alteração em suas dimensões ou na orientação. Essa adaptação facilitará muito seu trabalho quando for necessário criar diferentes opções de layout para um projeto. Diferentemente do recurso *Ajustar layout* (*Adjust Layout*), visto anteriormente, você tem maior controle e possibilidade de personalização do processo.

Utilizando o *Layout líquido* (*Liquid Layout*) manualmente

Antes de trabalhar com as regras do recurso *Layout líquido* (*Liquid Layout*), você vai experimentá-lo de forma manual, para compreender como funcionam seus recursos.

1. Abra o arquivo *FOLHETO2.indd*, disponível na pasta *Arquivos de trabalho/Capitulo5*.

2. Salve o arquivo como *Folheto_liquido* em sua pasta *Meus trabalhos*. Esse folheto foi desenvolvido com tamanho de página *A4* e na orientação *horizontal*.

3. Para acessar o recurso *Layout líquido* (*Liquid Layout*), você vai trabalhar com a ferramenta *Página* (*Page*). Ative a ferramenta no painel *Ferramentas* (*Tools*) e observe que o painel *Controle* (*Control*) exibe os controles de configuração. Clique na seta da caixa *Regra de página do Liquid* (*Liquid Page Ruler*) para ver as regras disponíveis para o recurso.

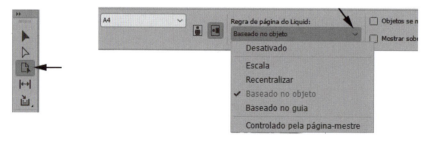

4. São essas as regras que controlam como os objetos serão reorganizados quando alguma mudança for feita nas configurações da página. Por ora, selecione a opção *Desativado* (*Off*).

Quando a ferramenta *Página* (*Page*) é ativada, são exibidos controles nas bordas e nos cantos da página, usados para pré-visualização da alteração.

5. Clique no controle inferior direito e arraste-o, aumentando o tamanho da página, mas não libere o botão do mouse ainda. Perceba que a página é aumentada, mas os elementos nela não se alteram.

6. Solte o botão do mouse e a página retornará ao tamanho original. Lembre-se de que se trata de uma pré-visualização.

7. Agora, repita o mesmo procedimento para aumentar a página, mas, desta vez, mantenha a tecla *Alt* pressionada e só a libere após soltar o botão do mouse. Com isso, você faz a alteração da página.

O uso do mouse para redimensionar a página dificulta o ajuste de medidas precisas. Caso você tenha medidas exatas para sua página, é melhor utilizar as caixas *L* (*W*) (*Largura – Width*) e *A* (*H*) (*Altura – Height*)) no painel *Controle* (*Control*).

8. Pressione *Ctrl* + *Z* para desfazer a alteração e, no painel *Controle* (*Control*), digite *350 mm* na caixa *L* (*W*) e tecle *Enter*.

A largura de sua página foi aumentada a partir do centro. Isso ocorre porque você pode definir o ponto de referência no item de mesmo nome. Nesse exemplo, o ponto está definido no centro.

9. Pressione *Ctrl* + *Z* para desfazer a alteração.

No painel *Controle* (*Control*), você também pode selecionar um dos tamanhos predefinidos na lista e definir a orientação da página.

Outro local onde essas configurações podem ser escolhidas é no painel *Propriedades* (*Properties*).

Alterando a página com as regras *Escala* (*Scale*) e *Recentralizar* (*Re-center*)

As primeiras regras a serem estudadas são *Escala* (*Scale*) e *Recentralizar* (*Re-center*), que são simples e promovem a alteração de todos os elementos, como se estivessem agrupados.

1. Com a ferramenta *Página* (*Page*) ativa, clique na seta da caixa *Regra de página do Liquid* (*Liquid Page Ruler*) e selecione a opção *Escala* (*Scale*). Com essa regra, todos os elementos da página serão redimensionados com a página, mas proporcionalmente.

2. Clique em um dos controles da página e altere o tamanho dela para ter uma pré-visualização do resultado. Observe que agora tudo será redimensionado.

3. Libere o botão do mouse e a página voltará ao tamanho original.

4. No painel *Controle* (*Control*), selecione o tamanho *A5* na lista de tamanhos disponíveis e mude a orientação para *Vertical* (*Portrait*). Veja que os elementos foram redimensionados proporcionalmente para se encaixarem na página.

5. Pressione *Ctrl* + *Z* duas vezes para desfazer as alterações.

Com a regra *Recentralizar* (*Re-center*), todo o conteúdo da página é automaticamente recentralizado, não importando a nova largura ou altura da página. Diferentemente da regra *Escala* (*Scale*), o conteúdo permanece em seu tamanho original.

6. Clique na seta da caixa *Regra de página do Liquid* (*Liquid Page Ruler*) e selecione a opção *Recentralizar* (*Re-center*).

7. Você pode clicar sobre um dos controles da página e aumentar o tamanho dela para pré-visualizar, mas, neste exemplo, selecione o tamanho *A3* na lista do painel *Controle* (*Control*) e veja o resultado.

8. Pressione *Ctrl* + *Z* para desfazer a alteração.

Após o uso de uma dessas regras, você faz o ajuste dos elementos da página de acordo com a necessidade.

9. Salve e feche seu arquivo.

ALTERANDO A PÁGINA COM A REGRA *BASEADO NO GUIA* (*GUIDE-BASED*)

A regra *Baseado no guia* (*Guide-based*) é ideal para se obter um controle mais preciso sobre o que o InDesign fará com os objetos no momento que você alterar o tamanho da página.

Trata-se do posicionamento de guias na página, técnica similar às que você já utilizou, só que, nesse caso, elas são acrescentadas com a ferramenta *Página* (*Page*) e são chamadas de *Guias líquidas* (*Liquid Guides*). Todos os objetos que essas guias tocarem serão redimensionados com a página, enquanto os demais não serão alterados.

As guias líquidas horizontais fazem com que os objetos sejam redimensionados na vertical, enquanto as guias líquidas verticais redimensionam os objetos na horizontal.

1. Abra uma cópia do arquivo *FOLHETO3.indd*, disponível na pasta *Arquivos de trabalho/Capitulo5*, e salve-a em sua pasta *Meus trabalhos* com o nome *Folheto_liquido_3*.

Esse folheto foi criado no formato A4, na horizontal. Nesse exemplo, você precisa mudar o tamanho da página para A3, mantendo a orientação. A condição para essa alteração é que o título do lado esquerdo, as fotos e o pequeno logotipo do lado direito não sejam redimensionados.

Já os demais itens, inclusive os fundos em dégradé verde e azul, devem ser alterados com a página.

2. Ative a ferramenta *Página* (*Page*) e, na caixa *Regra de página do Liquid* (*Liquid Page Ruler*), selecione a regra *Baseado no guia* (*Guide-based*).

3. Clique sobre a régua vertical e arraste o cursor para acrescentar uma *Guia líquida* (*Liquid Guide*). Posicione-a de forma a ficar sobre o logotipo maior, a linha laranja e o quadro de texto. As guias normais são linhas contínuas, enquanto as guias líquidas são linhas tracejadas.

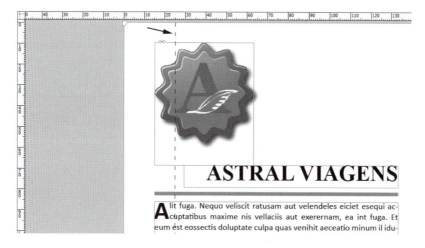

4. Acrescente outra guia líquida vertical, posicionando-a sobre o fundo e o texto do lado direito da página.

5. Agora, clique e arraste o cursor sobre a régua horizontal e acrescente uma guia líquida horizontal sobre o logotipo maior. Em seguida, coloque mais uma sobre os dois quadros de texto e os fundos. Observe na figura a seguir as quatro guias posicionadas.

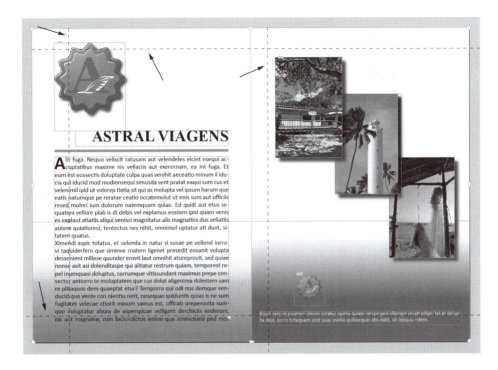

Lembre-se de que, para pré-visualizar como os elementos se comportarão, basta clicar sobre um dos controles e alterar o tamanho da página. Sempre que você liberar o botão do mouse, a página voltará a seu tamanho original.

6. No painel *Controle* (*Control*), selecione o tamanho *A3* na lista de opções de tamanhos e observe as mudanças.

Configurando o ajuste automático de um quadro

Veja, então, que todos os elementos por onde as guias líquidas passam foram alterados juntamente com a página.

Essa alteração funciona de forma diferente para quadros de texto e quadros normais. Observe que os quadros de texto foram redimensionados, mas a fonte do texto não sofreu alteração, e o texto fluiu de acordo com o novo tamanho do quadro. Já o quadro do logotipo foi redimensionado, mas o logotipo não.

Nesse caso, você precisaria selecioná-lo com a ferramenta *Seleção* e clicar no botão *Ajustar conteúdo proporcionalmente* (*Fit Content Proportionally*). Para evitar esse trabalho, é preciso alterar as opções de ajuste do quadro antes de fazer a alteração.

7. Pressione *Ctrl + Z* para desfazer a alteração, ative a ferramenta *Seleção* (*Selection*) e selecione o logotipo da página esquerda.

8. Clique com o botão direito sobre o logotipo e selecione a opção *Ajuste/Opções de ajuste ao quadro* (*Fitting/Frame Fitting Options*).

9. No quadro de diálogo, ative a opção *Ajuste automático* (*Auto-Fit*) e selecione a opção *Ajustar conteúdo proporcionalmente* (*Fit Content Proportionally*), na caixa *Ajuste* (*Fitting*). Em seguida, clique em *OK* para finalizar.

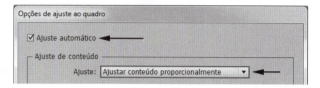

10. Agora, ative a ferramenta *Página* (*Page*) e faça a alteração do tamanho da página novamente. Veja que, agora, o logotipo será ajustado automaticamente ao novo tamanho do quadro que o contém.

Convertendo guias de régua em guias líquidas

Você pode converter uma guia de régua colocada em seu documento em uma guia líquida e vice-versa.

11. Com a ferramenta *Seleção* (*Selection*), acrescente uma guia vertical à sua página. Observe que, enquanto ela estiver selecionada, um pequeno ícone será exibido sobre ela. Clique sobre ele e a guia será convertida em uma guia líquida.

O contrário também pode ser feito, ou seja, converter uma guia líquida em guia normal. Veja que o ícone muda de formato quando a guia é uma guia líquida; basta clicar sobre o ícone para convertê-la em guia normal.

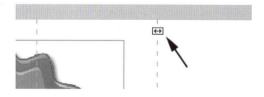

12. Salve seu arquivo e feche-o.

Alterando a página com a regra *Baseado no objeto* (*Object-based*)

Com a regra *Baseado no objeto* (*Object-based*), você tem mais controle dos objetos tomados individualmente, sendo possível determinar como cada um se comportará quando a página for alterada. Mediante controles, que são exibidos no próprio objeto selecionado, você especifica o que deve ocorrer com sua largura, bem como sua localização em relação às bordas da página.

1. Abra o arquivo *FOLHETO2_A*, disponível na pasta *Arquivos de trabalho/Capitulo5*, e ative a ferramenta *Página* (*Page*). Trata-se de um arquivo simples, com apenas uma imagem, para você treinar.

2. Agora, em vez de determinar a regra por meio da caixa *Regra de página do Liquid* (*Liquid Page Ruler*), no painel *Controle* (*Control*), você vai utilizar o painel *Layout líquido* (*Liquid Layout*). Portanto, no menu *Janela* (*Window*), clique em *Interativo* (*Interactive*), selecione *Layout líquido* (*Liquid Layout*) e o painel será exibido.

3. Observe que o painel também tem a caixa *Regra de página do Liquid* (*Liquid Page Ruler*), para você escolher a regra a ser usada. Ative a ferramenta *Página* (*Page*), clique na seta da caixa e selecione *Baseado no objeto* (*Object-based*).

4. Dê um clique sobre a imagem. Ela ficará com um contorno mais grosso, na cor azul, e exibirá os controles.

5. Experimente alterar o tamanho da página, escolhendo, por exemplo, o formato *B5* na lista do painel *Controle* (*Control*). Observe que a página foi alterada, mas o objeto permaneceu no mesmo local original, sem alteração de tamanho. Isso ocorre porque você ainda não definiu as opções da regra. Portanto, desfaça a alteração voltando ao tamanho A4.

No item *Restrições do objeto* (*Object Constraints*), no painel, existem duas opções:

- *Redimensionar com a página* (*Resize with page*): neste item, você define se a largura e/ou altura do objeto deve ser redimensionada juntamente com a página.

- *Pino* (*Pin*): neste item, você define se o objeto deverá permanecer fixo em relação às bordas da página. Você só pode ativar uma opção de borda, ou seja, se você ativar a opção *Superior* (*Top*), não poderá ativar a opção *Inferior* (*Bottom*). O mesmo vale para as opções *Direita* (*Right*) e *Esquerda* (*Left*).

Por padrão, todas as opções estão desativadas. Na imagem, essas opções são identificadas por meio de pequenos círculos. Você pode ativá-las no painel ou clicando nesses círculos.

Os círculos internos ligados por uma linha tracejada controlam a largura e a altura e, por padrão, estão travados (observe o ícone de um cadeado sobre as linhas vertical e horizontal).

6. Para habilitar o redimensionamento da largura do objeto, dê um clique sobre o cadeado da linha tracejada horizontal ou em um dos pequenos círculos nas extremidades da linha. O mesmo procedimento pode ser adotado ativando a caixa *Largura* (*Width*) no painel *Layout líquido* (*Liquid Layout*). Após ativar a opção, o cadeado é substituído por uma linha sanfonada.

 Para saber se alguma opção está fixa, basta observar os pequenos círculos. Se eles estiverem preenchidos, é sinal de que a opção está fixa. Caso contrário, está livre.

7. Clique novamente para fixar a largura, ou desative a opção *Largura* (*Width*), no painel *Layout líquido* (*Liquid Layout*).

8. No painel, ative as opções *Superior* (*Top*) e *Direita* (*Right*). Dessa forma, a distância do objeto até essas bordas não será alterada com o redimensionamento da página.

9. Agora, altere o tamanho da página para *B5*. Veja que a página foi alterada, mas a distância do objeto até as bordas superior e direita foi mantida.

10. Desfaça a alteração e, dessa vez, ative as caixas *Altura* (*Height*) e *Largura* (*Width*) no painel. Lembre-se de que você pode clicar nos círculos do próprio objeto.

11. Altere novamente a página para *B5*, por exemplo, e veja que, dessa vez, o objeto foi redimensionado proporcionalmente com a página.

12. Feche o arquivo. Não há necessidade de salvá-lo.

A regra *Baseado no objeto* (*Object-based*) tem aplicação simples e, se você executar um trabalho organizado, especificando o comportamento de cada objeto da página, verá que o ganho em produtividade será compensador. Como exemplo, veja o folheto a seguir, desenvolvido no formato A4 na horizontal:

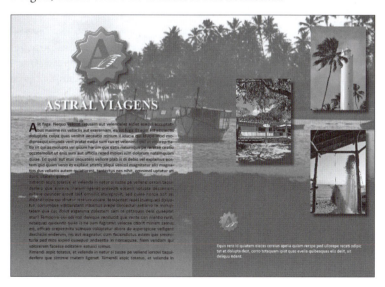

Imagine que você precisasse de outra opção desse folheto, no formato A3, também na horizontal, e com algumas fotos a mais, como mostra a figura a seguir:

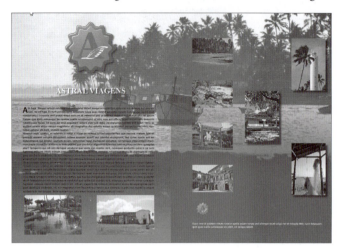

Com o uso da regra *Baseado no objeto* (*Object-based*), você evita todo o retrabalho de redimensionamento dos objetos, ajuste de posição, etc.

13. Abra uma cópia do arquivo FOLHETO2_B, disponível na pasta *Arquivos de trabalho/ Capitulo5*.

Nesse arquivo, já foram definidas todas as opções de comportamento dos objetos, de acordo com a finalidade.

14. Ative a ferramenta *Página* (*Page*) e clique nos objetos para conferir as opções no painel *Layout líquido* (*Liquid Layout*).

Em alguns objetos, foram definidas as alterações de largura e altura, e suas posições em relação à borda da página foram fixadas. Em outros, foi definida a opção *Ajuste automático do quadro* (*Auto-Fit*), entre outras opções. Não deixe de examinar cada um dos objetos para entender melhor o resultado da alteração.

15. Agora que você já verificou os objetos, ative a ferramenta *Página* (*Page*) e altere o tamanho para *A3*, na lista do painel *Controle* (*Control*), e veja o resultado.

16. Abra o arquivo FOLHETO2_C, também disponível na pasta *Arquivos de trabalho/ Capitulo5*, e compare com o que você acabou de alterar. Veja que a maior parte do trabalho já está pronta, bastando acrescentar as imagens adicionais e fazer pequenos ajustes de posicionamento.

 Caso você queira finalizar esse trabalho, as imagens utilizadas no folheto final também estão na pasta *Arquivos de trabalho/Capitulo5*.

17. Salve seu arquivo como FOLHETO_2_TESTE e feche ambos os arquivos.

ALTERANDO A PÁGINA COM A REGRA *CONTROLADO PELA PÁGINA-MESTRE* (*CONTROLLED BY MASTER*)

A última opção entre as regras do *Layout líquido* (*Liquid Layout*) é a *Controlado pela página-mestre* (*Controlled by Master*). A diferença em relação às outras é que, com essa opção, você aplica as regras na página-mestre. Dessa forma, todas as páginas que se baseiam nessa página-mestre terão o comportamento de acordo com a regra aplicada a ela.

1. Abra uma cópia do arquivo *FOLHETO4.indd* e salve-a em sua pasta *Meus trabalhos* com o nome *FOLHETO4_TESTE.indd*.

2. No painel *Páginas* (*Pages*), selecione a miniatura da página 1 e, mantendo a tecla *Shift* pressionada, selecione a última. Assim, todas as páginas serão selecionadas.

3. Ative a ferramenta *Página* (*Page*) e, na caixa *Regra de página do Liquid* (*Liquid Page Rule*), altere para *Controlado pela página-mestre* (*Controlled by Master*).

4. Agora, dê duplo clique na página-mestre *A-Página-mestre* para entrar no modo de edição.

5. Na caixa *Regra de página do Liquid* (*Liquid Page Rule*), altere para *Escala* (*Scale*) e mude o tamanho da página para *A5*.

6. Visualize cada uma das páginas do documento e perceba que todas foram alteradas para o formato *A5*. O conteúdo delas acompanhou a alteração proporcionalmente, de acordo com a regra estabelecida na página-mestre.

Independentemente de você ter estabelecido uma regra para a página-mestre, é possível aplicar uma regra diferente para uma página específica do documento. Basta estar na página que receberá a nova regra, selecioná-la com a ferramenta *Página* (*Page*) e aplicar a regra desejada.

7. Salve e feche seu arquivo.

Atividade 3 – Gerenciando conteúdo vinculado

Objetivo:

> Explorar os recursos para a criação e a atualização de vínculos entre os objetos em um documento ou entre outros documentos.

Tarefas:

> Conhecer o painel *Vínculos* (*Links*).

> Explorar as opções do painel *Vínculos* (*Links*).

> Aplicar zoom a um objeto vinculado.

> Atualizar um arquivo importado.

> Incorporar um arquivo importado.

> Substituir um arquivo.

> Editar o arquivo original.

> Explorar o comando *Inserir e vincular* (*Place and Link*).

> Conhecer as opções de vínculos.

O painel *Vínculos* (*Links*)

Todos os arquivos que você importa para o documento são listados em um painel chamado *Vínculos* (*Links*). Ele exibe o local em que os arquivos estão no disco, além de muitas outras informações.

Quando você importa uma imagem para um documento no InDesign, um vínculo é criado entre ela e o documento. O arquivo importado não é gravado no arquivo do InDesign, então se você apagá-lo ou movê-lo, o InDesign não conseguirá localizá-lo e, no momento da impressão, essa imagem não será impressa corretamente. Além disso, se você altera um arquivo de imagem no Photoshop, importado para o InDesign anteriormente, no painel *Vínculos* (*Links*), você é informado sobre essa alteração.

Esse painel permite gerenciar todos os arquivos importados, para que não haja problemas posteriores.

1. Abra uma cópia do arquivo *Estudo_vínculos.indd*, disponível na pasta *Arquivos de trabalho/Capitulo5*, e salve-o em sua pasta *Meus trabalhos* como *Estudo_vínculo1*.

2. Expanda o painel *Vínculos* (*Links*) clicando sobre ele na área de painéis ou pressionando as teclas *Shift + Ctrl + D*.

3. Pressione as teclas *Ctrl + D*, localize e selecione o arquivo *LOGO1.psd*, e clique em *Abrir*.

4. Dê um clique na área de trabalho para inseri-lo no tamanho original e posicione-o na página, como mostrado a seguir.

5. Observe que o objeto importado já está listado no painel *Vínculos* (*Links*). Selecione o objeto na página, ou clique sobre ele no painel, e todas as informações serão exibidas na parte inferior do painel *Vínculos* (*Links*). Se for preciso, aumente o tamanho do painel para visualizar todas as informações ou use a barra de rolagem.

Se a área de informações estiver oculta, basta dar um clique no pequeno triângulo na parte inferior do painel.

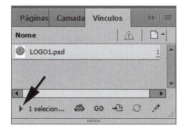

6. Executando o mesmo procedimento, importe a imagem *Fundo3.jpg*, ajuste a *Largura* (*Width*) para *72 mm* e deixe a *Altura* (*Height*) proporcional. Clique no botão *Ajustar conteúdo proporcionalmente* (*Fit Content Proportionally*) e posicione-a na página. Veja que o novo item já consta no painel *Vínculos* (*Links*).

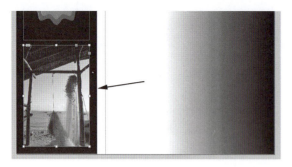

Opções do painel Vínculos *(Links)*

Conheça agora algumas opções disponíveis para configurar o painel *Vínculos* (*Links*).

7. Abra o menu do painel, clicando no canto superior direito dele, e selecione *Opções de painel* (*Panel Options*).

8. No item *Tamanho da linha* (*Row Size*), você pode escolher, entre três opções, a maneira como o painel exibirá as miniaturas dos objetos vinculados. Clique na seta ao lado da caixa, selecione *Linhas grandes* (*Large Rows*) e clique em *OK* para ver como fica no painel.

O quadro *Opções de painel* (*Panel Options*) oferece uma lista grande de itens que podem ser exibidos tanto na parte superior quanto na área de informações do painel. Basta você habilitá-los com um clique para que os itens escolhidos sejam exibidos.

9. Abra novamente o quadro *Opções de painel* (*Panel Options*) e, como exemplo, na coluna *Mostrar coluna* (*Show Column*), ative as caixas para *Tamanho* (*Size*) e *Dimensões* (*Dimensions*).

10. Clique em *OK* e veja que, agora, o painel ganhou mais duas colunas de informação: uma mostra o tamanho do arquivo e a outra, as dimensões originais do objeto.

Não deixe de explorar os demais itens para verificar o que mais é interessante para as suas necessidades.

Aplicando zoom no objeto vinculado

O número em azul, em frente ao nome do objeto, na coluna *Página* (*Page*) do painel, indica a página do documento na qual está o objeto. Observe que os dois objetos encontram-se na página 1. Porém, esse número também é um hyperlink que remete diretamente ao objeto.

11. Clique no número da coluna *Página* (*Page*), em frente ao objeto *Fundo3.jpg*, e veja que o InDesign aplica um zoom e seleciona o objeto na página do documento.

12. Faça o mesmo com o objeto *LOGO1.psd* e veja que o zoom é aplicado a ele.

Essa possibilidade é bem interessante quando se trabalha com um arquivo de várias páginas, pois torna fácil e rápida a localização de um objeto no documento.

Na base do painel, há um botão com a mesma função, chamado *Ir para vínculo* (*Go to Link*). Porém, nesse caso, você precisa, antes, selecionar o item na lista do painel.

Atualizando um arquivo importado

Se você importar, por exemplo, um arquivo de imagem preparado no Photoshop e, depois disso, editá-lo e salvá-lo, um ícone é colocado ao lado do nome no painel *Vínculos* (*Links*), indicando que a versão do arquivo está desatualizada. No exemplo a seguir, a imagem *Fundo3.jpg* foi editada no Photoshop e, após ser salva, o InDesign já identifica a alteração, mostrando isso no painel *Vínculos* (*Links*) e na própria imagem.

Nesse caso, basta dar um duplo clique no ícone da exclamação no painel ou apenas um clique no ícone da exclamação na imagem, para atualizá-la.

Se você tiver o Photoshop instalado em seu computador, experimente fazer uma edição nessa imagem, para ver como funciona.

Por outro lado, quando um arquivo for movido de sua pasta original para outra, o painel exibirá o ícone de uma interrogação.

13. Experimente mover o arquivo *Fundo3.jpg* para fora da pasta *Arquivos de trabalho/Capitulo5*. Veja que o InDesign mostra o ícone no painel *Vínculos* (*Links*) e também na imagem.

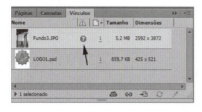 

Nesse caso, basta dar duplo clique no ícone no painel, ou um clique simples no ícone na imagem, e o InDesign perguntará a nova localização da imagem com o quadro de diálogo *Localizar* (*Locate*).

14. Como esse arquivo deve permanecer na pasta de origem, por causa de outras atividades, cancele a operação.

15. Coloque o arquivo da imagem em sua pasta original e o InDesign atualizará a informação. Assim, o ícone de interrogação não aparecerá mais.

Incorporando um arquivo

Você pode incorporar um arquivo importado fazendo com que ele seja salvo dentro do documento do InDesign. Nesse caso, o link é quebrado e você não será mais alertado caso ele venha a sofrer alguma alteração depois de ter sido incorporado. Além disso, o tamanho do arquivo do InDesign ficará maior.

Essa função chama-se *Incorporar vínculo* (*Embed Link*); no painel *Vínculos* (*Links*), basta clicar com o botão direito do mouse sobre o arquivo e selecioná-la. Um ícone será colocado para informá-lo.

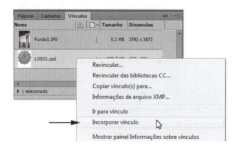 

Substituindo um arquivo

É simples fazer a substituição de um arquivo por outro utilizando o painel *Vínculos* (*Links*). Suponha que você precise trocar a imagem *Fundo3.jpg* por outra.

16. Para isso, selecione a imagem no painel *Vínculos* (*Links*) e clique no botão *Revincular* (*Relink*).

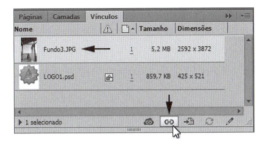

17. No quadro *Revincular* (*Relink*), localize e selecione a imagem *Foto2.jpg*, clique em *Abrir* e a imagem será substituída.

Editando o arquivo original

Você pode fazer a edição do arquivo importado no software de origem. Depois de salvá-lo, ele é atualizado automaticamente no InDesign. Basta clicar no botão *Editar original* (*Edit Original*), no painel, para abrir o arquivo e editá-lo.

18. Salve seu arquivo.

O comando *Inserir e vincular* (*Place and Link*)

Um importante recurso para quem desenvolve trabalhos no InDesign é o comando *Inserir e vincular* (*Place and Link*). Com ele, você cria um vínculo entre todas as cópias de um objeto aplicado no decorrer de uma publicação ou até mesmo entre publicações distintas. Dessa forma, qualquer alteração do original reflete-se em suas cópias dentro da publicação ou entre as publicações que compartilham o mesmo objeto.

É possível vincular matérias, quadros de texto, itens de página, objetos interativos, bem como grupos. Além disso, a forma como esse vínculo funcionará é personalizável, por meio do quadro *Opções de vínculo* (*Link Options*).

Esses recursos são muito úteis para todos os tipos de publicações e, mais ainda, para quem produz para vários dispositivos.

1. Abra o arquivo *Estudo_vínculo1.indd*, caso o tenha fechado.

Duplicando objetos no mesmo arquivo

Para compreender como funciona o comando *Inserir e vincular* (*Place and Link*), você fará duas cópias do logotipo, mas de formas diferentes.

2. Faça uma cópia do logotipo, com as teclas *Ctrl + C* e *Ctrl + V*, e posicione-o do lado direito da página. Veja que no painel *Vínculos* (*Links*) uma nova cópia do objeto entra na lista.

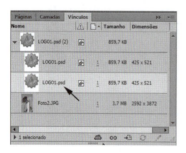  

3. Selecione o logotipo do lado esquerdo novamente. Dessa vez, abra o menu *Editar* (*Edit*) e clique em *Inserir e vincular* (*Place and Link*).

4. Automaticamente, o InDesign exibe o *Transportador* (*Conveyor*). Pressione as teclas *Alt + B* para desativá-lo, então clique do lado direito da página, logo abaixo da cópia anterior do logotipo, para inserir a nova cópia.

5. Selecione o logotipo do lado esquerdo, o original, e altere a *Largura* (*Width*) para *45 mm*, com altura proporcional e, no painel *Controle* (*Control*), clique no botão *Ajustar conteúdo proporcionalmente* (*Fit Content Proportionally*).

Veja que a cópia feita com o comando *Inserir e vincular* (*Place and Link*) mostra o ícone de uma exclamação, indicando que o objeto está desatualizado. A mesma coisa acontece no painel *Vínculos* (*Links*).

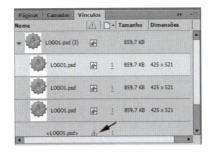

 A atualização também pode ser feita no painel *Vínculos* (*Links*), dando-se duplo clique no ícone da exclamação exibido em frente ao objeto na lista.

6. Dê um clique no ícone da exclamação e o objeto será atualizado de acordo com o original.

A cópia feita de forma convencional não sofreu nenhuma alteração. Portanto, se você estivesse trabalhando em uma publicação em que houvesse várias cópias do logotipo em páginas distintas, seria preciso alterar uma por uma, o que daria muito mais trabalho.

No painel *Vínculos* (*Links*), há um botão para que você atualize todas as cópias de um objeto, também chamadas de instâncias. Veja, na imagem a seguir, um exemplo de uma publicação em que o painel mostra que várias instâncias do objeto estão desatualizadas e o botão no qual você deve clicar.

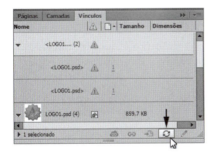

Duplicando objetos em arquivos distintos

Como dito anteriormente, esse recurso também é aplicado entre dois arquivos distintos. Se for feita alguma alteração no objeto original, você pode atualizar as cópias em outros arquivos.

7. Pressione as teclas *Ctrl + N* e crie um novo arquivo com formato *Carta*, na *horizontal*.

8. Volte ao arquivo *Estudo_vínculo1*, selecione o logotipo da esquerda e, no menu *Editar* (*Edit*), clique em *Inserir e vincular* (*Place and Link*).

9. Retorne ao arquivo novo e dê um clique na página, para inserir a cópia do logotipo. Veja no painel *Vínculos* (*Links*) que o nome do arquivo de origem do InDesign é colocado à frente do nome do objeto.

10. Retorne ao arquivo *Estudo_vínculo1* e altere a largura do logotipo para *60 mm*.

11. De volta ao arquivo novo, veja que o ícone de exclamação foi colocado no logotipo, bem como no painel *Vínculos* (*Links*). Dê um clique no ícone de exclamação no logotipo, para atualizá-lo.

Com isso, você pôde ver que o uso desse comando é de grande utilidade no dia a dia da produção de publicações.

12. Feche o arquivo novo sem salvá-lo e salve o arquivo *Estudo_vínculo1*, fechando-o em seguida.

Vinculando textos com o comando *Inserir e vincular* (*Place and Link*)

No caso dos textos ou matérias em particular, você pode optar por fazer dois tipos de cópia com o comando *Inserir e vincular* (*Place and Link*).

1. Crie um novo documento com formato *A4*, na horizontal.

2. Pressione *Ctrl + D* e importe o texto *ASTRAL TURISMO.doc*, localizado na pasta *Arquivos de trabalho\Capitulo5*, inserindo-o na página, como mostrado a seguir.

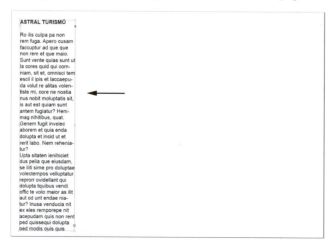

3. Ative a ferramenta *Tipo* (*Type*), clique dentro do quadro de texto e, no menu *Editar* (*Edit*), clique em *Inserir e vincular* (*Place and Link*).

4. Ao lado do original, clique e arraste para gerar a cópia.

5. Agora, com a ferramenta *Seleção* (*Selection*), selecione o quadro de texto original, clique no menu *Editar/Inserir e vincular* (*Edit/Place and Link*), dê um clique ao lado da primeira cópia e veja que você não precisou arrastar o cursor: a cópia ficou igual ao original.

6. Faça algumas alterações no texto original, por exemplo, mude a fonte, a cor do título, etc. e, no título, troque a palavra *TURISMO* por *VIAGENS*.

7. Com a ferramenta *Seleção* (*Selection*), selecione o quadro de texto original e altere sua cor de preenchimento.

Observe que as duas cópias estão com o ícone da exclamação, pois foram feitas alterações no objeto original.

8. Com a ferramenta *Seleção* (*Selection*), clique no ícone de exclamação da primeira cópia e veja que somente as alterações feitas na configuração da fonte foram alteradas, pois o comando copiou e vinculou apenas a matéria.

9. Agora, atualize a segunda cópia e veja que, nesse caso, a alteração da cor de preenchimento também foi alterada. Dessa maneira, o comando copiou não só a matéria, mas também os atributos do quadro do texto.

Portanto, de acordo com sua necessidade, você tem duas opções para trabalhar com o comando *Inserir e vincular* (*Place and Link*), no caso dos textos.

10. Feche o arquivo sem salvá-lo.

As opções de vínculo

Até então, você viu que todas as cópias de um objeto são alteradas quando uma mudança é feita no objeto original. Mas, dependendo do projeto, você pode precisar preservar certas alterações feitas nas cópias. Para isso, você tem o quadro *Opções de vínculo* (*Link Options*). Para utilizá-lo e definir opções para a cópia do objeto, você deve selecionar a cópia em questão e, no menu do painel *Vínculos* (*Links*), acessar o quadro.

O quadro apresenta várias opções para você definir o que precisa preservar na cópia do objeto, mesmo que o original seja alterado.

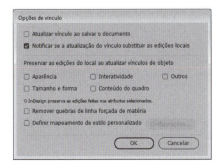

A seguir, um breve descritivo das opções mais utilizadas:

- *Atualizar vínculo ao salvar o documento* (*Update Link When Saving document*): essa opção atualiza o vínculo da cópia sempre que você salvar o documento.

- *Notificar se a atualização do vínculo substitui as edições locais* (*Warn if Link Update Will Overwrite Local Edits*): essa opção exibe uma mensagem de alerta se a atualização modificar alterações feitas na cópia em questão.

- *Preservar as edições do local ao atualizar vínculos de objeto* (*Preserve Local Edits while Updating Object Links*): são as opções mais específicas que podem ser ativadas para a cópia do objeto:

  - *Aparência* (*Appearance*): preserva a cor de traçado e de preenchimento, a espessura do traçado, os efeitos, os cantos, etc.

  - *Tamanho e forma* (*Size and Shape*): preserva a rotação, a escala, a inclinação, a forma de caminho, etc.

  - *Interatividade* (*Interactivity*): animação e temporização, botões, formas e estados de objetos.

  - *Conteúdo do quadro* (*Frame Content*): preserva as alterações no conteúdo presente do contêiner, itens em um grupo, códigos HTML e configurações do painel *Mídia*.

  - *Outros* (*Others*): preserva opções de texto em contorno, opções de quadro de texto, configurações de exportação de objetos, etc.

Anotações

Anotações

6

Produzindo documentos digitais

OBJETIVOS

» Importar e exportar arquivos PDF

» Criar arquivos interativos em PDF

» Trabalhar com estilos de objetos

» Conhecer os recursos de verificação e saída

Uma ferramenta versátil

O InDesign é muito versátil na produção de conteúdos para várias aplicações e mídias, e não só para impresão. É possível criar documentos digitais, permitindo integrar interatividade, vídeo e som.

Também é possível exportar seus trabalhos para PDF, PDF interativo, formulários em PDF, EPUB, HTML, JPEG, HTML e SWF (que podem ser exibidos com o Adobe Flash Player).

Atividade 1 – Importando e exportando arquivos PDF

Objetivo:
» Importar arquivos PDF para o InDesign e exportar no formato PDF.

Tarefas:
» Importar e exportar arquivos PDF.

» Inserir hyperlinks e bookmarks.

» Exportar um livro para PDF.

Os arquivos PDF

O PDF (Portable Document File) é um formato universal de arquivo que preserva fontes, imagens e o layout de documentos em uma grande variedade de aplicativos e plataformas.

O Adobe PDF tornou-se o padrão para distribuição e troca seguras de documentos e formulários eletrônicos. Arquivos nesse formato são compactos e completos e podem ser compartilhados, visualizados e impressos por qualquer um com o software gratuito Adobe Reader.

Importando arquivos PDF

Com o comando *Inserir* (*Place*), você pode importar arquivos no formato PDF, especificando quais páginas deseja colocar em seu documento. As opções de importação são exibidas, desde que você selecione a caixa *Mostrar opções de importação* (*Show Import Options*), no quadro de diálogo *Inserir* (*Place*), assim como na importação de arquivos do Photoshop.

No quadro, você tem uma pré-visualização das páginas para fazer a verificação antes da importação. As páginas importadas são carregadas no cursor, para que você defina onde devem ser colocadas, uma a uma. O InDesign não importa filmes, sons, links ou botões que existirem no arquivo PDF.

As páginas importadas para o InDesign aparecem como imagens e possuem um link com o arquivo original. Dessa forma, qualquer alteração feita no arquivo original será refletida no arquivo do InDesign.

1. Crie um novo documento com o tamanho da página configurado como *Carta* (*Letter*), na orientação *Vertical* (*Portrait*) e com número de páginas igual a 6.

2. Pressione *Ctrl + D*, localize e selecione o arquivo *Livro Caesaris.pdf* na pasta *Arquivos de Trabalho/Capitulo6*, ative a opção *Mostrar opções de importação* (*Show Import Options*) e clique no botão *Abrir*. Será exibido o quadro de diálogo *Inserir PDF* (*Place PDF*).

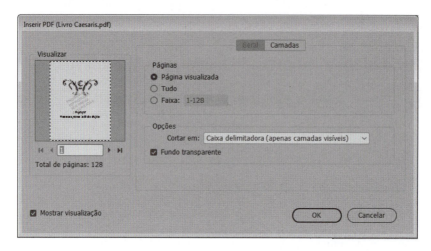

No item *Visualizar* (*Preview*), é exibida uma pré-visualização das páginas. Use as setas abaixo da visualização para navegar pelas páginas do documento.

Em *Páginas* (*Pages*), você define quais páginas deseja importar com as seguintes opções:

- *Página visualizada* (*Previewed Page*): será importada somente a página exibida na área *Visualizar* (*Preview*).

- *Tudo* (*All*): importa todas as páginas do documento.

- *Faixa* (*Range*): você entra com o número específico da página desejada ou com uma sequência de páginas, como *1-15* (que importará as páginas de 1 a 15), ou ainda páginas específicas, que no caso devem ser separadas por vírgula (por exemplo, as páginas *1, 5, 7, 9*).

No item *Opções* (*Options*), você define se quer recortar a página a partir de uma opção da caixa *Cortar em* (*Crop to*) e se deseja retirar o fundo da página selecionada na opção *Fundo transparente*.

3. Ative a opção *Faixa* (*Range*) e digite *1-6* para importar as páginas de 1 a 6; desabilite a opção *Fundo transparente* (*Transparent Background*), caso ela esteja ativa.

4. Clique no botão *OK* e as páginas serão carregadas no cursor. Basta clicar nas páginas do documento para fazer a inserção de cada uma delas.

5. Salve o arquivo como *Importacao PDF* em sua pasta *Meus Trabalhos* e feche-o.

Exportando arquivos PDF

Exportar um documento (ou livro) do InDesign é simples, funcionando como se você estivesse enviando o arquivo para uma impressora. Ao enviar arquivos para impressão, você ajusta as configurações para isso, e na exportação para PDF não é diferente. As configurações são salvas e podem ser usadas em qualquer novo documento do InDesign. Existem configurações prontas para você utilizar.

Você pode exportar um documento, um livro ou arquivos selecionados dentro de um livro para um arquivo PDF.

Exportando para um PDF, você pode preservar os elementos de navegação, como sumário e índice, ou recursos de interatividade, como hyperlinks, marcadores, botões, etc.

Nessa atividade, você vai fazer a exportação do arquivo *Livro Caesaris*, que você criou no *Capítulo 4*. Mas, antes, você vai incrementar o arquivo inserindo os recursos *Hiperlink* (*Hyperlink*) e *Marcadores* (*Markers*).

Inserindo hyperlinks

Hyperlinks em um documento PDF permitem que você seja remetido diretamente para outro local dentro do documento, para outro documento (desde que esteja dentro da mesma pasta), para um endereço de e-mail ou para um endereço na internet. Você pode aplicar o hyperlink em uma palavra, texto, quadro de texto ou objeto gráfico.

1. No menu *Arquivo* (*File*), clique em *Abrir* (*Open*), selecione o arquivo *Livro.indb*, localizado em sua pasta *Meus trabalhos/Atividade Livro*, e marque a opção *Cópia* (*Copy*), do quadro *Abrir*. Clique no botão *Abrir*.

2. Mude a área de trabalho para a opção *Livro* (*Book*).

3. Abra o arquivo do *Capítulo 1* por meio do painel *Livro* (*Book*) e, em seguida, clique no painel *Hiperlinks* (*Hyperlinks*) para expandi-lo. Com ele, você pode criar e gerenciar os links de seus documentos.

4. Aplique um zoom no início da página 3 e selecione a palavra *Celtae* com a ferramenta *Tipo* (*Type*).

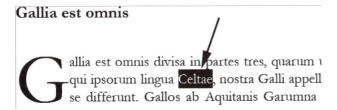

5. Na base do painel *Hiperlinks* (*Hyperlinks*), clique no botão *Criar novo hiperlink* (*Create New Hyperlink*). Você também pode clicar com o botão direito do mouse sobre a palavra selecionada e no menu de contexto selecionar as opções *Hiperlinks/ Novo hiperlink* (*Hyperlink/New Hyperlink*).

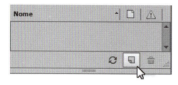

O quadro de diálogo *Novo hiperlink* (*New Hyperlink*) será exibido, fornecendo as opções de configuração do hyperlink.

6. Na caixa *Vincular a* (*Link To*), selecione a opção *Página* (*Page*), que remete a uma página específica do próprio documento.

A caixa *Documento* (*Document*) exibe o documento em que você está trabalhando, nesse caso, o arquivo referente ao primeiro capítulo. Suponha que você queira que o link remeta ao quinto capítulo, na página 51 do livro. Para isso, é preciso que você indique o capítulo.

7. Clique na seta da caixa *Documento* (*Document*), selecione *Procurar* (*Browse*), localize e selecione o arquivo referente ao quinto capítulo do livro.

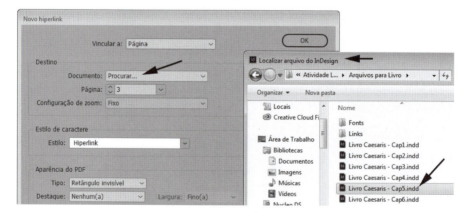

8. Clique em *Abrir* e, na caixa *Página* (*Page*), digite ou selecione a página 51.

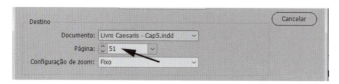

9. Na caixa *Configuração de zoom* (*Zoom Setting*), você define o zoom a ser aplicado quando a visualização do documento for para a página especificada. Selecione a opção *Fixo* (*Fixed*), que exibe a página com o mesmo nível de zoom de quando você criou o hyperlink.

No item *Estilo de caractere* (*Character Style*), você define qual estilo deve ser aplicado à palavra selecionada. Por padrão, o InDesign utiliza o estilo *Hyperlink*, mas você pode criar um novo ou não aplicar nenhum estilo.

10. Para esta atividade, deixe selecionada a opção *Hiperlink* (*Hyperlink*).

11. Por padrão, a palavra selecionada é colocada dentro de um retângulo e, na caixa *Tipo* (*Type*), você define se quer ou não que o retângulo seja visível. Selecione a opção *Retângulo visível* (*Visible Rectangle*). As outras opções são de formatação desse retângulo.

12. Clique no botão *OK* e desfaça a seleção da palavra. Observe no painel o hyperlink criado e a aparência da palavra no texto.

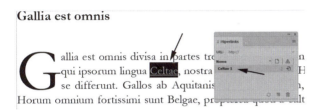

13. Selecione as palavras *Apud Helvetios* no início do segundo parágrafo, crie um novo hyperlink e, na caixa *Vincular a* (*Link To*), selecione a opção *URL*.

14. Na caixa *URL*, digite o endereço *http://www.sp.senac.br* e clique no botão *OK* para finalizar

Observe no painel *Hiperlinks* (*Hyperlinks*) a identificação do endereço na caixa URL do link que você acabou de criar. Note que cada tipo de link criado tem um ícone diferente para identificá-lo.

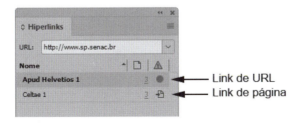

Observe que o pequeno círculo que identifica um link de URL está verde. Se ele estiver vermelho, é porque a URL não foi definida ou tem algum problema.

Além disso, ele informa a página em que o link está, permitindo que você clique sobre o número e seja remetido diretamente para a posição.

Os hyperlinks também podem ser definidos para imagens, da mesma forma que nos textos.

Inserindo Marcadores (Bookmarks)

Marcador é um tipo de link que facilita a navegação em documentos exportados para o formato PDF. Os marcadores que você cria no InDesign são exibidos na guia *Marcadores* (*Bookmarks*) do lado esquerdo do Adobe Acrobat ou Adobe Reader.

Todos os itens do sumário que você criou para o livro são automaticamente adicionados à guia *Marcadores* (*Bookmarks*).

15. Navegue até a página 4 do primeiro capítulo, aplique um zoom na lista no topo da página e selecione a primeira palavra da lista.

16. Clique no botão do painel *Marcadores* (*Bookmarks*), para expandi-lo.

17. Na base do painel, clique em *Criar novo marcador* (*Create New Bookmark*). O nome do marcador fica selecionado e disponível para edição. Digite *Lista de porcentagem*.

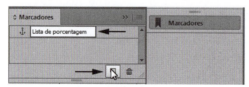

18. Feche os arquivos que estiverem abertos no InDesign, salvando-os, se isso for requisitado.

Exportando um livro para PDF

19. Clique em uma parte livre do painel *Livro* (*Book*), para desfazer a seleção de qualquer documento.

20. Abra o menu de opções do painel, selecione a opção *Exportar livro para PDF* (*Export Book to PDF*) e, no quadro *Exportar* (*Export*), localize sua pasta *Meus trabalhos* e digite *Livro exportado* na caixa *Nome*.

21. Clique no botão *Salvar* e o quadro *Exportar Adobe PDF* (*Export to PDF*) será exibido.

22. Esse quadro é similar ao quadro de impressão. No item *Opções* (*Options*), ative as opções *Incorporar miniaturas de página* (*Embed Page Thumbnails*) e *Exibir PDF após exportação* (*View PDF after Exporting*). No item *Incluir* (*Include*), selecione as opções *Marcadores* (*Bookmarks*) e *Hiperlinks* (*Hyperlinks*). Com isso, os hyperlinks e os marcadores estarão ativos no PDF.

A primeira opção cria miniaturas das páginas do documento que são exibidas em uma guia do Adobe Acrobat ou Adobe Reader, e a segunda abre o Adobe Acrobat ou Adobe Reader para exibir o documento criado.

23. Clique em *Exportar* (*Export*) para finalizar. Como você ativou a opção *Exibir após exportar* (*View PDF after Exporting*), o arquivo será aberto automaticamente.

24. Abra a guia *Marcadores* (*Bookmarks*) no Acrobat ou no Reader, clique no link *Gallia est omnis* e veja os hyperlinks que você definiu. Confira se estão funcionando.

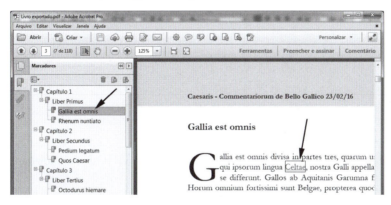

No final da lista está o marcador *Lista de porcentagem* que você acrescentou. Ao clicar sobre ele, o documento exibirá a página onde foi colocado o marcador.

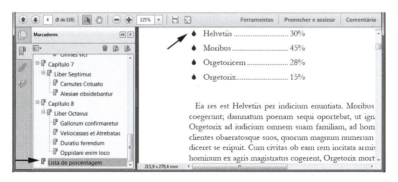

Para exportar arquivos individuais, que não façam parte de um livro, selecione a opção *Exportar* (*Export*) no menu *Arquivo* (*File*). Daí para frente, os procedimentos são os mesmos.

25. Feche o arquivo.

Atividade 2 – Criando PDFs interativos

Objetivo: » Criar documentos interativos em PDF, com transições de páginas, botões e vídeo.

Tarefas: » Aplicar transições de páginas no documento.
» Criar e aplicar botões.
» Criar hyperlinks.
» Inserir vídeos.

Na atividade anterior, você viu como acrescentar marcadores (*bookmarks*) e hyperlinks em seu arquivo PDF, algo que já confere certa interatividade. Agora, você vai inserir botões de controle de navegação e filmes, além de configurar a transição das páginas, criar um formulário e exportá-lo como PDF, tudo isso dentro do próprio InDesign.

Conhecendo o arquivo da atividade

Para explorar esses recursos, você vai trabalhar com um arquivo previamente preparado chamado *Projeto Bahia 4*. Trata-se de um folheto fictício, contendo informações de turismo e desenvolvido com as ferramentas do InDesign que você já explorou até aqui.

1. Pressione *Ctrl + O*, localize e selecione o arquivo *Projeto Bahia 4.indd*, disponível na pasta *Arquivos de trabalho/Capitulo6*, ative a opção *Cópia* (*Copy*) e clique em *Abrir*.

2. Salve o arquivo em sua pasta *Meus trabalhos* com o nome *Projeto Bahia final*.

Nas configurações desse arquivo, para o desenvolvimento desse folheto, foi utilizada a opção *Dispositivos móveis* (*Mobile*) no item *Propósito* (*Intent*). Em tamanho de página, foi utilizada a opção *iPad*, com orientação *Vertical* (*Portrait*). Você pode conferir tudo isso em *Arquivo/Configurar documento* (*File/Document Setup*).

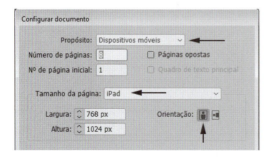

Essas configurações são apenas exemplos, pois você pode desenvolver seus documentos destinados a serem exportados para PDF em qualquer configuração que desejar.

3. Navegue entre as páginas e você verá que, em todas elas, no canto inferior direito, existem dois pequenos triângulos e um quadrado, como mostrado a seguir no detalhe da página 2. Esses gráficos serão convertidos em botões, por meio dos quais você poderá navegar entre as páginas do PDF.

Na página 4 são listados os pontos turísticos, e as imagens servirão de links para remeter o usuário diretamente à pagina do item escolhido.

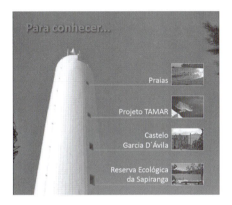

Nas páginas 5 e 6, existem áreas em branco nas quais serão colocados vídeos.

Agora que você já se familiarizou com o arquivo que será utilizado nessa atividade, mãos à obra.

Produzindo documentos digitais – 315

Aplicando transição entre as páginas

O recurso de *Transições de página* permite que você aplique um efeito diferenciado ao navegar de uma página a outra, como um dissolver ou limpar, em arquivos exportados para PDF ou SWF. Você pode aplicar transições diferentes em páginas diferentes ou aplicar uma única transição em todas as páginas.

1. Volte para a página 1 e altere a área de trabalho para *Interativo para PDFs* (*Interactive for PDF*).

2. Expanda o painel *Transições de página* (*Page Transitions*) e clique na seta ao lado da caixa *Transição* (*Transition*) para exibir a lista de opções. Selecione *Persianas* (*Blinds*) e uma amostra será exibida na área de pré-visualização do painel. Basta colocar o cursor sobre ela para ver o efeito.

3. As caixas *Direção* (*Direction*) e *Velocidade* (*Speed*) servem para você configurar, respectivamente, a direção e a velocidade do efeito. Mantenha as opções-padrão para essa atividade.

4. Abra o painel *Páginas* (*Pages*) e veja que, ao lado da miniatura da primeira página, foi colocado um pequeno ícone indicando que uma transição de página foi aplicada. Basta colocar o cursor sobre o ícone e será exibida essa informação.

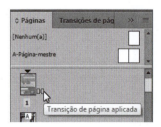

Portanto, você pode ir de página em página e aplicar diferentes transições em cada uma delas. Ou, então, poderá aplicar uma transição para todas elas, como será o caso dessa atividade.

5. Volte ao painel *Transições de páginas* (*Page Transitions*) e selecione a opção *Atenuar* (*Fade*) no item *Transição* (*Transition*). Em seguida, clique no ícone na base do painel para aplicar a transição escolhida em todas as páginas do documento.

6. Observe no painel *Páginas* (*Pages*) que agora todas as páginas possuem transição. Pressione *Ctrl + S* para salvar seu arquivo.

7. Para testar o resultado, você precisa exportar o arquivo para PDF. No menu *Arquivo* (*File*), clique em *Exportar* (*Export*) ou pressione *Ctrl + E*.

8. No quadro *Exportar* (*Export*), selecione a pasta *Meus trabalhos*, digite o nome *Projeto Bahia final* na caixa *Nome*, escolha *Adobe PDF* (*interativo*) na caixa *Tipo* e clique em *Salvar*.

Será então exibido o quadro *Exportar para PDF interativo* (*Export to Interactive PDF*). Nele, você fará as configurações do arquivo PDF.

No item *Páginas* (*Pages*), você pode exportar todas as páginas na opção *Tudo* (*All*) ou definir uma faixa de páginas ou páginas específicas. Por exemplo, para exportar as páginas de 2 até 5, você deve digitar *2-5*. Se quiser exportar as páginas 3 e 6, você deve digitar *3,6*.

9. Para essa atividade, deixe selecionada a opção *Tudo* (*All*) e ative a opção *Páginas* (*Pages*), caso ela não esteja selecionada. Essa última opção faz com que as páginas sejam exibidas uma por uma, em vez de espelhadas.

10. No item *Visualização* (*Viewing*), ative a opção *Abrir no modo de tela inteira* (*Open in Full Screen Mode*). Isso é necessário, pois você só pode visualizar os efeitos de transição em tela cheia.

11. Outra opção dentro desse item é a *Transições de página* (*Page Transitions*), onde você pode definir uma transição diferente da que foi definida no documento. Para essa atividade, deixe selecionada a opção *A partir do documento* (*From Document*).

12. No item *Visualização* (*Viewing*), ative a opção *Exibir após exportar* (*View After Export*), para que o PDF seja aberto quando a exportação finalizar. Mas lembre-se de que você deve ter pelo menos o Acrobat Reader instalado em seu computador.

13. Na opção *Formulários e mídia* (*Forms and Media*), selecione a opção *Incluir tudo* (*Include All*), pois assim toda a interatividade definida no documento será preservada.

14. Deixe as demais opções como estão e clique em *Exportar* (*Export*).

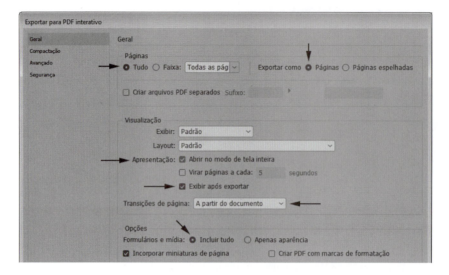

15. Após a exportação, o Adobe Reader ou o Adobe Acrobat será aberto e exibirá o documento em tela cheia. Normalmente é exibida uma mensagem esperando que você permita a exibição em tela cheia. Clique em *Sim* para permitir.

16. Para navegar entre as páginas, basta clicar sobre elas e você verá a transição definida. Após navegar pelo arquivo, pressione *Esc* para sair do modo *Tela cheia* e feche o Adobe Reader ou Adobe Acrobat.

17. Salve seu arquivo.

CRIANDO BOTÕES

Com os botões, você pode executar ações quando estiver visualizando seu documento em PDF, como saltar para uma página específica ou abrir um site. Nesta atividade, você criará botões que facilitarão a navegação em seu documento. Você pode desenhar o elemento como preferir, com as ferramentas de desenho do InDesign, e depois convertê-lo em botão.

1. Vá para a página 2, aplique um zoom no canto inferior direito e clique em qualquer um dos três elementos.

Você tem um grupo formado por dois triângulos e um quadrado. Eles serão convertidos para botões, sendo que, com os triângulos, o usuário poderá ir para a próxima página ou retornar para a página anterior, e com o quadrado voltará para a página inicial.

2. Selecione o grupo, pressione *Shift + Ctrl + G* para desfazer o agrupamento, desfaça a seleção e selecione apenas o triângulo de cima.

3. Expanda o painel *Botões e formulários* (*Buttons And Forms*) e, em sua base, clique no ícone *Converter em botão* (*Convert to Button*). Veja o símbolo no objeto, que indica se tratar de um botão.

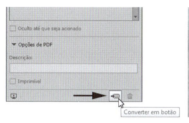 

4. Após a conversão, todos os itens do painel *Botões e formulários* (*Buttons And Forms*) ficam disponíveis. Na caixa *Nome* (*Name*), digite *Volta para página anterior*.

Aplicando um evento e uma ação ao botão

5. Na caixa *Evento* (*Event*), você define como a ação do botão será ativada. Para esse botão, selecione a opção *Ao soltar ou tocar* (*On Release or Tap*). Quando você clicar no botão e soltar ou tocar, se estiver em um *tablet* ou *smartphone*, a ação será executada.

6. No item *Ações* (*Actions*), você define o que será feito quando o botão for ativado. Clique no sinal + para acrescentar uma ação e selecione a opção *Ir para página anterior* (*Go to Previous Page*).

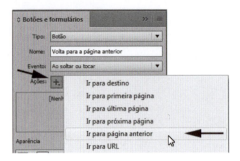

No item *Zoom* (*Zoom*), você define qual zoom será utilizado assim que a ação for executada. Por exemplo, se você escolher a opção *Herdar zoom* (*Inherit Zoom*), quando você clicar no botão para voltar à página anterior, o zoom aplicado será o mesmo da página atualmente em exibição.

7. Deixe o item *Zoom* (*Zoom*) com a opção *Herdar zoom* (*Inherit Zoom*).

Alterando a aparência do botão

No item *Aparência* (*Appearance*), você pode formatar a aparência do botão de acordo com os estados *Normal* (*Normal*), *Em cima* (*Rollover*) (com o cursor do mouse sobre o botão) e *Pressionado* (*Click*). Por padrão, a opção *Normal* (*Normal*) é a aparência atual do botão.

8. Clique na opção *Em cima* (*Rollover*) para ativá-la e, com o botão selecionado na área de trabalho, altere a cor de preenchimento para *Amarelo RGB*. Quando o cursor do mouse estiver em cima do botão, ele ficará amarelo.

9. Clique na opção *Pressionado* (*Click*) para ativá-la e altere a cor de preenchimento do botão para *Vermelho RGB*. Quando você clicar sobre o botão, ele ficará vermelho.

Copiando e editando um botão

10. Faça uma cópia do botão na área de trabalho e gire-a 180°. Você utilizará essa cópia para substituir o triângulo abaixo do quadrado.

11. Apague o triângulo que está abaixo do quadrado e, no lugar dele, coloque a cópia que você fez do botão anterior.

12. Com esse botão selecionado, clique sobre a ação no painel *Botões e formulários* (*Buttons and Forms*), para selecioná-la, e clique no sinal –, para apagá-la.

13. Clique no sinal +, selecione a opção *Ir para a próxima página* (*Go to Next Page*) e, na caixa *Nome* (*Name*), altere para *Vai para próxima página*.
14. Selecione o quadrado, converta-o em botão e altere o nome para *Vai para página inicial*.
15. Utilize o mesmo *Evento* (*Event*) dos outros botões e, em *Ações*, aplique a opção *Ir para primeira página* (*Go to First Page*).

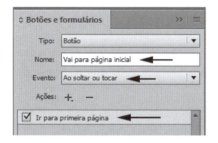

16. Altere a *Aparência* (*Appearance*) desse botão, como fez com os outros.
17. Selecione os três botões, agrupe-os e faça cópias desse grupo, colocando uma em cada página do documento. Nesse caso, substitua os pequenos triângulos e quadros existentes em cada uma.
18. Na página 1, elimine o triângulo superior, pois, sendo a primeira página, não há página anterior para ser exibida. Da mesma forma, na última página, elimine o triângulo inferior, pois não há próxima página a ser exibida.

Criando hyperlinks para ir a páginas específicas

Na atividade anterior, você já criou um hyperlink que remetia a outro documento. Agora, você vai criar hyperlinks que remeterão a páginas específicas dentro do próprio documento.

1. Vá para a página 4 e observe os títulos e suas imagens correspondentes.

Você pode converter as imagens em botões, para que o usuário vá direto à página do título escolhido. Em *Ações* (*Actions*), há uma opção chamada *Ir para página* (*Go to Page*), mas essa função só está disponível se você exportar o arquivo para *SWF* (visível por meio do Flash Player). Porém, nesta atividade, você está exportando para *PDF*, portanto, utilizará o recurso de *hyperlink*.

2. Selecione a caixa de texto *Praias* e, no painel *Hiperlinks* (*Hyperlinks*), clique no botão *Criar novo hiperlink* (*Create New Hyperlink*).

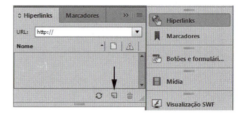

3. No quadro *Novo hiperlink* (*New Hyperlink*), selecione a opção *Página* (*Page*) no item *Vincular a* (*Link To*).

4. Mantenha *Projeto Bahia final.indd*, na caixa *Documento* (*Document*), e, em *Página* (*Page*), selecione a página 5, na qual estão as informações sobre as praias.

5. Em *Aparência do PDF* (*PDF Appearance*), selecione a opção *Inverter* (*Invert*) no item *Destaque* (*Highlight*) e clique em *OK* para finalizar.

6. Repita os mesmos procedimentos para os outros títulos, criando os hyperlinks que remeterão às respectivas páginas:

   - *Projeto TAMAR*, página 6.
   - *Castelo Garcia D'Ávila*, página 7.
   - *Reserva Ecológica da Sapiranga*, página 8.

7. Salve seu arquivo e exporte novamente para PDF. Confira o funcionamento dos hyperlinks e dos botões criados.

Inserindo vídeos

Você pode inserir arquivos de vídeo e som em seu documento, podendo assisti-los ou ouvi-los depois de exportar seu PDF interativo.

É possível importar arquivos de vídeo no formato MP4 e arquivos de som em MP3, e esses são os mais recomendados para se obter o máximo de benefícios do suporte para mídia oferecido pelo Acrobat DC ou Adobe Reader DC.

Os arquivos no formato QuickTime (.MOV), AVI e MPEG são compatíveis apenas para exportação em PDF interativo.

1. Vá para a página 5 e veja o retângulo em branco com uma borda laranja. Ele foi criado para receber o vídeo.
2. Abra o painel *Mídia* (*Media*) e, em sua base, clique no botão *Inserir um arquivo de áudio ou vídeo* (*Place a video or audio file*).

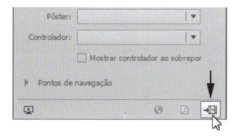

3. Selecione o arquivo *Praia_do_Forte.mp4*, disponível na pasta *Arquivos de trabalho/ Capitulo6*. Clique no botão *Abrir* e o vídeo será carregado no cursor.
4. Clique sobre o retângulo destinado para o vídeo, e o vídeo será carregado. Na área de pré-visualização do painel *Mídia* (*Media*), você pode assistir ao vídeo e controlar o volume.

Em *Opções* (*Options*), você pode fazer com que o vídeo seja reproduzido automaticamente quando a página for exibida, ativando a opção *Reproduzir ao carregar a página* (*Play on Page load*). Para fazer com que o vídeo seja reproduzido indefinidamente, ative a opção *Reproduzir em Loop* (*Play in Loop*), que só funcionará quando o arquivo for exportado para *SWF*.

5. Mantenha ambas as opções desativadas para essa atividade.

Em *Quadro de pôster* (*Poster Frame*), você tem quatro opções para definir o que deve ser exibido enquanto o vídeo não for acionado:

- *Nenhum* (*None*): deixa o quadro em branco.
- *Padrão* (*Standard*): deixa o quadro em branco com um ícone no formato de uma tira de filme, no canto superior esquerdo.
- *A partir do quadro atual* (*From Current Frame*): você escolhe uma posição do vídeo para ser exibida com a barra de progresso.
- *Escolher imagem* (*Choose Image*): você pode escolher um arquivo de imagem para servir de pôster.

6. Para essa atividade, mantenha a opção *A partir do quadro atual* (*From Current Frame*).

7. Vá para a página 6 e veja que existem mais dois quadros nos quais deverão ser inseridos vídeos. Portanto, repita os mesmos procedimentos anteriores e insira os vídeos *Projeto_Tamar_1* e *Projeto_Tamar_2*. Use as mesmas configurações.

8. Exporte novamente para PDF e confira o funcionamento dos vídeos.

9. Salve e feche seu arquivo.

Além dos formatos de arquivo de vídeo citados anteriormente, também é possível inserir vídeos de um endereço na internet. Para isso, há um botão no painel *Mídia* (*Media*) que abre um quadro para a digitação do endereço do vídeo na web.

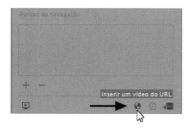 

O InDesign só não oferece a opção de reprodução nos casos de vídeos do YouTube ou de outros sites similares, pois, como as URLs desses vídeos são alteradas para links seguros, eles não funcionarão.

Atividade 3 – Criando estilos para objeto

Objetivo:
» Criar *Estilos de objeto* (*Object Styles*).

Tarefas:
» Criar um estilo de objeto a partir de um objeto.

» Criar um estilo a partir do zero.

» Conhecer a opção *Quebrar vínculo com o estilo* (*Break Link to Style*).

TRABALHANDO COM *ESTILOS DE OBJETO* (*OBJECT STYLES*)

Da mesma forma que você criou estilos para os parágrafos e caracteres, a fim de formatar textos rapidamente, também pode criar estilos para os objetos, para formatá-los.

Esses estilos incluem configurações para espessura de linhas de contorno, cores, transparência, sombras, estilos de parágrafo e muito mais.

1. Abra o arquivo *Estilos de objeto*, que se encontra na pasta *Arquivos de trabalho/ Capitulo6*, e alterne sua área de trabalho para *Elementos essenciais* (*Essentials*).

2. Para criar, editar e aplicar os *Estilos de objeto*, você também tem um painel. No menu *Janela* (*Window*), clique na opção *Estilos/Estilos de objeto* (*Styles/Object Styles*) ou pressione as teclas *Ctrl + F7*.

Você pode criar estilos para quadros gráficos e para quadros de texto. No painel, eles são identificados com um ícone. O que tem a letra *T* indica um quadro de texto.

Por padrão, o painel possui dois estilos básicos aplicados a todo novo objeto que você cria em seu documento.

Criando um estilo de objeto a partir de um objeto

O meio mais rápido de criar um *Estilo de objeto* é utilizando um objeto que já tenha as características aplicadas.

3. Selecione a estrela e, na base do painel, clique no botão *Criar novo estilo* (*Create New Style*).

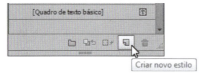

4. Dê um clique no nome do novo estilo, depois dê mais um clique para editá-lo e digite *Estrela*.

5. Selecione o hexágono abaixo da estrela, dê um clique no estilo *Estrela* para aplicá-lo ao objeto e veja o resultado.

6. Selecione o quadro de texto abaixo do hexágono e crie um novo estilo de objeto com o nome *Texto*.

7. Selecione o outro quadro de texto e clique no estilo *Texto*.

Criando um estilo a partir do zero

Você também pode criar um *Estilo de objeto* a partir do zero, definindo todos os atributos nas opções do estilo.

8. Desfaça qualquer seleção, pressionando as teclas *Shift + Ctrl + A*, e clique no botão *Criar novo estilo* (*Create New Style*).

9. Dê um duplo clique no novo estilo ou clique com o botão direito do mouse sobre ele e selecione a opção *Editar* (*Edit*) no menu de opções.

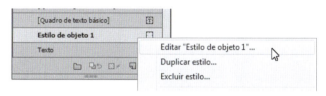

O quadro de diálogo *Opções de estilo de objeto* (*Object Style Options*) fornece todas as opções de formatação do objeto. No lado esquerdo do quadro, você tem três listas de opções, também chamadas de *Categorias de estilo de objeto*:

- *Atributos básicos* (*Basic Attributes*): nessa lista, você habilita ou desabilita as categorias adicionais que contêm as opções desejadas para o objeto.

- *Efeitos para* (*Effects for*): nessa lista, você habilita ou desabilita os efeitos a serem aplicados ao objeto.

- *Opções de exportação* (*Export Options*): nessa lista, você seleciona as opções de exportação dos objetos que receberem o estilo criado.

As caixas em frente a cada opção são usadas para habilitar e desabilitar um efeito e têm três tipos de identificação. Veja o exemplo a seguir:

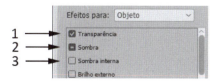

- 1 – Ligado
- 2 – Ignorado
- 3 – Desligado

Além disso, você escolhe, na caixa *Efeitos* (*Effects for*), qual item do objeto será afetado pelo efeito: *Objeto* (*Object*), *Preenchimento* (*Fill*), *Traçado* (*Stroke*) ou *Texto* (*Text*).

Para editar as configurações de um efeito, clique sobre ele na lista e, do lado direito, serão exibidas as caixas para os ajustes.

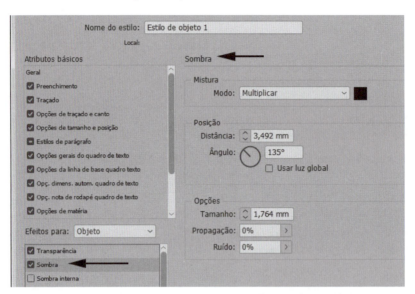

10. Como exemplo, digite *Teste* na caixa *Nome do estilo* (*Style Name*), ative a opção *Sombra* (*Drop Shadow*) e altere sua cor, clicando sobre o quadradinho à direita do item *Modo* (*Mode*).

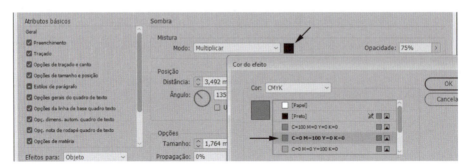

11. Clique no botão *OK*, selecione o círculo e aplique o estilo *Teste*.

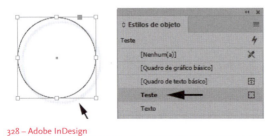

A opção Quebrar vínculo com o estilo (Break Link to Style)

Com essa opção, você pode eliminar o vínculo entre o objeto e o estilo. O objeto mantém as formatações aplicadas pelo estilo, mas, no painel, está indicado o estilo *Nenhum* (*None*) (ou seja, nenhum estilo aplicado). Dessa forma, qualquer alteração que você faça no estilo não afetará esse objeto.

12. Deixe o círculo selecionado, abra o menu de opções do painel e selecione a opção *Quebrar vínculo com o estilo* (*Break Link to Style*).

Para apagar um estilo, basta selecioná-lo e dar um clique no ícone da lata de lixo, no canto inferior direito do painel.

13. Feche o arquivo sem salvá-lo.

Atividade 4 – Conhecendo os recursos de verificação e saída para seus arquivos

Objetivo:
» Trabalhar com o recurso *Comprovação* (*Preflight*) e conhecer as opções de saída de arquivos do InDesign.

Tarefas:
» Utilizar o recurso *Comprovação* (*Preflight*).
» Definir um perfil no painel *Comprovação* (*Preflight*).
» Gerar um pacote.
» Imprimir arquivos.

O recurso Comprovação (Preflight)

Comprovação (ou *preflight*, em inglês) é o termo padrão da indústria gráfica para o processo de verificação de erros em documentos, antes de executar a impressão ou de enviar os arquivos para um serviço externo. Durante a edição do documento no InDesign, o painel *Comprovação* (*Preflight*) envia alertas sobre problemas que podem prejudicar a impressão ou a saída do arquivo. Esses problemas podem ser fontes perdidas, baixa resolução de imagens, textos ocultos em quadros de texto e vários outros problemas. Com o painel *Comprovação* (*Preflight*), você pode configurar quais problemas devem ser verificados e salvar essas configurações em um perfil.

Para usufruir desse recurso, é recomendado que você crie um perfil no início do desenvolvimento de seu documento. Quando ligado, o recurso *Comprovação* (*Preflight*) exibe um círculo vermelho na barra de status do InDesign quando um problema é detectado.

Utilizando o recurso Comprovação *(Preflight)*

Por padrão, o recurso *Comprovação* (*Preflight*) já está ativado quando você abre o InDesign.

Existe uma cópia do *Folder de Aquarismo* preparada para você testar esse recurso sem mexer no que criou anteriormente.

1. Abra uma cópia do arquivo *Folder Aquarismo Preflight*, localizado na pasta *Arquivos de trabalho/Capitulo6/Preflight*, e, em seguida, salve-o como *Folder Aquarismo Preflight Teste*.

Observe, na barra de status do InDesign, que o recurso *Comprovação* (*Preflight*) não detectou nenhum erro; portanto, você vai fazer pequenas alterações para provocar alguns erros e testar o recurso.

2. Aplique um zoom na área de índice do fôlder e reduza o tamanho do quadro de texto para que uma parte do texto fique oculta.

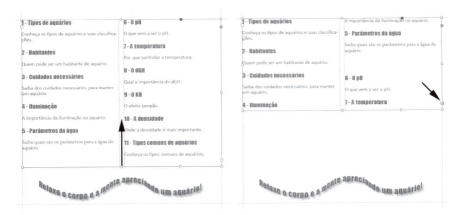

3. Aplique um zoom na última página do fôlder e faça o mesmo com o quadro de texto.

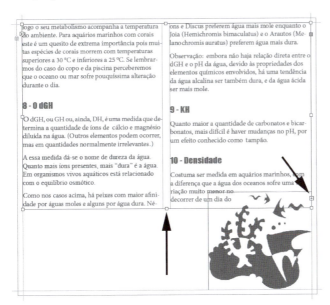

Agora observe na barra de status que foram detectados dois erros no documento.

4. Minimize a janela do *InDesign*, acesse a pasta *Arquivos de trabalho/Capitulo6/ Preflight* e altere o nome dos arquivos *peixe1* e *peixe2* para *peixe1a* e *peixe2a*. Isso fará com que o link desses arquivos no InDesign seja perdido.

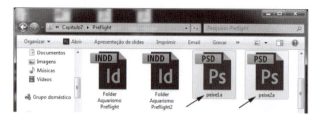

5. Dê um duplo clique na ferramenta *Mão* (*Hand*) para encaixar as páginas na janela do InDesign. Veja que, na barra de status, existem quatro erros detectados.

6. Dê um duplo clique sobre o texto *4 erros* para abrir o painel *Comprovação* (*Preflight*). Dois tipos de erros foram identificados, *Vínculos* (*Links*) e *Texto* (*Text*). Dê um clique na seta em frente ao item *Vínculos* (*Links*), para expandir a lista. Ele exibe o problema de *Vínculo ausente* (*Missing Links*), no caso, um total de dois.

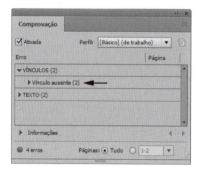

7. Dê mais um clique para expandir a lista, e será mostrado onde estão os problemas de vínculos. São duas imagens com vínculo ausente, exatamente aquelas duas imagens cujos nomes foram trocados para provocar esse problema.

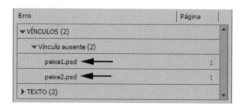

8. Clique no número do lado direito do nome do arquivo e o InDesign aplicará um zoom exatamente no local do problema.

9. Clique na seta em frente à palavra *Informações* (*Info*) e serão exibidas as informações sobre o item selecionado e as sugestões para correção. Nesse caso, ele indica que o vínculo do arquivo está ausente e sugere que você abra o painel *Vínculos* (*Links*). Use o recurso *Revincular* (*Relink*) para corrigir o problema.

10. Portanto, abra o painel *Vínculos* (*Links*) e veja que o arquivo já está selecionado. Clique no botão *Revincular* (*Relink*).

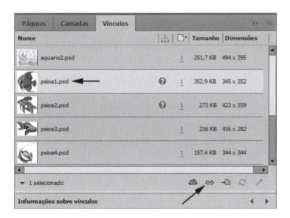

11. Selecione o arquivo *peixe1a* no quadro *Localizar* (*Relink*) e clique em *Abrir*. O vínculo será corrigido, e o erro será apagado do painel *Comprovação* (*Preflight*). Em seguida, repita o procedimento com o outro arquivo.

12. Expanda a lista do item *Texto* (*Text*) para ver onde estão e quais são os problemas. No caso, existem textos ocultos em dois locais.

13. Clique no número em frente ao item, para dar um zoom no local do problema, e aumente o quadro de texto para exibir o texto que está oculto. O problema será corrigido.

14. Faça o mesmo com o outro item, e todos os problemas desse arquivo estarão resolvidos. Observe que o círculo na barra de status ficou verde.

Produzindo documentos digitais – 333

Definindo um perfil no painel Comprovação (Preflight)

O perfil *[Básico]* (*[Basic]*) é aplicado a todo novo documento e verifica vínculos ausentes ou modificados, textos ocultos e fontes perdidas. Você não pode editar esse perfil, mas pode criar novos para usar em seus documentos.

15. Abra o menu de opções do painel *Comprovação* (*Preflight*) e selecione a opção *Definir Perfis* (*Define Profiles*).

16. No quadro *Perfis de comprovação* (*Preflight Profiles*), clique no sinal de +, no canto inferior esquerdo, para criar um novo perfil.

17. Defina um nome para o perfil na caixa *Nome do perfil* (*Profile Name*), por exemplo, *Teste*. Na lista abaixo do nome, ative todas as opções que você quiser que o recurso *Comprovação* (*Preflight*) verifique.

18. Clique em *OK* para finalizar, e o novo perfil já estará disponível no painel *Comprovação* (*Preflight*).

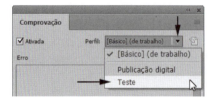

19. Salve o arquivo e feche-o.

Geração de pacotes

Você pode agrupar em uma pasta os arquivos de um projeto, incluindo as fontes necessárias, os gráficos vinculados, os arquivos de texto e um relatório personalizado, para transportá-los ou enviá-los para outras pessoas ou serviço externo, utilizando o recurso *Pacotes*.

O relatório personalizado é salvo como um arquivo de texto, contendo as informações da caixa de diálogo *Instruções para impressão*, a lista de todas as fontes usadas, vínculos, tintas necessárias para imprimir o documento e as definições de impressão.

Quando você gera um pacote, o InDesign faz automaticamente uma verificação de comprovação, como você fez anteriormente. Dessa forma, você é informado sobre qualquer área com problemas. Além disso, você pode fornecer ao destinatário um arquivo PDF composto, criado com base no documento ou em um arquivo PostScript.

1. Abra o arquivo *Olhares de Barcelona 2.indd*, disponível na pasta *Arquivos de trabalho/Capitulo6/Livro fotos*.

2. No menu *Arquivo* (*File*), selecione *Pacote* (*Package*) para exibir o quadro de mesmo nome.

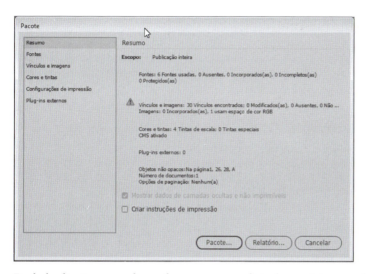

Do lado direito, o quadro exibe um resumo de todos os itens envolvidos no processo de empacotamento. Se o ícone de um triângulo amarelo com uma exclamação for exibido, ele indica problemas a serem resolvidos. À esquerda está a lista dos itens individuais, para que você veja as informações mais detalhadamente.

3. Clique no item *Fontes* (*Fonts*) e veja as informações disponibilizadas.

4. Em seguida, clique em *Vínculos e imagens* (*Links and Images*) e observe todas as informações que o quadro fornece. Perceba que foi indicado um problema nesse item.

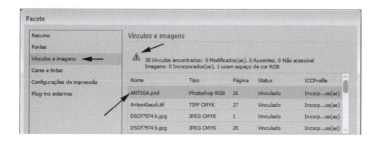

Para solucionar o problema, basta selecionar o item na lista e, em *Vínculos/imagem atual* (*Current Link/Image*), efetuar o acerto clicando no botão *Atualizar* (*Update*), que estará ativo se houver problemas. Mas, no caso desse trabalho, o problema apontado é com relação ao espaço de cor.

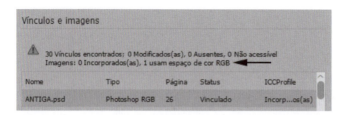

Para corrigi-lo, você precisaria editar essa imagem no Photoshop, alterando o espaço de cor para CMYK, pois o documento foi criado para ser impresso. Porém, como se trata de um teste, não é necessário que você faça isso agora, portanto continue com o processo de empacotamento.

5. Confira os demais itens do lado esquerdo para conhecê-los. Em seguida, clique no botão *Pacote* (*Package*) e será exibido o quadro para a escolha da pasta onde será gravado o pacote.

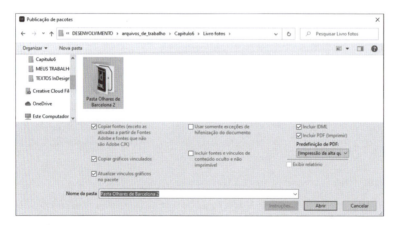

6. Selecione um local para gravação e digite um nome para a pasta.

Perceba que nesse quadro existem várias opções que podem ser selecionadas, conforme a necessidade. Conheça a descrição delas a seguir:

- *Copiar fontes* (*Copy Fonts*): copia somente os arquivos de fonte necessários utilizados no trabalho.
- *Copiar gráficos vinculados* (*Copy Linked Graphics*): copia os arquivos gráficos vinculados para o local da pasta de pacotes.

- *Atualizar vínculos gráficos no pacote* (*Update Graphic Links in Package*): altera os vínculos gráficos no local da pasta de pacotes, para não haver problemas de localização de arquivos vinculados.

- *Usar somente exceções de hifenização do documento* (*Use Document Hyphenation and Non-Printing Content*): essa opção fará com que o InDesign sinalize esse documento para que não ocorra refluxo quando ele for aberto ou editado por um usuário em um computador com configurações de hifenização e dicionário diferentes. Sempre ative essa opção se for enviar o arquivo para um prestador de serviços.

- *Incluir fontes e vínculos de conteúdo oculto e não imprimível* (*Include Fonts and Links From Hidden and Non-Printing Content*): com essa opção, mesmo as fontes e os objetos que estejam em camadas ocultas, em condições ocultas e em camadas nas quais a opção *Imprimir camada* esteja desativada, serão incluídos no pacote. Caso contrário, somente os itens visíveis e imprimíveis no documento serão empacotados.

- *Incluir IDML* (*Include IDML*): com essa opção, um arquivo IDML será colocado no pacote. Dessa forma, o usuário poderá abrir o documento nas versões anteriores do InDesign.

- *Incluir PDF* (*imprimir*) (*Include PDF* (*Print*)): com essa opção, um arquivo PDF (para impressão) será criado e colocado no pacote. As predefinições de PDF usadas para gerá-lo são a padrão, caso você não tenha criado outra anteriormente.

- *Exibir relatório* (*View Report*): com essa opção, o relatório de instruções de impressão será aberto em um editor de texto logo após o empacotamento.

7. Selecione as opções mostradas na imagem a seguir.

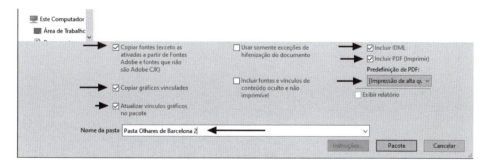

8. Clique no botão *Pacote* (*Package*) e, na tela *Atenção* (*Warning*), leia as informações e clique no botão *OK*.

9. Confira, no local em que você mandou gravar o pacote, o resultado do trabalho.

10. Salve o arquivo e feche-o.

Impressão

Se você vai enviar os arquivos para um serviço de impressão externo ou vai imprimir cópias em sua impressora do tipo jato de tinta ou laser, é importante conhecer os itens mais comuns do quadro *Imprimir* (*Print*), para que sua impressão saia como esperado.

Você pode enviar seu trabalho direto para a impressora ou gerar um arquivo digital, como um PDF.

O que são as Predefinições de impressão *(Print Presets)*

Se você costuma dar saída a diferentes trabalhos para diferentes impressoras, é possível gravar diferentes configurações de impressão, chamadas de *Predefinições de impressão* (*Print Presets*). É uma maneira rápida de efetuar os trabalhos de impressão, sem perda de tempo, quando são necessárias configurações detalhadas no quadro de diálogo *Impressão*.

Criando uma Predefinição de impressão *(Print Preset)*

A criação de uma *Predefinição de impressão* (*Print Preset*) é muito simples, pois é feita por meio do quadro de diálogo *Imprimir*, no qual você configura os detalhes de impressão.

1. Abra o arquivo *Olhares de Barcelona 2*, que você salvou em sua pasta de trabalho.
2. No menu *Arquivo* (*File*), clique em *Imprimir* (*Print*) e, no quadro de diálogo *Imprimir* (*Print*), selecione a impressora desejada na caixa *Impressora* (*Printer*). Neste exemplo, foi selecionada a impressora *HP Officejet Pro L7600 Series*, uma impressora tamanho *A3*.

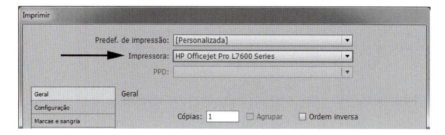

Do lado esquerdo, e abaixo das opções, sempre é exibida uma pré-visualização de como seu documento será impresso no papel escolhido.

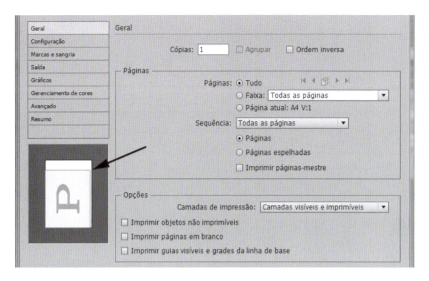

Do lado esquerdo do quadro está a lista das opções a serem configuradas. A primeira delas, e que já está selecionada, é a opção *Geral* (*General*). Você define quantas cópias quer do documento, quais páginas imprimir e outras opções.

3. Clique em *Configuração* (*Setup*) e serão exibidas as opções de tamanho do papel, orientação e outras opções.

4. Na caixa *Posição da página* (*Page Position*), em *Opções* (*Options*), foram selecionados a opção *Centralizada* (*Centered*), o papel no tamanho *A4 sem margem* e a escala *80%*.

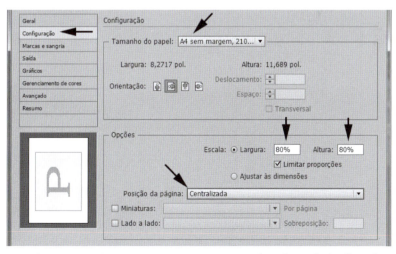

5. Selecione o próximo item, *Marcas e sangria* (*Marks and Bleed*), e clique em *Todas as marcas da impressora* (*All Printer's Marks*). Essas opções imprimem marcas de corte, marcas de registro, entre outras.

6. Em *Sangria e espaçador* (*Bleed and Slug*), deixe a primeira opção selecionada para que sejam utilizadas as configurações criadas no documento.

7. Para salvar a *Predefinição de impressão* (*Print Preset*), clique no botão *Salvar predefinição* (*Save Preset*) e, no quadro de diálogo, digite um nome (por exemplo, *Teste de predefinição*) e clique no botão *OK*.

8. Clique em *Cancelar* (*Cancel*), pois não será feita nenhuma impressão no momento, a menos que você tenha uma impressora disponível.

9. Abra novamente o quadro *Imprimir* (*Print*), clique na seta da caixa *Predef. de impressão* (*Print Preset*) e veja que, na lista, está a predefinição que você acabou de criar. Toda *Predefinição de impressão* (*Print Presets*) criada no InDesign ficará disponível para qualquer documento que você abrir ou criar.

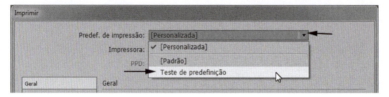

10. Feche o quadro e o arquivo sem salvar.

Anotações

Anotações

Sobre o autor

Marcos Serafim de Andrade é formado em administração de empresas pela Faculdade Hebraico Brasileira Renascença. É designer gráfico, web designer pela plataforma WIX e especialista nas áreas de desktop publishing, tratamento de imagens e desenvolvimento de materiais didáticos. É autor dos livros *Adobe Photoshop*, *Adobe Photoshop CC*, *Adobe InDesign*, *Adobe InDesign CC*, *Adobe InDesign CS6*, *Adobe Illustrator* e *CorelDRAW*, publicados pela Editora Senac São Paulo. Também é diretor de desenvolvimento e sócio da empresa Alamanda Digital Eireli.

Índice geral

A ferramenta *Tema de cor* (*Color Theme*), 87

A opção *Quebrar* vínculo com o estilo (*Break Link to Style*), 329

Aceitando ou rejeitando as alterações, 195

Acrescentando o título, 176

Acrescentando *Quadros de texto principal* (*Master's primary text flow*), 226

Adicionando arquivos no livro, 263

Adicionando elementos à *Biblioteca* (*Library*), 203

Adicionando páginas em branco, 114

Adobe InDesign, 19

Agilizando o trabalho e iniciando o projeto (Atividade), 74

Ajustando a tabulação da lista, 235

Ajustando um conteúdo ao quadro, 94

Ajuste de entrelinha e Kerning, 123

Alinhamento do texto, 123

Alinhando objetos pelo objeto-chave, 144

Alterando a altura das linhas e a largura das colunas, 243

Alterando a aparência do botão, 320

Alterando a aparência dos cantos, 133

Alterando a área de trabalho, 219

Alterando a origem das réguas, 34

Alterando a página com a regra *Baseado no guia* (*Guide-based*), 283

Alterando a página com a regra *Baseado no objeto* (*Object-based*), 287

Alterando a página com a regra *Controlado pela página-mestre* (*Controlled by Master*), 291

Alterando a página com as regras *Escala* (*Scale*) e *Recentralizar* (*Re-center*), 282

Alterando e duplicando objetos, 53

Alterando o espaçamento antes ou depois de uma tabela, 245

Alterando o tamanho com a opção *Configurar documento* (*Document Setup*), 274

Alterando o tamanho das páginas, 274

Alterando o tamanho por meio do painel *Páginas* (*Pages*), 275

Aparência da interface, 23

Aplicando a página-mestre, 229

Aplicando as ilustrações (Atividade), 202

Aplicando as páginas-mestre, 115

Aplicando capitular no texto, 124

Aplicando capitulares, 230

Aplicando contorno ao texto, 98

Aplicando cores, 46

Aplicando efeitos com o painel *Efeitos* (*Effects*),145

Aplicando efeitos pelo painel *Controle* (*Control*), 176

Aplicando numeração automática de páginas, 221

Aplicando o *Marcador da seção* (*Section Marker*), 257

Aplicando sombreamento aos parágrafos, 100

Aplicando transição entre as páginas, 316

Aplicando um evento e uma ação ao botão, 319

Aplicando um gradiente em um grupo de objetos, 139

Aplicando zoom no objeto vinculado, 295

Aplicativo Creative Cloud, 15

Apresentação, 9

Apropriador de conteúdo, 92

Área de espaçador, 36

Área de sangria, 35

Área de trabalho *Início* (*Home*), 21

As opções de *Modo de tela* (*Screen Mode*), 37

As opções de *Quebra de texto em torno do objeto* (*Wrap around bounding box*), 207

As opções de vínculo, 301

Ativação automática de fontes, 100

Atualizando as numerações, 264

Atualizando um arquivo importado, 295

Barra de Aplicativos (*Application Bar*) e *Painel de Controle* (*Control Panel*), 25

Bloqueando uma camada, 213

Carregando um grupo de cores, 85

CMYK ou RGB?, 81

Color gamuts, 71

Comando *Efetuar e repetir* (*Step and Repeat*), 57

Criando o logotipo, 59

Comando *Localizar fonte* (*Find/Replace Font*), 199

Comando *Localizar/Alterar* (*Find/Change*), 196

Conceitos, 69

Configuração para MacOS, 20

Configuração para Windows, 19

Configurando as linhas de contorno, 244

Configurando as réguas e ajustando o ponto zero, 31

Configurando o ajuste automático de um quadro, 285

Configurando o contorno, 48

Configurando os atalhos de teclado, 75

Conhecendo a *Lista com marcadores* (*Bulleted List*) e a *Lista numerada* (*Numbered List*), 233

Conhecendo o arquivo da atividade, 314

Conhecendo o painel *Pathfinder*, 141

Conhecendo os recursos de verificação e saída para seus arquivos (Atividade), 330

Construindo a capa do fôlder (Atividade), 170

Construindo os elementos de fundo da capa, 88

Controle dos objetos nas camadas, 214

Convertendo guias de régua em guias líquidas, 286

Copiando e colando um objeto, 54

Copiando e editando um botão, 320

Creative Cloud, 15

Criando a página-mestre interna, 163

Criando as figuras do ornamento, 165

Criando as páginas-mestre (*Master*), 157

Criando botões, 318

Criando cabeçalho e rodapé, 220

Criando camadas para o fôlder, 210

Criando colunas, 109

Criando cores de escala, 82

Criando cores especiais, 83

Criando cores para o texto, 181

Criando cores, 82

Criando estilos para objeto (Atividade), 326

Criando grupos de cores, 84

Criando hyperlinks para ir a páginas específicas, 322

Criando mais quadros de texto, 187

Criando notas de rodapé, 232

Criando o arquivo para o fôlder, 156

Criando o estilo de parágrafo para o texto, 189

Criando o estilo para o texto, 183

Criando o estilo para os títulos, 182

Criando o índice do fôlder (Atividade), 178

Criando os ornamentos da página externa (Atividade), 165

Criando páginas personalizadas, 154

Criando páginas-mestre, 108

Criando PDFs interativos (Atividade), 314

Criando predefinições de um documento, 155

Criando retângulos, 42

Criando seu primeiro documento (Atividade), 29

Criando subcolunas, 127

Criando um arquivo de livro, 262

Criando um documento, 29

Criando um estilo a partir do zero, 327

Criando um estilo de célula, 250

Criando um estilo de objeto a partir de um objeto, 326

Criando um estilo de tabela, 249

Criando um gradiente, 50

Criando um sumário, 265

Criando uma Biblioteca, 202

Criando uma *Predefinição de impressão* (*Print Preset*), 338

Criando uma tabela a partir de um texto, 246

Criando uma tabela em um quadro existente, 241

Definindo colunas em um quadro de texto, 237

Definindo um perfil no painel *Comprovação* (*Preflight*), 334

Desenhando no InDesign, 158

Desenhando objetos como grade, 137

Diagramação, 70

Dimensionamento automático do quadro de texto, 102

Dimensões inteligentes, 111

Distribuindo o texto, 189

Distribuindo texto em colunas, 121

Duplicando objetos em arquivos distintos, 299

Duplicando objetos em uma grade, 131

Duplicando objetos no mesmo arquivo, 298

Duplicando páginas-mestre, 113

Editando o arquivo original, 297

Editoração eletrônica no InDesign – visão geral (Capítulo), 67

Editoração eletrônica, 69

Editorando documentos longos (Capítulo), 217

Editorando o texto (Atividade), 224

Editorando o texto do fôlder (Atividade), 187

Efeitos de cantos ativos, 135

Enriquecendo o visual da editoração (Capítulo), 151

Enriquecendo o visual da editoração, 153

Estilos de parágrafo e estilos de caractere, 182

Estrutura do livro, 11

Explorando a interface do InDesign (Atividade), 21

Exportando arquivos PDF, 309

Exportando um livro para PDF, 312

Ferramenta *Conta-gotas* (*Eyedropper*), 117

Ferramenta *Elipse* (*Ellipse*), 55

Ferramenta *Escala* (*Scale*), 60, 168

Ferramenta *Espaço* (*Gap*), 138

Ferramenta *Linha* (*Line*), 105

Ferramenta *Mão* (*Hand*), 59

Ferramenta *Polígono* (*Polygon*), 59

Ferramenta *Quadro de retângulo* (*Rectangle Frame*), 92

Ferramenta *Retângulo* (*Rectangle*), 43

Ferramenta *Rotação* (*Rotate*), 167

Ferramenta *Seleção* (*Selection*), 43

Ferramenta *Seleção direta* (*Direct Selection*), 63

Ferramenta *Tesoura* (*Scissors*), 166

Ferramenta *Tipo no traçado* (*Type on a Path*), 184

Ferramentas de desenho, 159

Filtrando o painel *Amostras* (*Swatches*), 86

Finalizando o folheto (Atividade), 127

Formatando os títulos, 190

Formatando uma célula gráfica, 255

Geração de pacotes, 334

Gerando o sumário, 266

Gerenciando conteúdo vinculado (Atividade), 292

Importando arquivos do Photoshop, 170

Importando arquivos PDF, 307

Importando e distribuindo com a opção *Fluxo de texto* (*Text Flow*), 224

Importando e distribuindo o texto, 224

Importando e exportando arquivos PDF (Atividade), 307

Importando estilos de outro documento, 222

Importando múltiplos arquivos, 118

Importando objetos em uma grade, 170

Importando os demais itens para o fôlder, 203

Importando uma imagem, 92

Impressão, 338

Imprimindo o livro, 268

Incorporando um arquivo, 296

Iniciando o trabalho com imagem e texto (Atividade), 91

Inserindo e removendo linhas e colunas da tabela, 247

Inserindo hyperlinks, 309

Inserindo imagens em tabelas, 252

Inserindo *Marcadores* (*Bookmarks*), 312

Inserindo nota de rodapé em uma tabela, 251

Inserindo símbolos, 231

Inserindo textos, 96, 115

Inserindo vídeos, 323

Localizando um objeto, 197

Localizando um texto, 196

Localizando uma família de fontes, 97

Mais opções de criação e controle, 273

Mais opções de layouts e controle de produção (Capítulo), 271

Manipulando os painéis, 76

Matiz (*Hue*) e Saturação (*Saturation*), 72

Memorização de camadas, 215

Mesclando células, 248

Modelos de cores, 71

Modificando padrões de documentos (Atividade), 274

Monitorando as alterações, 193

Movendo objetos para outra camada, 211

Movendo os painéis, 78

Mudando a ordem das camadas no painel, 215

Notas de rodapé fluindo entre colunas, 240

O arquivo de livro, 262

O comando *Inserir e vincular* (*Place and Link*), 298

O painel *Amostras* (*Swatches*) e as cores, 80

O painel *Propriedades* (*Properties*), 44

O painel *Vínculos* (*Links*), 292

O que é a Série Informática, 11

O que são as *Predefinições de impressão* (*Print Presets*), 338

O que são camadas (*layers*), 210

O recurso *Comprovação* (*Preflight*), 330

Ocultando os painéis, 77

Ocultando uma camada, 213

Onde arquivar seus trabalhos, 12

Opção *Dividir* (*Split Column*), 239

Opção *Equilibrar colunas* (*Balance Columns*), 239

Opção *Transpor colunas* (*Span Columns*), 238

Opções de camadas (*Layer Options*), 212

Opções de exibição dos painéis, 77

Opções do painel *Vínculos* (*Links*), 294

Opções *Sangria e espaçador* (*Bleed and Slug*), 35

Organizando a área de trabalho, 23

Organizando o documento (Atividade), 235

Organizando o documento em camadas (*layers*) (Atividade), 210

Organizando os capítulos, 258

Os arquivos PDF, 307

Outras ferramentas de desenho, 162

Páginas e páginas espelhadas, 32

Painéis, 25

Painel *Ferramenta Dicas* (*Tools Hints*), 74

Painel *Ferramentas* (*Tools*), 24

Painel *Páginas* (*Pages*), 108

Painel *Traçado* (*Stroke*), 169

Personalizando a área de trabalho, 26

Planejando um livro, 219

Preferências do *Editor de matérias* (*Story Editor*), 192

Preparando a base do documento (Atividade), 219

Preparando a página-mestre, 228

Preparando o arquivo (Atividade), 154

Primeiro contato com o InDesign (Capítulo), 13

Produção gráfica, 69

Produzindo documentos digitais (Capítulo), 305

Quadro de texto em colunas, 178

Requisitos de sistema e hardware, 19

Salvando e fechando o arquivo de livro, 264

Salvando um documento no InDesign, 40

Selecionando linhas, colunas e células, 242

Selecionando o idioma dos aplicativos, 18

Sobre o autor, 343

Substituindo um arquivo, 297

Tabelas, 241

Trabalhando com a ferramenta *Difusão de gradiente* (*Gradient Feather*), 125

Trabalhando com a opção de cálculos complexos, 106

Trabalhando com as ferramentas ocultas, 55

Trabalhando com as guias de régua, 79

Trabalhando com cores especiais (*Spot Colors*) e cores de escala (*Process Colors*), 81

Trabalhando com desenho vetorial e cores (Atividade), 40

Trabalhando com *Estilo de caractere* (*Character Style*), 200

Trabalhando com *Estilos de objeto* (*Object Styles*), 326

Trabalhando com estilos de tabela e estilos de célula, 249

Trabalhando com grades, 78

Trabalhando com *Layout líquido* (*Liquid Layout*) (Atividade), 280

Trabalhando com o *Editor de matérias* (*Story Editor*), 191

Trabalhando com o painel *Livro* (*Book*) (Atividade), 262

Trabalhando com o painel *Texto em contorno* (*Text Wrap*), 204

Trabalhando com o recurso *Ajustar layout* (*Adjust Layout*), 275

Trabalhando com o recurso *Quadro de texto principal* (*Master's primary text flow*), 226

Trabalhando com o zoom, 41

Trabalhando com páginas (Atividade), 108

Trabalhando com quadros, 91

Trabalhando com *Seções* (*Sections*), 256

Trabalhando com tabelas (Atividade), 241

Trabalhando com tons, 89

Trabalhando com uma biblioteca de objetos, 202

Trabalhando com *Variáveis de texto* (*Text Variables*), 221

Um pouco de teoria das cores, 71

Uma ferramenta versátil, 307

Usando os atalhos de teclado, 74

Utilizando a *Distribuição ativa*, 61

Utilizando as guias inteligentes, 110

Utilizando o espaçamento inteligente, 139

Utilizando o *Layout líquido* (*Liquid Layout*) manualmente, 280

Utilizando o material da Série Informática, 12

Utilizando o recurso *Comprovação* (*Preflight*), 330

Vinculando textos com o comando *Inserir e vincular* (*Place and Link*), 300

Zoom pelo menu *Exibir* (*View*), 42